"十四五"职业教育河南省规划教材

普通高等学校学前教育专业系列教材

幼儿教师职业道德

（第三版）

主　编　刘济良　岳亚平
副主编　杨飞云
编　委（按姓氏笔画排列）
丁海东　马梦晓　杨巧云　夏媛媛

復旦大學出版社

内容提要

幼儿教师担负着学前儿童启蒙教育、促进幼儿身心全面和谐发展的重任，其职业道德研究成为一门与时俱进的重要课题。本书主要从幼儿教师职业道德的范畴与规范，幼儿园教育活动、生活活动、游戏活动及家园合作中的教师职业道德，幼儿教师职业伦理与职业素养等几个方面，详细阐述了新时代背景下，提升幼儿教师职业道德素养的必要性和重要性，解答了如何加强幼儿教师职业理想和道德水平的措施。本书力求以现代教育学为基础，反映当今社会对幼儿教师职业道德提出的新要求，将继承与创新相结合、理论与实践相结合、学术性与实用性相结合，具有较高的时代性、通俗性和指导性意义。

本次修订在第二版的基础上完善而成，根据最新发布的《中华人民共和国学前教育法》《幼儿园教师专业标准（试行）》《幼儿园工作规程》等法律和规范性文件要求，融入最新的学前教育理论与观点，更新大量数据与研究成果，添加更多生动有趣的实例，使本书更具时代性、学术性与趣味性。

本教材紧扣课程思政要求，立足“岗课赛证”综合育人模式，着力培养学生的思想品德、实践能力和创新意识。

复旦社云平台
数字化教学支持说明

为提高教学服务水平，促进课程立体化建设，复旦大学出版社建设了“复旦社云平台”，为师生提供丰富的课程配套资源，可通过“电脑端”和“手机端”查看、获取。

【电脑端】

电脑端资源包括PPT课件、电子教案、习题答案、课程大纲、音频、视频等内容。可登录“复旦社云平台”（www.fudanyun.cn）浏览、下载。

Step 1 登录网站“复旦社云平台”(www.fudanyun.cn),点击右上角“登录/注册”,使用手机号注册。

Step 2 在“搜索”栏输入相关书名，找到该书，点击进入。

Step 3 点击【配套资料】中的“下载”（首次使用需输入教师信息），即可下载。音频、视频内容可点击【数字资源】，搜索书名进行浏览。

【手机端】

PPT 课件、音视频、阅读材料：用微信扫描书中二维码即可浏览。

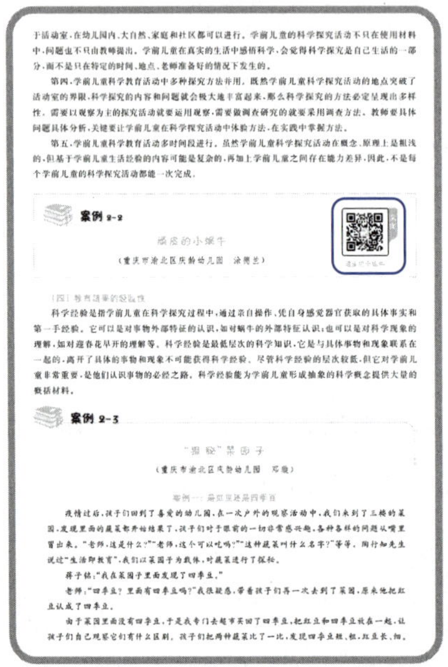

扫码浏览

【更多相关资源】

更多资源，如专家文章、活动设计案例、绘本阅读、环境创设、图书信息等，可关注“幼师宝”微信公众号，搜索、查阅。

平台技术支持热线：029-68518879。

“幼师宝”微信公众号

前　言

《幼儿教师职业道德》自 2013 年第一版问世以来，始终坚持以服务学前教育专业建设、促进幼儿教师职业道德发展为宗旨。2018 年推出的第二版，在保留原有理论框架基础上进行了内容的扩展与更新，出版后持续获得全国多所院校学前教育专业的青睐与支持，广泛应用于学前教育专业的教学与实践指导之中。

自第二版出版以来，时隔七年，我国的社会环境、教育理念和政策法规发生了深刻变化，新时代对幼儿教师的职业道德提出了更高、更具体的要求。为适应这些新要求，回应院校、师范生和一线教师对教材内容前沿性与实用性的期待，我们决定推出本教材第三版。本教材此次修订，具有以下特点：

1. 方向性。本教材以习近平总书记强调的以教育家精神为引领加强教师队伍建设的指示精神，紧扣国家关于幼儿教育发展的新精神，充分体现近年来对幼儿教师职业道德的新要求、新内容。特别是《中华人民共和国学前教育法》《中华人民共和国未成年人保护法》《新时代幼儿园教师职业行为十项准则》等一系列政策法规的颁布，为幼儿教师职业行为的规范提供了法律与制度依据。本教材在编写过程中深入解读这些文件精神，系统融入职业伦理和职业道德建设的新内容。

2. 先进性。2023 年本教材入选首批"十四五"职业教育国家规划教材。这是对本教材质量与专业价值的高度认可。我们以此为契机，全面提升教材内容的理论高度，凸显其时代深度与实践指导性，力求使其成为引领幼儿教师职业道德教育的重要教材。

3. 时代性。本教材坚持"政策导向、理论引领、案例支撑、实践结合"的原则。结构安排更加合理，内容更新紧跟政策与研究前沿，全面契合新时代幼儿教师的职业岗位需求。同时，考虑到当前信息技术的快速发展，教材特别增加了教师信息素养的内容，指导教师善用新媒体工具开展家园共育，同时强调防范不当言论、隐私保护和儿童影像资料的合规使用。

4. 实用性。本次修订在内容上更加贴近幼儿教师的工作实际，突出"以儿童为本"的职业伦理核心，强调教师在教育过程中应更加注重观察与倾听儿童、尊重儿童个体差异，反对标准化评价；同时明确提出禁止语言暴力、冷暴力等隐性伤害，倡导温和而坚定的育人方式。

本教材由河南大学刘济良、岳亚平担任主编。具体编写分工如下：第一章第一节由刘济良撰写，第一章第二、三节由杨飞云撰写，第二章由岳亚平撰写，第三、四章由马梦晓撰写，第五章由丁海东撰写，第六章由岳亚平和杨巧云撰写，第七、八章由夏媛媛撰写。在本教材撰写过程中，各位作者结合自身研究专长，密切协作，共同推动教材的专业性与系统性建设。

我们衷心感谢各位专家、审稿老师的指导建议，以及广大读者长期以来的关注与支持。希望本教材第三版能够继续为培养具有良好职业操守、崇高教育情怀与专业素养的幼儿教师，发挥积极作用，为我国的教育强国建设贡献力量。

目 录

第一章 道德与教师职业道德

第二章 幼儿教师职业道德范畴

第三章　幼儿园教育活动中的教师职业道德

第四章　幼儿园生活活动中的教师职业道德

微信扫一扫，观看本章思维导图及学习目标

第一章 道德与教师职业道德

道德是维系人们生活和谐发展的纽带，社会的发展和文明的进步都离不开人们对道德的认同和对具体德行的实践。培养明大德、守公德、严私德的新时代公民，是实现中华民族伟大复兴的基石，是社会和谐稳定的重要保障。教师是答疑解惑、教书育人的群体，首先是以一个拥有道德思维能力和德行践行能力的角色出现在学校生活当中，其次是以一个持有完善的专业知识体系和教学技巧的教育者的形象出现在学生们面前。教师与道德之间构成了特殊的关联，教师职业道德是教师在教育实践中道德认识与道德行为的真实写照，针对教师职业道德的探讨不仅涉及教师自身素养的养成，更关系到学生道德观念的形成以及学校生活的秩序发展。

第一节　道德与道德观念

微信扫码，观看授课视频《道德的功能》

一、道德

（一）道德的内涵

道德是人们的一种思想观念，它最初被理解为人类特有的内在的思维活动，是支配人类行为活动的原动力，是维系社会发展和人类进步的根基。西方的“道德”（moral）一词源自拉丁文“摩里斯”（mores），意思为礼节、风俗和习惯。在我国“道”是一切行为应遵守的最基本、最高的行为准则，“德”是对生活中“善”的现象总的概括，“道德”因而构成了生活中善行的全部内容。对道德的整体把握不能仅停留在“道德”的传统认知之上，更应该从道德的本质进行剖析。对于“道德”概念没有统一的定义，词典上对“道德”的解释为：“社会意识形态之一，是人们共同生活及其行为的准则和规范。”①又如：“一定社会为了调整人们之间以及个人和社会之间的关系所提倡的行为规范的总和。”②因此，“道德”一词的本质可以理解为：“为了实现个人与

① 中国社会科学院语言研究所词典编辑室：《现代汉语词典》，商务印书馆，2005 年，第 221 页。
② 《简明社会科学词典》，上海辞书出版社，1982 年，第 105 页。

社会的协调发展，调和个人之间以及个人与社会之间的关系所倡导的行为规范的总和。”

追本溯源，“道德”一词在我国古代多是分开使用的，且“德”字更接近现代“道德”的用法。如在《老子》《庄子》《管子》和《荀子》等书中常常对道德进行阐述。《老子》又名《道德经》，分为“道经”和“德经”上下两篇，老子将“德”理解为“善”，接近于现在提倡的善行，并对“道”与“德”进行了大量阐述，如第二十五章中“有物混成，先天地生……可以为天地母。吾不知其名，强字之曰道……故道大，天大，地大，人亦大。域中有四大，而人居其一焉。人法地，地法天，天法道，道法自然”。第三十八章中“上德不德，是以有德；下德不失德，是以无德”①。再如，《荀子》中《劝学篇》有“积土成山，风雨兴焉；积水成渊，蛟龙生焉；积善成德，而神明自得，圣心备焉”，《王制篇》有“无德不贵，无能不官，无功不赏，无罪不罚”等说法。我国古代对“德”的理解也是丰富多样的，庄子将“德”阐述为“物得以生谓之德”②，从而将“德”界定为生命保持其本真意义而不致异化的内在保证；《淮南子》中提到“德施天下”（道应训）、“同怀其德”（氾论训）、“行不胜德”（诠言训）、“导之以德”（兵略训）、“三代种德而王”（人间训）、“布德施惠”（修务训）、“德足以怀远”（泰族训）等，这些有关“德”的论述实际上泛指伦理学的道德和品德之意；朱熹也提到“德者，得其道于心而不失之谓也”，这里的道德则指个体从内心对人生的领悟和把握，从而形成生活所需要的各种德性，道德即宇宙之道、人伦之道，道德亦等同于得道。

从传统“道德”思想的演变历程中可以看到中华美德的思想起源，以及其在漫长的历史长河中逐渐形成的根深蒂固的基础。任何人类社会都要依赖于道德作为思想准绳实现人们思想上的规约，那么在当代社会中，道德又会表现出什么样的内涵来推动个人与社会的进步呢？我们看到，当代社会中的道德主要表现为一种社会制度、复杂的意识形态、群体的影响力和民族文化的反映。

1. 道德是一种社会制度

道德的实质是一种社会行为规范，属于社会制度的范畴。道德不仅规定着社会成员思想和行为的标准，是人们共同遵守的行为准则，而且在实际的生活中，道德可以直接通过思维判断和大众舆论对人们的日常行为进行规范和约束，使之符合社会发展的核心价值取向，这是巩固社会制度、促进社会文明进步、提高人们自身素质的重要途径。

社会制度的本质内涵是为了满足人们基本的社会需要而组织的具有普遍意义和稳定性的社会规范体系，它的构成部分主要有思想观念、各类规范、实施组织和基础设施等，其中大部分的观念和不成文的规范正是由“风俗、习惯、团体”等因素影响形成的，这些因素也是道德形成的基本条件，例如在一个民族群体中，风俗习惯中就蕴含着道德内容和道德规范，因此，道德是社会制度的重要构成部分，社会制度在一定程度上表现在人们的道德行为上。

2. 道德是一种复杂的意识形态

如果说社会制度多是以可以看得见、摸得到的文本规定下来的，那么道德的影响力和权威性是人们思想意识的自觉表达。道德观念是存在于头脑中的不可捉摸的思维活动，它具有多元性、阶段性、可塑性、不稳定性、自觉性等特征。首先，道德观念的存在形式是复杂多样的，它不以

① 崔仲平译注：《老子〈道德经〉译注》，黑龙江人民出版社，2003 年，第 101 页。
② 《庄子·天地》。

固定的形态出现。由于人们的思维活动是一直处于活跃状态的，随着环境因素的变化而改变，尤其在当下影响因素众多，人们的思维变化更加迅捷，由此引起道德观念表现出多元化的形态。其次，道德观念是随着时间的推移而发生变化的。人们身心特征的变化直接影响到对道德认知和道德体验的感官认识，不同年龄阶段对同样的道德现象会做出不同的反应。再次，道德观念具有不稳定性。与阶段性特征相一致，道德观念的稳定性是随着身心变化而改变，伴随心理成熟度的增加而趋于稳定。最后，道德观念具有自觉性的特征。道德行为的践行是需要一个过程的，从道德认知的形成、道德思维判断的形成、道德习惯的养成，再到道德自觉性的形成，从而构成了一个完整的道德行为模式。道德自觉性的形成至关重要，它体现出一个人道德意识的成熟程度和践行道德行为的能力。由此可见，道德是一个有着多种特征的意识形态。

3. 道德是一种群体的影响力

道德是群体间互动的结果，离开个体间互动的条件，道德将不复存在。首先，一个人的道德是毫无意义的，道德的本意在于对他者施加的正向影响。既然道德是一种社会制度，那么道德就将通过具体的行动来实行维系社会正常秩序所必需的各种行为模式。施展道德行为的过程，也是他者对施动者行为进行评价的过程，离开他者的评价和互动所产生的效果，道德自然而然地丧失了自身存在的意义，也就是说，若对他者采取行动的过程中没有产生影响作用，这个过程也就无所谓道德与否。其次，道德的互动影响必须体现出积极的一面。我们说，道德是“真”“善”“美”的表达，正是人类对美好事物的向往和社会进步的内在要求，道德在不断地激励着我们形成“向善求真”的价值取向。道德在人际互动的过程中对他者产生积极的影响作用，如果是消极作用，那么就是不道德的行为。最后，道德的群体性为道德行为的实施搭建了必要的环境和良好的平台。群体的互动产生了人们的道德思维，从而为道德认知提供了基础，人际的交流与沟通是道德体验的场域，是锻炼道德行为的重要场所，因此，群体间的互动将直接推动人们道德观的成长。

4. 道德是一种民族文化的反映

道德观念是思想文化的载体，反映了一个民族、一个国家、一个社会群体的核心价值观念。我国的传统美德传承着我国优秀的民族文化，在几千年的文化积淀中，传统美德经历着一代代人的继承和发展，不断地维系和推动着社会的前行，尤其在中华民族文化的发展进程中，道德一直是作为文化中的核心内容出现的。文化是人类物质文明与精神文明的成果，是推动社会进步的动力，道德是对精神文明的提炼和选择，相应地，精神文明反作用于道德的本意。精神文明的创造离不开良好的道德品质以及道德行为规范的约束作用，因为文化本身是社会生活的反映，依赖于社会制度的制约作用，这与道德的作用是一致的。

（二）道德的作用

既然道德是人们的思想观念、思维活动的方式，它就要受到社会生产发展因素的影响，其中首要因素是社会经济关系。但道德并不是消极地受社会物质条件决定，而是积极地与其他社会意识形态一起对社会的发展产生强大的能动作用。

1. 调节社会关系

调节复杂的社会关系是道德最基本，也是最主要的功能之一。在社会制度改革和市场经济的冲击之下，当代社会已经形成了一张复杂多变的关系网，道德正是通过评价、教育、指导、激励、示范、沟通等方式和途径，调节人与人之间、个人与社会之间的关系，并规约其行为的。

正因为人们看到了道德对行为具有一定的约束作用，所以制定一些法律法规的依据也是从道德思想出发的。与法律法规不同的是，道德的调节途径以大众信念和公众舆论为主。大众信念主要包括社会核心价值观、个人的人生观和世界观、道德理想等，公众舆论主要是由某种社会现象引发的公众对道德观念的思考和评论。信念与舆论的力量不可小觑，它有时像一只无形的大手，触及社会政治、法律所无法涉及的各个社会生活领域，大到关系治国安邦的政治、经济活动，小到琐碎的家务问题、私人交往等，其中有一些特殊矛盾，是政治手段和法律手段都“无计可施”的，唯有通过道德的影响力和认同度来解决。通过道德调节社会关系是无须强力制裁的，大众信念和公众舆论正是一种无形的社会力量，对人们的思想、情绪和态度产生强烈的导向作用，从而弃恶扬善，扶正祛邪，传承中华美德，弘扬社会正能量。

2. 认识社会现实

道德为认识现实社会提供了思想基础。我们认识社会是通过各种社会生活中的社会现象，社会现象中充满了各种道德表现形式和道德体验场所，在认知的过程中，道德观念回答了人们什么是有利的和有害的、善的和恶的、应当的和不应当的、正义的和非正义的等伦理道德问题，道德思想也是在这样的过程中建立起来的。

社会生活中个人与他人、个人与集体、个人与社会的关系错综复杂，冲突与矛盾反映出整个社会的现状，这些冲突和矛盾为人们提高道德判断能力提供了大量的信息和进行道德选择的条件，通过道德判断和选择，我们可以更清晰地了解社会现实。对社会现实的认知集合可称为社会认知范畴，那么道德认知范畴就是指人类对道德现象的本质的概括而形成的一些基本概念。道德认知范畴代表了人们将道德现实与道德理想进行对比后得到的道德思维习惯，以及在道德体验过程中凝结而成的道德态度、情感和经验。每个人拥有不同的道德认知范畴，代表着每个人不同的道德思维模式。使用道德思维模式看待所处的社会生活将获得对社会现实的理解，因此，一般的道德范畴都在不同程度上反映了社会对人们的一些基本道德要求。道德范畴不但可以帮助人们更深刻地认识道德的本质及发现规律，指导人们的道德实践，而且还可以成为我们进行道德评价的认识工具。

3. 规约个人行为

规约个人的日常行为是道德最基本的作用之一，道德正是通过对个人行为的调节从而推进社会的有序发展。个人行为是在思想观念的支配下养成的，良好的思想观念将对个人行为产生积极向上的影响，从而促进个人健康成长；不良的思想观念将对个人行为产生负向影响，使个人做出不符合伦理道德的行为，不利于个人成长。道德的能动性就在于对思想观念发挥作用，不断激励个人奋发向上，完善人格特征。

当前，市场经济体制在逐渐完善，随之而来的道德问题却依然存在。那些叫嚣“道理无用论”“道德代价论”的人也逐渐认识到道德调节社会关系的作用在如今日益显现其重要性。学校中对道德教育越发重视，家庭教育中父母也会随时留意孩子的行为是否符合道德要求。这些道德教育正是道德规约个人行为的重要途径。

另一个重要的途径是形成个人的道德修养。道德修养是具有良好道德思想观念的表现，是产生道德行为的思想动力。道德修养是经过道德认知、道德思考、道德内化、道德习惯等长期过程最终形成的，是个人修养的综合表现。道德的自觉行为是道德修养的核心部分。因此，规约个人行为并非易事，它是一个有道德的人崇高价值的体现。

4. 教育引导功能

道德具有教育功能。我国的道德教育是传承中华美德的重要平台，在学校教育中开设专门的思想政治课程，在课堂教学中教师依据社会制度的要求，对学生进行思想道德教育，其中将中华美德置于教学的首要地位，其内容主要包括良好的道德意识、道德品质和道德行为，教导学生树立正确的社会义务、荣誉、正义、幸福等观念，使受教育者成为道德高尚、思想纯洁、拥有理想的人。

道德理想需要一代代人的传承，道德教育在此过程中起到重要的作用。先进的道德理想是社会发展的产物和需要，在社会变革和制度完善的进程中，道德作为积极的精神力量一直是支撑社会变革的精神动力。一个拥有道德的人在社会生活中是在不断自觉地完善自己内心世界的，在达到一定的道德境界时，个人会感受到心情的愉悦和幸福。道德观念需要从小开始培养，道德的养成需要长期的熏陶和培育，尤其是道德的心理定式在人的成长过程中和做人的准则上尤为重要。一个人追求的往往是精神的愉悦和超脱，如当一个人做了一件符合道德的或有益于他人的好事，他的内心就可能产生愉快的不可替代的体验。在学校生活或家庭环境中，教师和家长就经常充当道德教育者的角色。道德的感染作用和熏陶作用在此过程中得到了显现。

二、道德观念

（一）道德观念的含义

道德观念是指人们对善恶、优劣、积极与消极、正义与非正义等方面进行的分析与判断，它是对自身、对他人、对世界所处关系的系统认识和看法，属于社会伦理范畴。我国传统哲学中的道德观念主要是指以儒家思想为正统的传统道德观，它在我国历史上影响至深，是中华美德的思想根源，是道德意识最基本的形式，也是人们道德行为的指南针。

道德观念是以人的内心为始端，以道德为评价标准，依靠公众信念、社会舆论、文化习俗和内在价值观来调整人们之间相互关系的行为规范的总和，它贯穿于社会生活的各个方面，如社会公德、职业道德、家庭美德等，通过确立一定的善恶标准和行为准则，来约束人们的相互关系和个人行为，调节社会关系，并与法律法规一起对社会生活的正常秩序起保障作用。

道德观念的内容是复杂多样的，它具有社会性、历史性、民族性、地域性等特征。社会性是指道德观念受到社会制度变革的影响，在一定的社会制度和环境中表现出不同的公认的道德观念；历史性是指人们的道德观念在各个时期会有所不同，它会随着时间的推移发生改变；民族性是指在一定的民族群体中，道德观念是稳定存在的、可以得到传承的；地域性是指在一定地区范围内，道德观念也同样具有稳定性和认同性。在我国连续五千年的中华文明影响下，道德观念如孔孟之道、忠恕之道、君子之道、礼义廉耻、忠孝节义等至今仍然规范着人们的思想和行为。它是在长期的历史阶段中，在中华大地之上形成的中华民族的思想精华，经过代代相传，一些道德观念一直被后人继承与发扬，如我国传统道德观念讲究“仁、义、礼、智、信”。仁，就是与他人相处时，要融洽和谐，乐善好施；义，要明辨是非，助人为乐，无偿奉献；礼，尊老爱幼，礼貌待人；智，集中智慧，胸怀宽广；信，诚信可靠，真实可信。

道德观念可分为“主流道德观念”和“非主流道德观念”。如果一个人可以自觉地抵制社会不良风气，并能以身作则，频做善举，那么他就是一个持有“主流道德观念”的人；相反，另一些人的不被社会公共道德观念所认可，但又受不到法律制裁的行为，如在公共场所吸烟、过马路不遵守交通规则、随地大小便、乱扔垃圾、污言秽语等，他们就持有一种“非主流道德观念”。前者是维系社会秩序的思想基础，在一定时期和一定场域中是稳定存在的；而后者是损害社会健康发展的一种混乱表现，属于少数不稳定因素。我们的道德教育旨在教人认识和开发社会“主流道德观念”，并培养主动抵制“非主流道德观念”的思想和能力。

（二）当前道德观念中存在的问题

当前市场经济条件下，我国正处于社会体制机制转型和变革的重要时期，工业化、信息化社会迅猛的发展，给社会生活的方方面面带来了机遇，同时也带来了各种问题。尤其是在新旧价值体系交替的过程中，对道德观念产生的正面影响或负面冲击，使一些社会道德问题凸显。我们所处时代的道德激荡与错位，极有可能使人们因认不清现实生活中大量存在的混杂的社会现象，错把恶行当成美德，这对道德权威产生的负面影响、对道德示范作用造成的冲击是不言而喻的。

1. 道德调节功能的弱化

道德通过调节社会关系维系社会健康地运行，主要途径是社会的舆论监督和每个社会成员的良知自律。在一个相对封闭、稳定的熟人社会里，道德控制能力是能得到加强和发挥的；但一个相对陌生、流动较快的环境，往往会破坏这种约束机制，社会舆论监督的混乱和道德良心的淡化，使社会道德控制无法发挥作用。

2. 道德价值取向的紊乱

市场经济社会中，人们做出的任何一种活动、行为，都可能获得某种价值观念的支撑和思想上的支援，要么受到一种价值观念的肯定或赞扬，要么受到另一种价值观念的否定或反对。选择道德价值取向的重要性得到凸显，而选择的失衡状态使人们普遍对自己承担的社会角色丧失信心和诚心，从而导致道德标准失去了往日的稳定性和普适性。

3. 道德评价的失范

道德评价标准是人们衡量善恶、美丑、荣辱的重要指标，我国传统的道德标准是约定俗成的，人们根据社会核心价值观的引导就可做出为大多数人所普遍接受或认可的价值判断。而在社会转型时期，道德评价的多元性，使每个人都可以为自己的行为找到合理、合法的依据。人们对道德行为感到茫然、无序和困惑，道德评价变得模棱两可，甚至自相矛盾。

第二节　教师职业道德

党的二十大报告提出要全面建设社会主义现代化国家。教育兴，则国运兴，教育是强国之基，是育人之本。新时代的教师要全面贯彻党的教育方针，坚定不移落实立德树人的根本任务。培养德智体美劳全面发展的社会主义建设者和接班人，使之成为具备新时代特征的一代人，关键在教师。狭义上的教师是指受过专门训练，掌握专业知识和技能，在学校中承担教书育人工作的人。1993 年颁布的《中华人民共和国教师法》中把教师界定为：“教师是履行教育教学职责的专业人员，承担教书育人，培养社会主义事业建设者和接班人，提高民族素质的使命。”这样的身份决定了教师在教育活动中，既要传播人类的文化知识和技能，又要注重学生的思想道德、审美情趣等方面的发展，这必将对教师的职业道德提出较高的要求。

教师职业道德与教师自身思想道德的成熟程度、环境影响、教师自身对教师职业的理解等方面相关。首先，教师个人的思想道德水平与教师职业道德休戚相关。思想道德水平是一个人综合素质的体现，是影响日常行为表现方式的动力，在从事工作的过程中必然反映出个人思想道德水平。其次，教师所处的环境也是影响教师职业道德的重要因素。人们所处的生活环境对思想观念会产生潜移默化的作用，教师所处的生活环境主要包括家庭环境、社会环境、学校环境、师生交往等方面，道德正是众多环境中的点滴体验综合影响的结果。最后，对职业的理解程度将影响教师对职业的态度和情感，从而指导道德的方向。作为一名教师首先应该知道自己为什么当教师，从事教师职业的目的是什么，如果把当教师仅仅当作一种谋生的手段，将其作为一份普通职业来对待的话，是难以胜任社会对教师这种职业的要求的，难以成为既是“经师”，又是“人师”的“人类灵魂工程师”，在教师岗位上也很难真正承担教书育人的角色。

微信扫码，观看授课视频《教师职业道德的作用》

一、教师职业道德的含义

关于教师职业道德的定义，众说纷纭，如：“所谓教师职业道德，就是约定俗成的、明文规定的、国家教育从业人员在其教书育人活动中和社会生活中遵循的行为规范和道德准则”①；又如：“教师职业道德是指教师在从事教育工作中必须遵守的行为、道德规范和准则的总和，是教师对自己从事的职业道德规范的认识和实践所达到的自觉程度，是教师在这一特殊职业的工作中形成和发展起来的品德”②。在杨芷英编著的《教师职业道德》一书中给出了较为科学的定义：“教师职业道德又称‘教师道德’或‘师德’，它是指教师在从事教育教学活动中所应遵循的行为准则和必备的道德品质。它是社会职业道德的有机组成部分，是教师行业特殊的道德要求。”③此定义既指出了教师职业道德是教师在教育教学活动中，履行教书育人职责时必须遵循的行为准则和道德规范的总和，又指出教师职业道德区别于其他行业道德的特殊性，即它是调整教师之间、教师与学生之间、教师与校领导之间、教师与学生家长之间、教师与社会各方面之间关系的行为准则。

教师职业道德的概念分为三个层次。其一，教师是专业人员，术业有专攻，在各个专业领域中有独特的道德要求和标准；其二，教师在从事教育教学这一专业工作时要履行教书育人这一特定的职责，即教师在教育教学过程中应遵循各种教师行为规范，这些规范在教育教学实践过程中内化为教师自身的职业道德品质；其三，教师无论作为社会人，还是作为专业人，都要遵守一定的社会行为准则和道德行为规范。

自古以来，我国就十分重视师德建设。自有私学以来，教师的职业形象就已经树立。孔子是我国历史上教师形象的典范，他本人也提出了关于师德的论述，如“三人行，必有我师焉，择其善者而从之，其不善者而改之”，“诲人不倦”，“其身正，不令而行；其身不正，虽令不从”，“君子之过也，如日月之食焉。过也，人皆见之；更也，人皆仰之”，等等，这些论述都是对教师

① 姚亚东：《教师职业道德教育的新视角》，《绵阳师范学院学报》，2006 年第 6 期。

② 彭亚青、周振军：《新时期教师职业道德的内涵分析》，《社会科学论坛》，2006 年第 1 期。

③ 杨芷英：《教师职业道德》（新编版），高等教育出版社，2007 年，第 3 页。

职业道德素养提出的具体要求。唐朝韩愈《师说》中提到的“师者，所以传道、授业、解惑也”，是对教师职业的思想顿悟，还原了教师道德品质和精神风范的原貌，从道义上规定了教师在教育工作中应该持有哪些思想、感情、态度和行为，应该如何待人接物，如何处理各种问题，做好教育教学工作，为教育事业尽职尽责。

关于教师职业道德的论述有着悠久的历史和丰富的内容，古今中外众多的师德范例就是教师职业道德生动、典型的表现，如孔子被尊崇为“万古师表”，是古代杰出的教育家，成为后世教师的楷模。我国的师德规范具有历史继承性，经过一代代人的传承和发扬，凝结成丰富的教师职业道德思想观念，不断激励着教师成长为素质教育的实施者、学生思想进步的指导者和崇高理想的引领者。

二、教师职业道德的特征

（一）教师职业道德意识的复杂性

社会转型期，社会大环境赋予教育许多新的特征和要求。时代的发展、社会的要求、家长的期待、学生的成长，都要求教师必须具备较高的职业道德意识，这样才能胜任教书育人、为人师表的重任。教师职业道德包括教师职业道德意识和教师职业道德行为两大部分。一方面，教师职业道德意识引导着教师的职业道德行为，它是道德行为内在的规范；另一方面，教师职业道德行为又可以反映出教师职业道德意识的走向，因而只有具备较高的职业道德意识水准，才能将职业道德意识与行为统一起来，以便更好地适应今天教育的需要。教师职业道德意识的核心是创造良好的思想道德环境和客观的教学环境，更好地敦促正在成长中的青少年健康发展，使其丰富个性的同时，形成正确的世界观、价值观和人生观，成为合乎时代发展与社会需求的人。正如汉代学者扬雄所说“吾闻觌君子者，问铸人，不问铸金”。教师不仅要向学生传播知识，更重要的是用自己的心灵去塑造学生的灵魂。

（二）教师职业道德行为的示范性

道德行为是在道德意识支配下所表现出来的符合一定道德规范的行为。在教育教学过程中，教师要时刻严格要求自己，规范自己的言行举止，对学生的学习和成长起到为人师表、师道尊严的示范作用。在学校生活中，学生与教师朝夕相处，教师的言谈举止和思想道德水准对学生必然起到耳濡目染的作用，学生易于在头脑中树立一个自我感受到的教师形象，在生活的点滴和细节中都会以自己的教师为榜样进行模仿，尤其是幼儿园阶段，3—6 岁的幼儿具有极强的感知能力与模仿能力，言行举止具有强烈的向师性。美国著名心理学家阿尔伯特·班杜拉认为儿童社会行为的习得主要是通过观察、模仿现实生活中重要人物的行为来完成的。因此，幼儿教师不仅应具备较高水准的道德意识和正确的道德观念，而且还要将其外化为堪为示范的行为，成为学生直接模仿的典型，发挥“以身立教”的作用和榜样示范作用，引领和促进幼儿的道德成长。我国传统教育倡导的“凡学之道，严师为难，师严而后道尊，道尊而后民知敬学”①，意思是教师要首先做到“师严”，为人师表，使学生从内心深处油然而发对教师肃然起敬，感受到教师的学识、品格、

微信扫码看学习资料：教育部《3—6 岁儿童学习与发展指南》

① 张国光：《〈学记〉新讲——汇注、辨证并译解》，武汉出版社，1992 年，第 25 页。

行为都值得敬重。相反，如果教师其身不正，缺乏师德，学识与品格一无可敬之处，就难以为人师表而使尊严尽失。

微信扫码看案例

（三）教师职业道德影响的深刻性

如果一位教师拥有崇高的职业道德理想，散发着值得尊敬的人格魅力，那么他将成为一种强有力的教育力量和榜样，对学生的成长产生久远的影响，甚至影响到他们对人生道路的选择，这种影响无论从纵向还是横向来讲都是无法忽视的。从纵向来讲，这种影响力可能会保持学生的一生；横向来看，这种影响力会涉及学生生活中的各个方面，一旦思想观念发生了变化，那么由之产生出的行为也会随之改变。文艺复兴时代伟大诗人但丁曾有句至理名言："道德可以弥补智慧的不足，而智慧却永远弥补不了道德的不足。"在学生心目中，教师往往扮演多重角色，他可能是社会的代表、知识权威的代表，也可能是伦理的化身、真理的标准。一个学识渊博、品德高尚、为人正派、公正无私的教师，就会被学生视为自己学习的榜样，并模仿他的言谈举止，以此确定自己人生道路的选择。

（四）教师职业道德教育的实践性

教育起源于生产劳动，教师是伴随学校的出现而产生的，教师职业道德离不开教育活动的出现，它是在教育劳动实践中逐渐形成，又反作用于教育活动的。在教育实践中，四种利益关系会同时存在并相互作用：社会教育事业利益关系、教师集体利益关系、教师个体利益关系以及学生个体利益关系。在复杂的教育环境下，这四种利益关系不可能永远都是一致的，它们之间时常或公开或隐蔽地发生矛盾和冲突。如果处理不好这些矛盾关系，将会直接影响到教师的劳动情绪，进而影响到教育目的的实现。为了有效地解决利益关系的矛盾和冲突，就需要对各种利益矛盾进行调节。虽然教育部门制定出了各项教育行政制度、各种奖惩措施，在调节各种利益矛盾、指导教师行为方面发挥了一定的作用，但是由于教师的劳动不同于一般的生产劳动，劳动效果也难以直接量化评估，因而需要一种更为有效的调节手段，能够对教育活动的各个方面进行指导、调节和监督，这个调节手段就是教师职业道德，教师职业道德的实践性得到了凸显。

教师职业道德的实践范围是整个学校教育活动，主要途径包括社会舆论、教师的内心信念和传统习惯的力量，主要目标是调节教育劳动实践中教师与社会、教师与他人的利益关系及行为，来保证教育活动的有效进行。在影响教师职业道德实践功能的诸因素中，教师的内心信念是最根本的，传统道德习惯的继承是最具影响力的，而社会舆论起到了辅助作用，将这些方面综合起来所表现出的特征是教师职业道德有别于其他类型道德的主要方面。

微信扫码看学习资料：教育部《新时代幼儿园教师职业行为十项准则》

三、教师职业道德的历史发展

教师职业道德不仅能够反映教师对教师职业的看法和个人的思想道德水平，还可以反映出教育中存在的各种伦理关系。伦理关系是人与人之间由客观关系和主体意识构成、以伦理权利与义务关系为核心内容的一种相对稳定的社会关系，这样的社会关系具有代代相传的继承性。随着伦理关系的演进，教师职业道德的内涵随之发生变化，历史上的教师职业道德正是通过不断的继承与发展，才成为当今教师职业道德所借鉴的基础。在我国历史上，教师职业道德大致经历了三个不同的发展阶段：先秦、汉唐和宋元明清。在这些时期，教师职业道德表现出不同的主流道德思想。

我国夏、商、周时期的教师职业道德主要表现出强烈的阶级特征，是维护宗法等级制度的载体，在长期的奴隶社会中，教育机构与奴隶制国家的统治构合为一体，即“政教合一”；而奴隶主和知识分子、教师和贵族合为一体，即“官师合一”，所以，此时的教师职业道德是统治阶级道德思想的直观反映。到了春秋战国时期，教育不再为官府所垄断，以孔子、孟子、荀子等一些杰出的古代教育家为代表，提出了以人性论哲学思想为理论基础的教师职业道德思想体系，并运用于实际的教学实践过程当中。他们的一套相对完整的教师道德规范，如“学而不厌、诲人不倦”①的教师品格，“其身正，不令而行；其身不正，虽令不从”的教师品行，“不能正其身，如正人何”②的教师形象，“有教无类”③“一视同仁”的教师要求等，无不体现了“为师以德为先是中国教育的传统理念”④。儒家许多关于教师职业道德的思想奠定了我国古代教师职业道德的基础，深刻影响我国两千多年，乃至成为中国教师历代奉行的行为准则，至今仍具一定的思想价值。

微信扫码看学习资料：教育部《幼儿园教师违反职业道德行为处理办法》

西汉时期，汉武帝在“罢黜百家、独尊儒术”的基础上形成了封建社会的教师职业道德，强调了教师职业道德要为维护封建宗法等级制度、封建地主阶级的利益服务。到了唐代，不得不提到韩愈的传世之作《师说》，其中集中论述了教师伦理道德问题。韩愈将“传道、授业、解惑”⑤确定为教师的任务；将“以身立教”和“其身亡而其教存”确定为教师职业道德的核心表现；将“无贵无贱，无长无少，道之所存，师之所存也”和“弟子不必不如师，师不必贤于弟子”确定为师生关系的写照。这些思想对当时及后世教师职业道德的建立有着深远的影响。

宋代朱熹重视教师品德的内在修养，主张“知行合一”“知行常相随”，成为当时教师职业道德的主流思想。明清时期出现了进步的教育思潮，例如王阳明强调教师在教学过程中要遵循循序渐进、因材施教的原则，要顾及学生的学习能力和学习环境的影响，特别是教师要有耐心和信心。教育家王夫之认为，教师职业道德要“明人者先自明”，应当以忠信、好学为本。清代首创师范教育的盛宣怀认为，教师品行的立与废，关系到整个社会风气的好坏，“唯师道立而善人多”。鸦片战争以后，受到西方教育思想的影响，我国文化教育的性质产生了深刻的变化，同时对教师职业道德规范也提出了新的要求。例如康有为按照教育的不同层次对教师分别提出了不同要求。蔡元培先生要求教师不仅要知识渊博，更要谦虚正直，自己的行为要能成为别人的模范。陶行知先生提出第一流的教授必须具有两种要素：“一有真知灼见；二肯说真话，敢驳假话，不说狂话”，他本人也为广大教育工作者树立了献身于人民教育事业的师德楷模。这些历代名人智士的思想对教师职业道德的影响是明显且深远的，尤其为树立传统的教师职业道德提供了思想根基。教育现代化对教师职业道德提出新的要求，习近平在全国高校思想政治工作会议上指出，教育要引导学生正确认识世界和中国发展大势，认识和把握社会发展的历史必然性，不断树立为共产主义远大理想和中国特色社会主义共同理想而奋斗的信念和信心，用中国梦激扬青春梦，为学生点亮理想的灯，照亮前行的路，激励学生自觉把个人的理想追求融入国家和民族的事业中，把远大抱负落实到实际行动中。

---

① 李学勤主编：《十三经注疏·论语注疏》，北京大学出版社，1999 年，第 84 页。
② 李学勤主编：《十三经注疏·论语注疏》，北京大学出版社，1999 年，第 173、175 页。
③ 李学勤主编：《十三经注疏·论语注疏》，北京大学出版社，1999 年，第 218 页。
④ 傅维利主编：《教师职业道德教育指南》，高等教育出版社，2002 年，第 19 页。
⑤ 韩愈：《韩昌黎全集》，中国书店出版社，1991 年，第 185 页。

第三节　教师职业道德的意义

一、我国传统的教师职业道德

考察新时期我国教师职业道德的现状，离不开对我国传统教师职业道德的探讨，离不开对传统教师职业道德的继承和发扬，古为今用，推陈出新，才能真正建立起适应社会主义市场经济体制的教师职业道德。我国流传广泛的传统教师职业道德常以成语的形式出现，它们言简意赅、意味深长，几千年来一直鞭策着教师不断自省，以提升自身的思想道德水平。在我国优良的教师职业道德传统中，应该大力宣传和发扬的主要包括以下几个方面的内容。

（一）关爱学生　有教无类

“关爱学生”和“有教无类”是我国传统教师职业道德中最基本的规范和要求。关心学生，热爱学生，一直被认为是教师必须具备的首要条件。孔子曾说：“爱之能勿劳乎？忠焉能勿诲乎？”①意思为：爱他，能不教他勤劳吗？忠于他，能不用正道来规诲他吗？因此，他认为关心学生是教师做好教育工作的前提和基础。孔子对自己的学生充满了爱心。例如，学生生病，孔子亲往探视；当得知最得意的学生颜回不幸早亡时，竟失声痛哭：“天丧予，天丧予！”爱怜之情溢于言表。“有教无类”思想是一个教育机会、教育公平和教育权利的问题，它要求教师在教学过程中表现出公正、无私、一视同仁的职业道德思想，不能任凭个人感情的好恶标准，以品行优劣、智力高低、相貌美丑来定亲疏，更不应以家庭出身、种族、贫富来分高下，而应为每位学生提供公平的学习环境和条件。在孔子诸多的学生中，有生活贫困的颜渊，有食藜藿的子路，有亲自种瓜的曾参，有身穿芦衣为父亲推车的闵子骞，有家庭出身卑微的仲弓，有犯过法的公冶长，有经商为生的子贡，他们皆属平民阶层，而孔子保障和维护着他们的求学权利，真正做到了“关爱学生”和“有教无类”。

（二）学而不厌　诲人不倦

“学而不厌，诲人不倦”是对教师职业的总体概括，它要求教师既要注重学生学业上的提升，也要从思想品德上施加正向作用。同时，这是孔子最早提出的关于教师职业道德规范的总述，是涉及教师职业道德最有名的阐释。在《论语》一书中，充满了孔子关于这一思想的论述。例如，孔子认为，作为一名教师首先要有“学而不厌”的品德。“君子食无求饱，居无求安，敏于事而慎于言，就有道而正焉。可谓好学也已”②。其次，教师要能够“温故而知新，可以为师矣”③，即教师既要时常温习以前掌握的学问，还要不断地学习新的知识，这样才能成为人

---

① 《论语·宪问》。
② 《论语·学而》。
③ 《论语·为政》。

师。再次，教师不但要在教学中虚心钻研，还要经常注意向他人学习，以丰富自己的才识。孔子就曾向老子问礼，还说："三人行，必有我师焉"，"择其善者而从之，多见而识之"①，孔子认为教师只有不断地温故而知新，才能博学多能，使弟子敬佩、信服他。最后，教师自己掌握好知识还要教育好后人，所以"诲人不倦"是教师最为可贵的品格。"教不倦，仁也"，"默而识之，学而不厌，诲人不倦，何有于我哉？"②因此，"学而不厌，诲人不倦"的思想蕴含了丰富的师德内容。

（三）言传身教　为人师表

"身教重于言教"。教师不仅要做学生学术上的导师，更要做学生政治思想、品德修养、情感态度、理想信念上的榜样。学生有一种模仿的天性和能力，为此教师的言谈举止无时无刻不成为学生模仿的对象。传统意义上，教师在学生心目中往往是正义、真理、知识、道德的化身，这种感染力和影响力将直接引领着学生的世界观、人生观和价值观的形成与发展，那么教师的职业道德也必将深刻地影响着学生思想品德的形成与发展。孔子很注重自己的言谈举止，他说："其身正，不令而行；其身不正，虽令不从"，"不能正其身，如正人何。"③而"为人师表"是对教师形象的概括，是对教师职业道德提出的最高要求。孔子强调教师在学生面前要树立起自己崇高的形象和威信，这不仅有利于教学活动，更利于学生找到自己道德与行为的楷模，心悦诚服，感化于无形。同属儒家的孟子也要求教师育人时"以身作则"，重视教师的自我道德修养，要求教师在教育学生的过程中加强自我道德教育，时时处处"以德修身""以德克己""以德育人"。

（四）因材施教　循循善诱

"因材施教"和"循循善诱"是我国传统上重要的教学原则，也是传统教师职业道德理论中处理师生关系的基本道德规范。它最早由孔子提出，并运用在实际的教学活动当中，被后人所模仿。它的含义是：要关注人和人之间客观存在的在智力、情感、性格等方面的差异，在进行实际的教育活动时，要注意观察学生的个性特征和情感态度，采取不同的教育方法和方式，有重点地施加智力和思想教育，实现对症下药、有的放矢，以便达到理想的教育效果。孔子自己就是这样做到的，例如当不同的学生问"仁""孝""政"时，他会根据学生们不同的身份、性格和对人的态度给予不同的回答。他的学生颜渊称赞道："夫子循循善诱人"。孟子在领悟孔子"循循善诱"思想的基础上，发扬了其核心思想，提出："君子之所以教者五：有如时雨化之者，有成德者，有达财者，有答问者，有私淑艾者。此五者，君子之所以教也。"④因此，"因材施教"和"循循善诱"既表达了教师对学生的关爱，又表现出教师的教学智慧和技巧。

（五）不耻下问　教学相长

"不耻下问"的含义是：教师要想不断提高自己的知识水平和道德情操，仅靠教师个人的自身修养是不行的，还应该虚心地向他人，特别是那些在地位、学问、德行上不如自己的人求教，

①② 《论语·述而》。
③ 《论语·子贡》。
④ 《孟子·尽心上》。

甚至向自己的学生学习。它体现出教师对待学习、对待他人的一种态度和精神境界。孔子曾说："智者千虑，必有一失；愚者千虑，必有一得"，正是这个道理。"教学相长"思想体现了教学活动中的民主思想，是处理师生关系的一个重要原则，孔子的"当仁，不让于师"的说法是其体现。孔子不仅鼓励学生与自己争执学术问题，而且勇于在学生面前承认错误，他认为在学术面前师生之间是平等的关系。例如，他当着弟子的面对巫马期公开承认自己的过错；而学生子路、冉求、樊迟经常与孔子争执学术问题，但孔子并未不喜欢他们，反而颇为器重他们，将他们都培养成出类拔萃的英才。荀子继承了孔子"不耻下问"和"教学相长"的思想，提出了"青，取之于蓝而青于蓝；冰，水为之而寒于水"①的思想，要求教师在教学中应虚心向后辈与学生学习，后来者居上，学生也可能超过老师。这就是教师对待学业和学生态度的一种道德体认。

二、当代部分教师职业道德的缺失

目前，教师职业道德失衡的现象屡见不鲜，表现形式复杂多样，涉及领域范围广泛，危害程度较为严重，已成为师德建设中的绊脚石。如何正确认识教师职业道德的本质，如何开展针对缺失问题的研究，如何找寻应对策略，已经引起教育研究者们的关注。

环境是影响思想观念的重要因素，在社会大环境当中，经济因素又是冲击教师职业道德的核心力量。我们看到，市场经济是一把双刃剑，在激发人的进取精神、强化人的时间效益观念、培养人的自由平等观念的同时，也在利用利益最大化的目标，滋生和诱发出各种拜金主义的行为，使人们的拜金思想变得严重，小团体的利益与社会利益相分离，个人主义思想和浮躁行为时有显现，一部分人的世界观、人生观和价值观受到了冲击，教师从业者也难于幸免。部分教师职业道德缺失主要表现在以下几个方面。

（一）团队合作精神的不足

教师的团队合作精神是教师职业道德的一项重要内容，它包含两种含义：一是教师要有与他人沟通和交流的能力与技巧。人际沟通与交流是人类生活的基本要求，它是思想碰撞的方式和途径，失去人际互动将孤立于精神与物质世界。与学生的交流、与教师的沟通共同组成一种互动的过程，教师的沟通与交流可以有效地促进教育教学质量。二是教师要有与他人合作的能力。拥有一支精诚合作的教师团队是教师个体职业生涯发展的重要内容，也是教育事业发展的有力保障。然而，由于受到个人主义、利己主义等一些社会价值观的负面影响，教师职业道德也受到冲击，部分教师常为一点小小的私人利益，将自己孤立起来，缺乏团队合作精神，"他人即地狱，同伴皆敌人"，甚至与领导、同事因为琐事发生过节，相互斗争，相互排挤，恶意制造事端，毁坏他人形象，严重影响了学术群体和学术团队精神的形成。这是对教师职业道德的破坏，对教师职业形象的损害。

（二）行业风尚存在偏差

教师职业是神圣而伟大的。鲁迅先生曾评价教师：吃的是"草"挤出来的是"奶"。然而，正是这些担负着培养一代又一代栋梁任务的教师，却在教育工作中出现了一些不正之风。例如，

① 《荀子·劝学》。

有个别教师抵制不住金钱和物质诱惑，利用工作之便找学生家长办私事、谋私利；假借学习之名，向学生收取各种名目的费用；利用假期对学生补课收取一定的费用；向学生推销各类教辅资料收取回扣等。教师的这些行为是受到社会其他行业不正之风的影响，尤其是在市场经济环境下，形成的各种社会非主流的思想观念，对教师职业道德带来了较大的负面影响。

（三）教师职责的缺位

职责是指职务上应尽的责任。每一份职业都有所担负的责任与义务，教师职业由于受到工作性质的决定，其职责与其他行业不同。教书育人是一个具有长期性、稳定性的职业，教师要扮演“传道者”、示范者、管理者、朋友、研究者等不同角色，这些角色对教师的职责提出不同的要求。教师职责应该是全方位的，一是对学生的教育要从德育、智育、体育、美育等方面入手，使学生得到全面发展，这是教育的终极目标；二是教师自身素质的提升。在全面履行教师职责中，教师才能使自己的教学能力得到充分的挖掘和发挥，才能使自己的教学水平进一步丰富和提高，这就是责任与义务的结合。但是在实际的教育生活中，一部分教师不安于乐教，不甘于奉献，利用自己与领导、同事、学生的关系进行私下交易，把教书当作副业即第二职业，不务正业；还有一些教师对教育工作缺乏积极性，不将教育事业放在心中最重要的位置上，反而认为教育工作只是生存的手段，他们不认真备课、授课，不认真批改作业，敷衍塞责、应付了事。这些都属于市场经济环境下和社会转型期中出现的各种削弱教师职业道德的现象。

（四）行为规范的偏离

“为人师表”是对教师职业的简单概括，但在实际的教学活动中，并非每位教师都能做到“为人师表”。例如，在体态仪表上，有些教师在学校衣冠不整，邋里邋遢，不注重自身形象；还有的教师服饰不得体，总爱浓妆艳抹，过于追求时尚，这都会误导学生。在语言上，一些教师不注重语言文明，用词不当，粗话连篇，甚至辱骂学生，这会导致学生逆反心理的产生，抵触教师的事情也时有发生。在行为上，部分教师在学校当着学生的面吸烟，甚至在课堂上吸烟；还有老师在课堂上随意使用手机接打电话，更有甚者，经常赌博、斗殴、酗酒。他们将教师职业道德抛之脑后，完全没有考虑到以榜样的形象出现在学生面前，无法做到“为人师范”“为人师表”，这些问题有待于教师从思想观念上加以纠正。

（五）敬业精神的缺失

教师的敬业与奉献精神是教师职业道德的重要内容之一，是建立在教师对职业的个人理解之上的。教师职业饱含社会及相关群体的期望，而教师本人需要对这种期望产生相应的认同感与责任感。为了履行好自己的职责，教师要有崇高的敬业和勇于奉献的精神，他们“燃烧了自己，照亮了别人”，在繁重的教育工作中忠于职守、甘于奉献，并将这种精神传递下去。然而，与敬业奉献精神相悖的还有一些不良的行为。例如，一些教师并没有立志于将自身奉献给教育事业，在工作中敷衍了事，不安心本职，偷工减料，常在学生面前发牢骚，对学生产生相当大的负面影响；一些教师消极怠工，没有开拓进取的精神，在教学中不能创新，觉得完成教学任务就万事大吉，对学生学习毫不关心，甚至随意停课、调课；另一些教师缺乏基本的耐心，对学生的错误采取零容忍，批评教育的方式也失之偏颇。总之，教师的敬业奉献精神是教师职业态度的集中表现，受到来自时代、环境、价值取向等多种因素的影响，提升教师敬业奉献的精神是教育工作的需要，也是提高个人思想境界的需要。

微信扫码，观看授课视频《教师职业道德的时代要求》

三、教师职业道德的当代价值

（一）教师职业道德是履行教师基本职责的根本

教师的职业是崇高而神圣的，崇高在于教师承担着传承人类知识精华、赋予学生创新精神的重任，神圣在于教师要帮助学生树立正确的世界观、人生观、价值观和道德观，从思想上引导学生走向符合社会与生活的要求，因此集崇高与神圣于一体的教师职业对教师个人提出了很高的要求和标准。《国家中长期教育改革和发展规划纲要》中提到："严格教师资质，提升教师素质，努力造就一支师德高尚、业务精湛、结构合理、充满活力的高素质专业化教师队伍……加强师德建设。加强教师职业理想和职业道德教育，增强广大教师教书育人的责任感和使命感。教师要关爱学生，严谨笃学，淡泊名利，自尊自律，以人格魅力和学识魅力教育感染学生，做学生健康成长的指导者和引路人。"这明确了教师职业道德在教育活动中的重要地位和作用，尤其以教育改革和发展规划的方式将其提出来，更说明了教师职业道德与教育质量、教育根本目的、教师天职之间的密切关系，对实际教学行为中教师职业道德的体验能够起到积极的促进和影响作用。

（二）教师职业道德是教师贯彻教育方针的基石

教师职业道德是贯彻教育方针政策的有力保障。党的二十大报告明确提出："加强师德师风建设，培养高素质教师队伍，弘扬尊师重教社会风尚。"这是新时代对教师职业道德提出的新要求，是办好人民满意的教育事业的基础条件，也是推动教育高质量发展的关键举措。

在新时代的教育工作中，教师承担着多重角色。作为知识的传播者，他们是文明的使者；作为一名普通的教育工作者，他们是教育方针政策的践行者；作为一名好老师，他们更是道德教育和思想政治教育的实施者。教师的工作离不开对教师职业道德的深刻理解和具体实践，因为他们肩负着助力亿万青少年健康而全面成长的重任，关系到我国的前途命运和民族的未来发展。

教师职业道德的关键作用不仅体现在对学生的知识传授上，更体现在对学生品德的塑造和价值观的引领上。党的二十大报告强调了教师在立德树人中的关键作用，明确了教师要以高尚的道德情操和人格魅力影响学生，要做到"言为士则、行为世范"。而教育家精神作为教师职业道德的升华，要求教师不仅要有扎实的专业素养，更要有"心有大我、至诚报国"的理想信念，以及"启智润心、因材施教"的育人智慧。

教育家精神是新时代教师职业道德的核心内涵。它不仅是教师个人成长的精神指引，更是教师育人工作的强大动力。教师只有秉持教育家精神，才能在日常工作中真正做到以学生为中心，关注每一位学生的个性发展，帮助学生树立正确的世界观、人生观和价值观。教育家精神还要求教师具备"躬耕教坛、甘为人梯"的奉献精神，将个人的职业追求与国家的教育事业紧密结合，为培养德智体美劳全面发展的社会主义建设者和接班人贡献自己的力量。因此，教师职业道德与教育家精神相辅相成，共同构成了新时代教师育人的精神基石。

（三）教师职业道德是新时期教师实施素质教育的本质内涵

素质教育是指依据人的发展和社会发展的实际需要，以全面提高全体学生的基本素质为根本目的，以尊重学生个性、注重开发人的身心潜能、注重形成人的健全个性为根本特征的教育。素质教育不同于知识技能教育的根本之处在于，它是以培养创新精神和实践能力为重点，以提高综合素质为本质要求的。这首先要求建设一支高素质的教师队伍，才能与素质教育相适应，以保证素质教育的顺利实施。因此，广大教师更应该在教师职业道德素养的标准下，开展师德建设工作，真正领悟教育活动的目的所在，真正提高自身的素质和能力，真正在素质教育的过程中做到素质与能力、能力与道德、道德与行为的高度统一。习近平总书记指出：“教师是教育工作的中坚力量。有高质量的教师，才会有高质量的教育。”教师要成为“经师”和“人师”相统一的“大先生”，承担起传播知识、传播思想、传播真理、塑造灵魂、塑造生命、塑造新人的时代重任。教师还要具备“心有大我、至诚报国的理想信念，言为士则、行为世范的道德情操，启智润心、因材施教的育人智慧，勤学笃行、求是创新的躬耕态度，乐教爱生、甘于奉献的仁爱之心，胸怀天下、以文化人的弘道追求”。这些要求不仅是教师职业道德的体现，更是教育家精神的核心内涵。在素质教育的实践中，教师应将这些精神贯穿于教育教学的全过程，以德为先，用高尚的道德品质和卓越的育人能力，引导学生树立正确的价值观，培养学生的创新能力和实践能力。只有当教师具备良好的职业道德素养和教育家精神，才能真正落实素质教育的要求，培养出德智体美劳全面发展的社会主义建设者和接班人，做好党和人民所满意的教育事业。

（四）教师职业道德是教师提高职业道德素养的保障

教师职业道德研究是围绕师德建设开展的一系列具有时代意义和社会意义的研究活动，它将师德建设的本质含义、如何实现师德建设理想、师德建设中遇到的困难、师德建设中的重点和难点等内容置于研究的中心，将提高教师职业道德素质定为研究的目标。国家建设，教育为本；教育建设，教师为本；教师建设，师德为本。人们逐渐意识到教师的思想觉悟、道德品质、文化素养、工作态度、执教能力、待人处事、性情爱好、诚实守信都会对学生产生较大的影响。教师职业道德体现在教师本人的品德素养中，更重要的是要体现在日常的教学活动过程当中，教学活动是评价教师职业道德的重要环节，也是师德建设的“主阵地”。我国越来越重视师德建设的现实意义，使师德建设逐渐成为教育工作的重点。2018 年 11 月 14 日教育部印发的《新时代幼儿园教师职业行为十项准则》，针对全国教育大会精神，进一步提出了加强师德师风建设、提升我国教师队伍整体素质、规范教师职业行为的具体内容，为教师行为规范提供了实践层面的依据。以此为导向，许多教育研究都与师德建设相关，然而在实际的教学活动中，部分教师的职业道德确实存在不少的问题，道德缺失的现象不断出现，成为社会关注的焦点问题，部分教师的道德素养有待进一步提升，这些都为教师职业道德研究提供了丰富而生动的研究素材，真正反映出了教育实践活动中的缺陷所在。有的放矢地对问题与现象进行剖析，可以挖掘隐藏在现象背后的根本原因，对于教师职业道德而言，由于影响思想观念的因素众多，教师职业道德的研究就更凸显其重要性。

第二章 幼儿教师职业道德范畴

第一节　幼儿教师职业道德范畴的内涵

一、范畴与道德范畴

范畴是反映事物本质属性和普遍联系的基本概念，是人类理性思维的逻辑形式。它反映着人们认识发展的阶段，是人们借以把握事物本质的手段。

道德范畴是概括和反映道德的主要本质，体现一定社会整体的道德要求，并成为人们的普遍信念而对人们行为发生影响的基本道德概念①。

二、教师的职业道德范畴与具备条件

教师职业道德范畴，是指反映和概括教师职业现象的特征、根本要求和内在关系的基本概念。一般来说，属于教师职业道德范畴应具备以下三个条件：其一，它必须是概括和反映教师职业道德现象最本质、最主要、最普通的道德关系的基本概念；其二，它必须体现教师职业道德原则和规范对教师的根本道德要求，显示教师认识与掌握职业道德的一定阶段；其三，它必须作为一种信念存在于教师的内心，并能时时指挥和影响其行为。凡是不具备或不完全具备这三个条件的，均不属于教师职业道德体系中的基本职业道德范畴。

三、幼儿教师职业道德范畴的内涵

幼儿教师职业道德范畴，是指概括和反映幼儿教师职业道德的主要特征，体现社会在一定时期对幼儿教师职业道德的根本要求，并成为幼儿教师的普遍内心信念，对幼儿教师的行为发生影响的基本道德概念。

幼儿教师职业道德范畴有广义和狭义之分。从广义上讲，能反映和概括幼儿教师职业道德现象的所有基本概念，均属于幼儿教师职业道德的范畴。它不仅包括道德原则、道德规范和道德品

① 刘济良主编：《教师职业道德》，华文出版社，2008 年，第 133 页。

质中的基本概念，还包括道德评价、道德修养和道德教育等方面的基本概念。从这个意义上讲，幼儿教师职业道德范畴是一个由不同层次的、一系列反映幼儿教师职业现象的基本概念构成的多方面的范畴体系。从狭义上讲，幼儿教师职业道德范畴是指概括和反映幼儿教师职业道德的主要特征，体现幼儿教师职业道德原则和规范对教师的根本要求，成为幼儿教师的内心信念，并对幼儿教师行为发生影响的基本概念。本章中提到的幼儿教师职业范畴是狭义上的范畴。

第二节　幼儿教师职业道德范畴的特点

职业道德范畴是幼儿教师职业道德体系的重要组成部分，是职业道德原则和职业道德规范转化为幼儿教师内心的道德要求、产生职业道德情感的重要因素。明确职业道德范畴对幼儿教师正确认识学前教育教学过程中的各种道德关系，调整自身的道德行为，自觉实践教师职业道德原则及规范的要求，具有重要的意义。然而，幼儿教师这一职业对象的特殊性和职业特点的独特性，使得幼儿教师的职业道德范畴呈现出不同于其他阶段教师职业道德范畴的独特特征。

一、幼儿教师的职业道德范畴是教师职业道德体系的重要组成部分，是需要适应和遵守的基本范畴内容

近几年来，随着国家对学前教育事业的重视，幼儿教师群体的规模发展很快。教育部发布的《2022 年全国教育事业发展统计公报》的数字显示：全国共有幼儿园 28.92 万所，比上年减少 5 610 所；在园幼儿 4 627.55 万人，比上年减少 177.66 万人；学前教育专任教师 324.42 万人；学前教育毛入园率 89.7%，比上年提高 1.6 个百分点。

虽然面对的教育对象、教育内容与方法等与其他阶段的教师有很大不同，但作为我国教师队伍中的重要组成部分，幼儿教师同样隶属于教师群体，因此，也必须首先遵守教师群体的整体职业道德要求，必须适应教师职业范畴的基本内容。

二、幼儿教师的职业道德范畴是实践幼儿教师职业道德基本原则和发挥职业道德规范作用的前提与条件

幼儿教师职业道德范畴和职业道德基本原则、道德规范都是调节幼儿教师教育教学行为的道德准则。但职业道德范畴是成为幼儿教师的内心信念，并对幼儿教师行为产生影响的基本概念。而教师职业道德原则和规范的践行，又是以树立师德信念为前提的。由此看来，幼儿教师职业道德范畴高于其他的职业道德原则和规范。教师职业道德的原则和规范要想在幼儿教师的日常工作中发挥应有的作用，它们必须首先成为教师个人的道德意识并转化为习惯性的、自觉的道德行为。因为，“只有当教师的职业道德范畴在教师内心形成明确的道德意识时，才能指导教师按照一定的职业道德原则和规范，产生强烈的道德责任感、义务感和荣誉感，从而自觉地选择、评价和调整自己的道德行为。”①也就是说，幼儿教师职业道德范畴是职业原则和规范向教师道德意识

① 刘济良主编：《教师职业道德》，华文出版社，2008 年，第 135 页。

转化，进而内化为教师职业道德信念的必要条件。没有幼儿教师职业范畴的确立，就难以发挥教师职业道德原则和规范的作用，这作用也更难以在教师的职业道德实践过程中体现出来。

三、幼儿教师的职业道德范畴受到幼儿教师职业道德基本原则和规范的制约

教师职业道德范畴反映和概括的是幼儿教师职业道德现象中的基本概念，因此，它具有基础性和普适性的特征，可以被不同社会、不同时代的教职人员普遍遵守和使用。由于不同社会、不同时代和不同文化背景下对教师职业的要求不同，教师职业道德范畴所包含的具体内容也常常各不相同，但它们都由每一时代、每一社会或阶级的职业道德原则和规范所规定。离开了一定社会的职业道德原则和规范，就难以确定职业道德范畴的具体内容和要求。

从一定意义上说，幼儿教师职业道德基本原则和规范是教师职业道德范畴的基础。“师德原则和规范作为教师职业道德体系网上的纲和经纬线，统帅和制约着教师职业道德范畴。人们总是自觉不自觉地按照一定社会或阶级的师德原则和规范，来解释和建立师德范畴体系的。”①

四、幼儿教师的职业道德范畴是人们对幼儿教师职业道德认识不同发展阶段的具体体现

幼儿教师职业道德范畴是由概括和反映幼儿教师职业道德主要特征的一系列基本概念构成的范畴体系。而随着幼儿教师职业的发展和人们对这一职业认识的变化，人们对教师职业道德范畴内容的理解也有所不同，由此使得幼儿教师职业道德的范畴表现出明显的时代性特征。因此，我们考察不同时代、不同社会的幼儿教师职业道德范畴，可以帮助我们认识和掌握每一社会幼儿教师职业道德现象之网的“纽结”，进而了解一定社会幼儿教师职业道德的状况。

了解幼儿教师职业道德范畴的上述特点，可以更好地了解它在整个幼儿教师职业道德体系中的价值和意义，也可以更深刻地理解它的重要地位和作用。“如果没有教师职业道德范畴，就不能使教师职业道德原则和规范，转化为教师内心的道德要求，产生自觉的符合教师职业道德要求的道德行为和道德情感，也就不能认真履行教书育人的职责。”②

第三节　幼儿教师职业道德的重要范畴

一、幼儿教师职业理想

（一）幼儿教师职业理想的含义

职业理想是人们依据社会要求和个人条件而确立的职业奋斗目标和个人渴望达到的职业境界。它是人们实现个人生活理想、道德理想和社会理想的手段，与个体的价值观、职业期待、职

① 王兰英、黄蓉生主编：《教师职业道德》，高等教育出版社，2000 年，第 194 页。
② 王兰英、黄蓉生主编：《教师职业道德》，高等教育出版社，2000 年，第 195 页。

业目标等密切相关，并具有明显的差异性、发展性和时代性。

幼儿教师的职业理想，是指教师个体对幼儿教师职业的向往和追求，它既包括对所从事的幼儿教师职业的追求，也包括对做一名理想幼儿教师的追求。

古往今来，人们赋予教师许多的美誉，如“教师是人类灵魂的工程师”“教师是太阳底下最光辉的职业”“教师是真的种子，善的使者，美的旗帜”“教师是蜡烛，照亮了别人，燃烧了自己”等等。作为教师队伍中的一个重要组成部分，幼儿教师因为“教育对象的幼稚性、教育过程的全面性和教育活动的创造性”，使得这样的一个职业需要教师付出更多的汗水和劳动。而坚定的职业理想就成为幼儿教师坚守职业道德、成就幼教事业的前提和动机因素。幼儿教师崇高的职业理想来源于坚定的职业信念，它是在对从事学前教育的历史使命和伟大意义深刻理解的基础上，产生的一种从事学前教育事业的志向、抱负和追求。

（二）幼儿教师职业理想的作用

1. 导向作用

俄国的托尔斯泰曾说过：“理想是指路的明灯，没有理想就没有坚定的方向，就没有生活。”而幼儿教师的职业理想则是其职业素质的重要组成部分，是产生良好职业行为的向导。尽管幼儿园的工作细致烦琐，工作时间长，劳动强度大，但教师一旦确立了自己的职业理想，就会摒弃许多的抱怨和不适，排除种种的困难和挫折，朝着实现这一理想的方向去努力。

高美霞是一名普通的幼儿教师，她同许多工作在幼儿园一线的教师一样，也有过自己的苦恼、无奈和彷徨，但她没有因此而放弃自己的职业追求。她不仅努力地践行着自己的职业理想，而且还借助一支笔，借助她的专著《爬上豆蔓看自己》把它们尽情地表达出来。在这本充满激情又令人深思的一线幼儿教师的教育日记中，作者详尽地叙述了自己在幼儿园的一日生活以及对日常生活的感悟与反思，记录了一个普通幼儿教师在和孩子、家长交流中的喜怒哀乐，自己专业成长的足迹，以及对生活、工作及生命的感悟与体会。它让我们看到了一名幼儿教师真实的专业生活、锲而不舍的工作状态和因追求职业理想而获得的职业幸福，也让我们感受到了职业理想给予一名幼儿教师的内在导向力：职业理想不是口头上的，也不是文字上的，而是融入到幼儿教师日常教育教学生活的具体行为之中，它支撑着教师的工作和生活，引领着教师为实现自己的职业理想而不断努力并坚持付出。

2. 调节作用

职业理想在幼儿教师的日常工作中具有参照系的作用，它指导并调整着教师个体的职业活动。当一名幼儿教师按照自己的职业理想行动时，他就会以饱满的热情、乐观的态度和高度的社会责任感去兢兢业业地从事学前教育的相关工作，并在勤奋工作、努力探索、用心钻研中“静下心来教学，潜下心来育人”。而当一名幼儿教师在工作中偏离了自己的理想目标时，职业理想就会发挥纠偏作用，尤其是当他在实践场域中遇到困难和阻力，心灰意冷、丧失斗志时，就会在职业理想的支撑下，克服困难，奋发进取，勇往直前。

3. 激励作用

职业理想源于现实又高于现实，因此，职业理想和现实之间常常有一定的距离。实践证明，拥有崇高职业理想的幼儿教师，他们常常因对工作的热爱而产生献身幼教事业的内在动力。他们积极工作，努力探索，在遇到困难和挫折时，不怨天尤人，不心灰意冷；他们会认真分析自己的职业理想是否符合职业的要求和自己的实际能力，从而选择适宜的职业理想；他们还会以坚忍不拔的毅力、顽强的拼搏精神和开拓创新的行动来继续前进，直至达成自己的职业理想。郝霞是吴窑镇中心幼儿园的一名教师，她四岁时因脊髓灰质炎（通称小儿麻痹症）而导致左腿残疾。但“成为一名优秀的幼儿教师”的职业理想，不仅使她不顾家人反对报考了幼师，而且也激励她多年来一直克服种种困难，视幼儿教育事业如生命，无私付出，尽心陪伴孩子们的成长。她曾坚定地说道：“所谓‘残疾’也就是在外人眼里，在我眼里，就是走路累点，行动不便点。即便没有左腿，我也一样要做幼儿教师。和孩子们在一起，我很健全，也很开心。”当记者问她：“在多年的幼教工作中，有没有一些时刻让你觉得特别幸福?”她回答道：“这太多了！回想这一路走来，有辛酸，有泪水，有付出也有收获，但我得到更多的是幸福。当孩子们把小零食递到我嘴边的时候，我是幸福的；孩子们在马路上看到我，大声喊我‘老师妈妈’的时候，我是幸福的；自己的努力得到别人的认可，我是幸福的……我会把这种幸福感传递给每一个孩子，让孩子们拥有一个快乐幸福的童年，也让他们拥有一个幸福的人生。”①正是基于对职业理想的坚守，郝霞不仅收获了职业的幸福，也荣获了如皋市“三八”红旗手、第六届“感动南通·教育人物”提名奖、如皋市第八届“爱心大使”、“感动江苏教育人物——2016 最美幼儿教师”等荣誉称号。

微信扫码，观看授课视频《幼儿教师的职业理想》

（三）幼儿教师职业理想的实现

1. 实现的条件

（1）了解自己的职业

学前教育是人生教育的起点阶段，是基础教育的基础，它无论对儿童个体的健康成长，对家庭的生活质量还是整个教育事业的发展，都具有特殊的意义。然而，幼儿特殊的身心发展规律和差异性的年龄特征，使得幼儿教师的劳动呈现出不同于其他教育阶段教师的独特特点：①劳动对象的主动性和幼稚性；②劳动任务的全面性和细致性；③劳动过程的创造性；④劳动手段的主体性；⑤劳动周期的长期性和滞后性。因此，幼儿教师既是幼儿学习的支持者，也是幼儿生活的照料者，而保育与教育并重的职业原则，更要求幼儿教师必须首先充分了解自己的职业特点，设定适宜的职业理想，并做好为自己的职业理想努力奋斗和长期辛勤付出的思想准备。

韩冰川是山东省淄博市汇英幼儿园的教师，她扎根学前教育 33 年，一直用自己的专业行为为实现自己的职业理想躬身前行着。2008 年，一直喜欢读书的韩冰川在幼儿园组织发起了“书香宝贝行动计划”。十五年来，“流动小书包”“流动小书架”“大手拉小手亲子共读”“亲子自制图画书”等富有创意的阅读活动，带动了 5 000 余个家庭参与其中。此外，由其牵头发起的“花婆婆行动”，已累计为 11 个乡镇、28 个乡村幼儿园建起了绘本馆，捐赠图画书 1.4 万余册。她多次到山区幼儿园为教师和家长举办绘本阅读讲座，让 2 600 余名山区孩子拥有了幸福温馨的亲子共读时光。她倡导生活教育，致力于推动幼儿园自主游戏的多元化发展，先后获得国家级教学成果二等奖、宋庆龄幼儿教育奖、山东省教书育人楷模等荣誉②。2023 年入选全国教书育人楷模，成为幼儿教师学习的榜样。

① 王艳芳：《郝霞：天空飘来一抹橙色的霞》，江苏教育新闻网，2016 年 6 月 2 日。

② 潘玉：《全省唯一！淄博市教师韩冰川获评 2023 年全国教书育人楷模》，齐鲁网，2023 年 9 月 1 日。

（2）了解自身的特点

幼儿教师作为一种专门职业，有其独特的职业特性。它要求教师要有系统的专业理论知识作支撑，有专门的技能作保证；要求教师以“儿童的利益高于一切”作为行动的原则；要求教师能“专业自主”，能运用专业知识独立进行判断、决策。这些要求决定了我们的幼儿教师应对自己已有的知识结构和能力结构有清楚的了解，看清自身的优势和缺失，并从自身所受的教育、能力倾向、个性特征、身体健康状况等实际出发，结合幼儿教师的职业特点，合理定位自己的职业理想，并有选择、有针对性地培养自己的职业意识和专业能力，主动去适应和接受职业岗位的挑战，通过自己的不懈努力来逐步实现自己的理想。

（3）了解社会的需求

了解社会的需求也是幼儿教师实现职业理想的必要条件，因为任何职业理想的实现都与社会的需求紧密相关，幼儿教师也不例外。随着一系列中央和地方政府学前教育发展行动计划的制定和颁布，中国的学前教育事业也进入了快速发展的转折时期。在教师队伍不断扩大的过程中，幼儿教师数量的增长速度是最快的，但与幼儿园和家长的需求之间仍然存在较大的距离。幼儿教师队伍的缺口仍然很大。作为一名幼儿教师，应该了解社会对本职业的需求情况，加强对职业需求的分析和预测，从而更好地把握本职业的发展趋势，努力储备应有的专业知识和技能，在未来的幼教事业中发挥自己的才能，实现自己的职业理想。

2. 实现的路径

（1）树立正确的职业观

职业观是人们在选择职业与从事职业时所持的基本观点和态度，是人生理想在职业问题上的体现。职业观由三个基本要素组成：一是维持生活，二是发展个性，三是履行社会义务。三个基本要素中哪一个要素占主导地位，将决定一个人职业观的类型与层次。而正确的职业观则是以履行社会义务为主导方向的三个基本要素的统一体。由此可见，幼儿教师的职业观不同，他们的职业理想也常常不同。

幼儿教师是一个神圣而伟大的职业，他们是幼儿学习活动的支持者和引导者，也是幼儿幸福童年的创造者和维护者。在所有的教育阶段中，学前教育是投入最少但效益最高的一个阶段，学前教育的质量在一定程度上决定着其他阶段教育的质量。而幼儿教师恰恰是确保学前教育质量的关键人之一。因此，幼儿教师除了应该拥有教育意识、自我价值实现的意识之外，还应该拥有强烈的社会责任意识，树立正确的职业观，进而逐步形成崇高的职业理想，用自己的智慧和行动在促进幼儿健康成长的同时，也为推进人类文明的进步、社会经济的发展和民族的振兴富强做出贡献。

范徽丽是北海市第一幼儿园园长，也是 2019 年全国教书育人楷模。她深耕幼儿教育 30 载，从普通幼师到名园长，从繁华都市到偏远海岛，始终如一，躬身践履“呵护童真、激发童趣、追寻童梦”的教育理想与使命。她不畏艰辛，跨海支教，创办海岛第一所公办幼儿园，让海岛的孩子幼有所育。她扎根海岛，探索构建“城乡 4+1”教育协同模式，促进城乡学前教育均衡发展。她因地制宜，研创“海丫丫 365 成长行动”方案，陪伴幼儿快乐走向成熟的生命成长历程，践行幼有优育的理念追求。“永葆‘乐教爱生、甘于奉献的仁爱之心’，每位教师都是教育家精神的实践者、传播者……”这是全国最美教师、国家级教学成果二等奖获得者范徽丽在教育家精神 2024 年巡回宣讲活动启动仪式暨首场报告会上作教育家精神宣讲报告后，在朋友圈写下的话①。她始终坚守着自己的职业理想，并用自己的行动为孩子们的人生奠基、成长启智、心灵领航。

(2) 坚守自己的职业追求

幼儿教师的职业理想，实际上是幼儿教师对职业的认识、信念、情感、意志、行为和习惯诸要素从无到有逐渐增长培育的过程。这一特点决定了它的形成不可能是在短期内轻而易举就完成的，更不可能一蹴而就。而幼儿教育的特殊性更加剧了幼儿教师实现职业理想的难度。这就要求幼儿教师在实现职业理想的历程中，不能因工作的烦琐而放弃自己的职业责任，也不能因暂时的委屈而违背职业要求，更不能因各种借口和压力而改变自己的职业理想和目标。特别是在市场经济快速发展的今天，幼儿教师更需要坚定自己的职业追求，克服因各种困难和职业倦怠产生的退缩情绪，并从日复一日的琐碎事务和教育教学工作中走出来，勇敢地接受摆在自己面前的一个个不可回避的挑战和考验，逐步实现专业突破，获得专业发展。

(3) 保持积极的职业状态

职业理想是人们对职业目标的向往和追求，它可将个人追求的远大目标和平凡的职业生活联系起来，从而保持一种积极的职业状态，产生强烈而持久的内在动力，并在职业实践的过程中努力工作，积极进取。与其他教育相比，幼儿教育是一个充满激情的事业，它需要幼儿教师要从内心热爱自己的这份职业，把幼教工作作为神圣的事业去追求，安心从教，不为名利，甘为人梯，从而通过自己辛勤的劳动坚定自己成为优秀幼儿教师的信心，并在幼教实践的摸索探寻中取得让自己和家长满意的成绩，收获事业成功的满足，体会职业理想达成的幸福。

(4) 努力践行正确的职业行为

"理想，不付诸行动，永远是虚无缥缈的想象。"幼儿教师需要拥有自己的职业理想，但更需要为理想而奋斗的实际行为，否则理想永远是一句徒劳的空话。我国学前教育事业的蓬勃发展，让更多幼儿教师激起了在幼儿教育领域大展宏图的热情。但这种热情不能是一时的冲动，而是要在踏踏实实的幼儿园实践活动中转化为孩子的进步和教师自己的成长。特别是随着学前教育实践活动的逐步深入，越来越多的新的实践问题呈现在幼儿教师的面前，这些问题的解决需要每一位幼儿教师勇于探索、不断磨炼，在坚持不懈的实践中使自己不断提高，最终实现职业理想和抱负。

二、幼儿教师职业义务

（一）幼儿教师职业义务的含义

在社会生活中，作为个体的人，总是在求得生存的过程中同他人发生着相互的联系。不管个体自己意识到与承认与否，客观上每位个体都必然对社会关系中的他人承担一定的责任，这种责任就是义务。因此，从一般意义上讲，义务就是个人对他人、对社会应该做的事情和承担的责任，是对他人或社会做与自己的职责、使命、任务相宜的事情。它既表明个人对社会和他人承担的责任，也表明社会和他人对个人行为的要求。

由于每个人在社会中同时扮演的角色不同，因而对他人、对社会应尽的义务也各不相同。如

① 周仕敏：《甘当海岛学前教育的拓荒者——记广西北海市第一幼儿园园长范徽丽》，《中国教育报》，2024年3月12日。

一个人作为社会公民要扮演相应的公民角色，就要对国家、对政党、对民族履行一定的道德义务；作为一名家庭成员要扮演相应的家庭成员角色，就要对家庭、对家人履行一定的家庭义务；作为一名团体中的成员要扮演相应的职业角色，就要承担一定的职业义务；等等。这些义务都是个人在社会中的职责、任务和使命的有意识的表达。

幼儿教师职业义务，是指幼儿教师对幼儿、幼儿园（或社会要求幼儿教师）应当做的事情和应该承担的责任。它通常包含两方面的内容：一方面是指社会向幼儿教师提出的必须遵循的道德要求；另一方面是指幼儿教师在幼儿教育职业劳动的过程中，自觉意识到各种合理的道德要求，并把自觉遵循这些合理的道德要求作为自己内心的一种道德习惯，主动履行职业道德行为的规范要求。

幼儿教师作为社会中的一个特殊职业群体，一方面他们同一般的社会成员一样要对社会、对他人履行一定的义务；另一方面，作为一种特殊职业，幼儿教师又有着其特定的职业道德义务。幼儿教师的义务是作为人民教师的一种社会属性，它既是社会、教师集体用以调节幼儿教师行为的手段，也是幼儿教师个人从自身的责任、良心和荣誉的角度出发，调节个人教育教学行为的手段。

（二）幼儿教师职业义务的内容

幼儿教师的职业义务，是对幼儿教师在教育教学活动中必须做出一定行为或不得做出一定行为的约束，是幼儿教师从事幼儿教育教学工作时应该履行的责任。它主要包括以下六项内容。

1. 遵守宪法、法律和职业道德，为人师表

《教师法》第 8 条第 1 款规定，教师应“遵守宪法、法律和职业道德，为人师表”。《幼儿园教师专业标准（试行）》中也明确提出：幼儿园教师应“遵守教育法律法规”，应“了解关于幼儿生存、发展和保护的有关法律法规及政策规定”，应“为人师表，教书育人，自尊自律，做幼儿健康成长的启蒙者和引路人”。幼儿教师作为中华人民共和国的公民，应该自觉、模范地遵守宪法、法律以及国家、社会的各项规章制度。同时，在日常的保育教育工作中，幼儿教师还应自觉培养幼儿的法治观念，使每个幼儿自小养成遵纪守法的意识与行为。

幼儿时期的孩子，模仿性很强但分辨是非的能力较弱。可以说，幼儿的很多知识和经验不是来自正规的教育教学活动，而更多是来自日常生活中对成人的模仿和潜移默化的影响。幼儿教师作为幼儿园内专门从事教育教学活动的专职人员，作为幼儿在园期间的重要他人，他们的一言一行、一举一动都会成为幼儿的模仿对象和学习内容。作为一名幼儿教师，除了要用自己的专业技能向幼儿传递粗浅的知识和经验，更重要的是通过自己的道德品质、思想观念、对幼教事业的态度、对幼儿的情感、自身的行为习惯等，言传身教，潜移默化地影响幼儿的发展。

2. 贯彻国家的教育方针，遵守规章制度，执行幼儿园的保教工作计划，履行教师聘约，完成保教工作任务

幼儿教师是专指在特定的学前教育机构中，利用专门的设施，按照特定的章程，对学前儿童实施教育行为的专业人员。幼儿教师作为学前教育与学前儿童发展之间的桥梁，是承接学前教育理念和教育实践的纽带，更是对幼儿施加教育影响，促进幼儿健康成长的重要他人。在日常的保教工作中，幼儿教师应当全面贯彻国家关于幼儿教育的方针政策，遵守相应的规章制度，认真执行教育行政部门和幼儿园制定的各项保教工作计划，完成保教工作任务。幼儿园实行的是教师聘

任制，教师在与园方签订的聘任合同中，已约定了彼此的规范和职责，那么，幼儿教师就应当按合同约定来履行自己的义务，完成职责范围内的保育教育任务。

3. 按照国家规定的保育教育目标，组织、带领幼儿开展有目的、有计划的教育活动

幼儿园的教育活动，是教师以多种形式有目的、有计划地引导幼儿生动、活泼、主动活动的教育过程，是实现学前教育目标、促进幼儿身心全面发展的基本途径。所有的学前教育观念只有转化为具体的教育活动才能发挥其固有的价值，而学前教育目标也只有在具体的教育活动中转化为幼儿的学习目标，并通过教育媒介和教育手段的运作才能产生预期的教育效果。因此，幼儿教师应按照国家规定的保育教育目标，充分挖掘各类教育资源，科学地设计和实施好教育活动，为幼儿提供操作探索、交流合作、表达表现的机会，促进幼儿身心和谐地发展。

4. 关心爱护全体幼儿，尊重幼儿人格，促进幼儿的全面发展

苏霍姆林斯基说过："教育技巧的全部奥秘也就在于如何爱护儿童。"幼儿虽小，但他们也是作为一个独立的个体存在于社会之中的，他们拥有与成人一样的人的尊严和权利。教师应将幼儿当成有独立人格的人来对待，尊重他们的思想感情、兴趣爱好和需求，注意倾听他们的想法，尊重他们的意愿，使幼儿意识到他们是这个社会中有价值、有能力、不可缺少的成员之一，从而建立起自信心，获得良好的自我认同和积极的自我概念，进而为其今后的持续发展奠定良好的全面发展的基础。

5. 制止有害于幼儿的行为或者其他侵犯幼儿合法权益的行为，批评和抵制有害于幼儿健康成长的现象

微信扫码看学习资料：教育部《幼儿园教育指导纲要（试行）》

学前期幼儿的发展十分强劲，同时又最脆弱，极易受到伤害，各种风险对幼儿产生的负面影响常常造成无法挽回的后果。幼儿教育对象的以上特点决定了"保护好园内的幼儿，使其免受非法的侵犯"是幼儿教师责无旁贷的责任和义务。而我国的《幼儿园教育指导纲要（试行）》中也明确指出："幼儿园必须把保护幼儿的生命和促进幼儿的健康放在工作的首位。"这就要求幼儿教师一方面在幼儿园活动中，对侵犯其所教育管理的幼儿的合法权益的违法行为要给予制止；另一方面，对来自家庭社会的有害于幼儿身心健康成长的不良现象有义务进行批评和抵制。

6. 不断提高职业素养和教育教学水平

职业素养是职业人在社会活动中需要遵守的行为规范，或者说是职业人在从事某种职业时所必须具备的综合素质。职业素养是衡量一个人职业生涯成败的重要指标和关键因素。幼儿教育是基础性的教育，是为人的一生打下良好基础的育根的教育。作为直接承担幼儿教育教学职责的专业人员，幼儿教师应该努力学习，积极进取，在幼儿园的实践工作中不断提高自身的职业素养，并按照《幼儿园教师专业标准（试行）》中的基本要求，建构专业幼儿教师的职业道德结构和职业智能结构，从而在不断充实自己的专业知识，提高专业能力的同时，提高自己的教育教学水平和幼儿教育的质量。

（三）确定幼儿教师职业义务的意义

幼儿教师的职业义务既是社会、集体用以调节教师个人行为的手段，也是教师个人规范和调节自身行为的手段。幼儿教师一旦确立了正确的职业义务观，了解了职业义务的内容，就会提高

自己的职业意识，获得较好的教育教学效果。

1. 幼儿教师认真履行职业义务，有利于减少和协调教师工作中的矛盾和冲突，顺利推进各项教育教学工作的开展

教育本身的特点、幼儿教师劳动的特殊性和幼儿教师工作的特殊环境，使得教师处于特殊的人际关系之中，从而不可避免地遭遇各种矛盾和冲突。其中既有师幼之间的、教师个人之间的，还有教师群体之间的、教师与园领导之间的矛盾等等。解决这些冲突和矛盾，固然需要经济手段、纪律手段和行政手段，但更重要的是依靠道德手段。而教师职业义务正是国家教育事业根本利益和幼儿教育劳动内在规律对教师行为的道德总要求，它本身就能够指导教师在日常的幼儿园工作中正确处理教师与幼儿、教师与领导、教师集体与社会等之间的各种利益关系，从而保证和促进幼儿园日常教育教学工作的顺利开展。

幼儿教师的工作既有大量显性的、可以量化的工作，也有许多隐性的、难以量化的渗透性的日常工作，很难绝对用硬性的指标进行考核，因此，幼儿教师的工作常常被称为是“良心活儿”。教师在职业劳动中，能否遵循幼儿教师的职业义务和职责，将会带来截然不同的结果。幼儿教师如果能够在平凡的工作岗位上充分认识自己的职业义务，明确自己的职业职责，深刻理解所担负的使命，形成高度的责任感，他就会以极端负责的态度自觉地调整自己的行为，认真履行幼儿教师职业义务，出色完成教育教学的任务。相反，如果教师无视自己的职业义务，只根据自己的意愿行事，那必然造成幼儿园教育工作中的矛盾和冲突，从而严重影响幼儿教育的质量和各项日常工作的有效进行。

2. 幼儿教师自觉履行教师职业义务，有利于在幼儿教育工作中自觉遵循教师道德要求，选择最佳的教育教学行为

教师义务是社会对教师的道德总要求，带有综合性和全面性的特点。而教师在实际的工作中，教育教学的情境是多样的、复杂的，常常面临着艰难的选择，此时，需要教师按照教师道德的总要求，从各个方面进行分析，全面、综合判断，权衡利弊，才能做出最佳的行为选择。

某日上午，在子惠康复服务中心二楼体育室内，幼儿教师许某某因四岁的瑶瑶（化名）做运动时不配合，就拉起瑶瑶的双手将其凌空吊起，快速向后甩在地上，而后又拉起瑶瑶的双脚原地360度翻转。瑶瑶头部撞在地上，马上昏迷不醒。而该教师事后又踢了瑶瑶一脚，结果造成瑶瑶因脑外伤引起左侧脑组织损害，进而造成右侧肢体功能丧失，后一直处在治疗之中。幼儿活泼好动，注意力集中时间较短，对单调的训练容易缺乏耐心和兴趣。瑶瑶不配合教师的训练，虽在一定程度上影响了正常的教学活动，但如果该教师能够履行幼儿教师的职业义务，她就会从幼儿的利益出发，考虑采用何种合适的教育方式更能调动瑶瑶训练的积极性，并综合判断瑶瑶的行为进而做出更为适宜、合理的行为选择。

3. 幼儿教师积极履行职业义务，有益于教师在教育教学工作中培养高尚的道德情操，提升道德品质

幼儿教师的职业义务是与幼儿教育的实践紧密相联的，是社会对幼儿教师的职业道德要求。幼儿教师高尚的道德品质作为一种内在的信念意识和外在的品质表现，不是与生俱来的，而是在长期的幼儿园教育教学实践中逐步形成的。“一方面，任何选择了教师职业的人，都必须履行自己的职业义务，按照教师职业道德的要求选择自己的从业行为；另一方面，教师在遵章行事的教

育活动中，也会不断体验和认识到履行教师义务的必要性，从而逐渐把履行教师义务转化为自身的内在需求，形成一种高尚自觉的责任感和使命感，促进自身道德觉悟的不断提升。”①

（四）幼儿教师履行职业义务的途径

1. 全面把握幼儿教师职业义务的意义和内容

《教师法》明确规定：教师享有法律规定的权利，履行法律规定的义务，忠诚于人民的教育事业。幼儿教师作为教师队伍中的一个重要群体，同样需要依照《教育法》《教师法》《幼儿园工作规程》及其他有关法律、法规等的要求，深刻理解职业义务对幼儿园教育教学工作和自身专业发展的意义。同时，还应全面掌握幼儿教师义务的基本内容，并按照教师义务的内容开展科学的幼儿教育工作。目前，幼儿教师主要面临着岗位责任、社会责任和国家责任三大责任，而履行这些责任的前提就是全面把握幼儿教师职业义务的意义和内容，按照职业义务的要求来明确应当做或不应当做的行为。

微信扫码看学习资料：教育部《幼儿园工作规程》

2. 正确理解幼儿教师权利和义务的关系

权利和义务构成了法律关系的内容，“没有无权利的义务，也没有无义务的权利”。权利和义务之间是对立统一的关系，这种关系主要表现在四个方面：一是权利和义务存在于相互对应、相互依存、相互转化的辩证过程之中；二是权利的绝对值总是等同于义务的绝对值；三是权利和义务是价值一致性与功能互补性的统一；四是权利和义务之间遵循权利义务守恒定律。由此可以看出，幼儿教师职业义务的履行与自身权利的行使是一个辩证统一的问题。教师遵循必需的职业义务，并不意味着一味地付出和奉献，而是在享有职业权利的过程中进行的。只有明确义务和权利之间的正确关系，并用之以指导实践，才能在幼儿园的实际工作中更好地发挥一名幼教工作者应有的作用。

3. 积极履行幼儿教师的职业义务

履行职业义务是每位幼儿教师的职业职责，也是保障其教育教学工作顺利开展的必要条件。但在现实生活中，严格按照职业义务开展教师工作，对每一位幼儿教师来讲都是具有一定困难的事情，因为它需要教师拥有较强的意志力和顽强的职业坚守。特别是在学前教育事业快速发展的今天，我们广大的幼儿教师，必须尊重儿童的天性和成长的规律，珍惜童年生活的独特价值；必须坚守应当坚守的，拒绝应当拒绝的；也必须耐心地倾听来自不同层面的声音，勇敢地接受摆在我们面前的一个个不可回避的挑战。为此，幼儿教师应做好三个方面的工作：①自觉地做到对幼儿负责，做一名幼儿喜欢的教师；②自觉地做到对幼儿家长负责，做一名家长满意的教师；③自觉地做到对社会负责，做一名对社会有贡献的教师。

三、幼儿教师职业良心

（一）幼儿教师职业良心的含义

1. 良心与义务

良心是最古老的道德范畴，它是以内心自觉自愿的方式来评价和调节自己的品质和行为、做

① 黄正平、刘守旗主编：《教师职业道德新编》，南京大学出版社，2010 年，第 77 页。

出道德行为选择的一种内在形式。

良心是和义务密切联系的一种重要的道德范畴。但良心和义务的不同之处在于：义务来自道德的主体之外，它表现为个人对他人和社会应尽的道德责任；良心出自道德主体之内，它表现为个人对自己行为的道德责任感。如果说义务是一种客观要求的职责和使命，良心则是被人们自觉意识到的一种深藏于内心深处的使命和职责，是义务的内化形式①。良心最显著的特征是其具有的自律性。

2. 幼儿教师的职业良心

幼儿教师职业良心是幼儿教师个人在自己的幼儿教育实践中，对社会向幼儿教师提出的一系列道德要求的自觉意识，是教师个人对幼儿、幼儿园和社会自觉履行其教师职责的道德责任感以及对自己教育教学行为进行道德控制和道德评价的能力。

幼儿教师的职业良心是在其教育教学的实践过程中表现出来的一种内心信念，主要表现在三个方面。

其一，在教育劳动中表现为教师个人对幼儿、对幼儿园、对幼儿教师群体及整个幼儿教育事业，有一种高度自觉的道德责任感。他对自己应当履行的道德职责有着深刻的认识和理解，从而把自己的职业责任看作是自己的义务，并尽己所能在自己所从事的职业活动中克服困难履行好职业义务。

其二，在教育实践中表现为教师对自己教育教学行为的道德控制和道德评价。职业良心是一种理性的道德意识。当一名教师深刻理解了社会对幼儿教师职业道德规范和道德要求的合理性和必要性后，他就会按照职业道德的要求，以高度负责的态度来评价、选择和控制自己的教育行为，评价幼儿的行为、幼儿家长的行为和幼儿园的行为，并根据自己的职业良心调整和修正不符合教育要求及幼儿发展规律的行为。

其三，在教育生活中表现为教师职业道德觉悟的内在性和综合性。幼儿教师的职业良心是其职业道德认识、职业道德情感、职业道德意志和职业道德信念等多种因素互相作用的结果，是幼儿教师个人自觉履行教师职业道德要求，激励自己做好幼儿园教育教学工作，提高幼儿教育质量和教学效果的内在道德因素。日常生活中，幼儿教师常常被当作“妈妈”，被称为“孩子的朋友”，还常常被比喻为“红烛”“人梯”“春蚕”“铺路石”等等，教师的职业良心正是在社会的道德规范、公众的期望、教师的自我约束和自我调节等多因素的相互影响下形成和发展的。

（二）幼儿教师职业良心的特点

1. 公正性

幼儿教师职业良心的公正性主要体现在：对待幼儿园日常工作，应坚持科学的教育教学原则，坚守专业教师的职业品性，秉公办事；对待成长中的幼儿，能够面向全体幼儿，对不同发展水平的幼儿一视同仁，赏罚分明；对待幼儿家长，应本着尊重、平等、合作的态度，与家长保持密切的联系，不因家长的职业、经济水平和社会地位的不同而区别对待；对待领导和同事，应开诚布公，相互支持，团结协作。

---

① 朱法贞主编：《教师伦理学》，浙江大学出版社，2008 年，第 145 页。

2. 综合性

幼儿教师的良心，是教师在职业活动中各种因素相互作用的结果，是由教师已有的知识结构、以往的生活经历和全部生活方式决定的，具有综合性的特征。而从幼儿教师良心的构成机制和要素来看，也同样具有综合性的特征。教师良心既包含着理性因素，又包含着非理性的因素。他们在教育劳动的过程中，不仅依靠理性的分析，而且还常常依靠反映生活经验的敏锐性，既诉诸理性的评判，又诉诸情感需求，有时起决定作用的还有教育情境中的激情。

3. 稳定性

幼儿教师的职业良心不是转瞬即逝或变化不定的东西，而是以一定道德信念为基础的，一旦形成就会成为稳定的信念和意志，比较持久稳定地发挥作用。

4. 内隐性

幼儿教师职业良心是隐藏在教师内心深处的一种对教师社会道德责任感、义务感的认识和感情及自我评价的能力，是教师在教育劳动过程中发自“肺腑”、发自内心深处的维护自己行为道德性的精神力量，也是一定社会的道德原则和规范体现在教师内心深处的认识、情感、意志、信念、理想和行为的有机统一。

5. 广泛性

幼儿教师的职业良心一旦形成，其作用范围是非常广泛的。它渗透在教师整个幼儿园生活和个人生活的一切领域中并发挥着作用，左右着教师职业道德意识的各个方面，支配着教师行为过程的各个阶段。

（三）幼儿教师职业良心的作用

1. 教育行为实施前，幼儿教师的职业良心起着指导和促进作用

幼儿教师在选择自己的教育行为之前，总是从某种动机和目的出发，考虑并选择符合自己职业理念的教育行为。而教师的职业良心可以在此过程中，指导教师根据教师义务的道德要求，从幼儿的利益出发，对教育行为进行思考和权衡，对符合职业道德要求的动机给予肯定，对不符合职业道德要求的动机给予抑制和否定，进而做出正确的目的选择，以求对得起自己的职业良心，对得起家长的期待，对得起社会的责任。

某日，蓝孔雀幼儿园的教师颜××，因“一时好玩”在该园活动室里强行揪住一名幼童双耳向上提起，同时还让另一名教师用手机拍下并上传到网上。之后，人们还发现了该教师多组用胶布封幼儿的嘴、把垃圾铲和水桶扣在幼儿头上，甚至直接把幼儿塞进垃圾桶等让人愤慨的照片。如果该教师拥有自己的职业良心，她会坚守幼儿教师的职业道德，也就会在做出各种虐童行为之前对自己提出“我这样做可能会有什么样的结果?”“如果我是受虐的儿童我会怎么样?”等类似的问题，从而使自己在慎重的思考和权衡之后，做出更正确的行为选择。

2. 教育行为实施过程中，幼儿教师的职业良心起着监督和调节作用

在教育教学的过程中，职业良心对幼儿教师自己的行为时时处处起着自我监督作用：对符合教师职业道德要求的情感、意志和信念给予支持和激励，对不符合教师职业道德要求的情感、动机和欲望给予否定和克服。教师的职业良心是教师行为的调节器，在教育教学过程中，当教师意识到自己的某些不当行为可能伤害幼儿的自尊心、可能影响幼儿的个性发展、可能损害幼儿园和

幼儿教师群体的荣誉时，教师的职业良心会及时发出“我不该这样做”“我不能这样做”的指令，由此避免不良教育后果的出现。

与其他阶段的教育不同，幼儿园一日活动中的集体教学活动时间很短，小班每天一节，每节15分钟，中班每天两节，每节25分钟，大班每天2节，每节30分钟。也就是说，幼儿在园的一日生活，基本上是在各类生活活动和游戏活动中度过的。这样的劳动特点，决定了幼儿教师在日常工作中所受外部监督的力量要小于其他教育阶段的教师，这正是说“幼儿教育事业是一项良心的事业，幼儿教师干的是良心的活儿”的内在原因。这从另一方面也更加突出了教师良心自我监督作用的重要性。

但在我们幼儿园的实践场域中，却存在少数缺少职业良心的教师。幼儿教师职业对他们来讲就是谋生的手段，他们所做的一切只是为了获得薪金，所以对幼儿冷淡、缺乏感情、不愿更多地付出，更不会主动地奉献。应该说，幼儿教师的职业良心实质上是一种“道德自律”，是存在于教师内心的一种自我约束的道德信念和力量。作为一名幼儿教师，应时时处处用职业良心来调控自己的教育行为。

3. 教育行为实施后，幼儿教师的职业良心起着评价和激励作用

人们常常把良心形象地比喻为“内心道德法庭”，而幼儿教师的职业良心就是教师对自己教育行为的自我评判，是建立在教师内心深处的道德法庭。教师在完成一项教育任务或工作之后，往往会在内心做出一番自我评价。当教师看到自己的劳动付出带来了幼儿的进步和发展，内心就会产生自豪感和成就感，从而采取更有价值的方式获取更大的收获。而当教师意识到自己的行为损害了幼儿的利益，带来了幼儿教育的不良后果，其内心就会感到内疚和惭愧，受到良心的谴责，进而吸取教训，尽力弥补和挽回损失，并减少此类现象的再次发生。职业良心是教师道德思想和道德情操的精神支柱，正是通过这种心灵的自省与自律，幼儿教师不断完善着其道德人格。

（四）幼儿教师职业良心的形成

职业良心是幼儿教师职业道德的本质规定，是一种在客观的社会关系及幼儿教育实践基础上产生的主观意识。也就是说，幼儿教师的职业良心不是先验的精神存在，而是教师在道德实践基础上主动建构的产物，是教师在幼儿教育劳动实践的过程中，对自身所承担义务产生深刻体验和认识而逐步形成的。

1. 正确认识幼儿教师职业良心的特点与价值

幼儿教师职业良心是教师对社会和幼儿的义务关系在教师内心的反映，是外部义务转化为教师内心道德要求和个人道德品质的结果。幼儿教师要形成自己的职业良心，首先就要对职业良心的特点和本质有正确的理解，并深刻认识职业良心的意义与价值，进而增强自己对幼儿教育事业的使命感和责任心，促进自身生命价值的自我实现和道德境界的不断提升。

2. 深刻理解一定社会的道德关系和幼儿教育职业活动中的道德关系

幼儿教师职业良心的表现形式是主观的，但其内部却是客观的，是教师对一定社会道德关系和幼儿教育职业活动中各种道德关系的自觉反映和深刻理解。教师职业良心作为道德责任感，是教师在深刻体验和认识到自己对幼儿、对幼儿家庭、对社会客观上所承担的义务时，才产生和形成的。而作为自我评价能力，反映的也是客观存在的一定社会或阶级的道德要求和教育职业活动中的道德要求。没有这些道德要求，或这些道德要求没被教师所认识和理解，就不能转化为教师

的内在信念，也就不可能形成教师的职业良心。因此，幼儿教师应自觉认识并深刻理解一定社会的道德关系和幼儿教育职业活动中的道德关系，并在一定的社会关系和教育实践过程中逐步形成教师应有的职业良心。

3. 自觉进行职业道德的自我体验和自我教育

教师职业良心是存在于教师内心的自我道德信念和要求，是一种“道德自律”。幼儿教师职业良心的形成，在很大程度上取决于教师自己在幼儿教育实践中的自我修养、自我体验和自我教育，取决于教师将职业道德的要求由“他律”转变成“自律”。在此过程中，它需要教师在自我修养的过程中，克服个体本体道德与社会职业道德的矛盾、知与行的分离及得与失的冲突，实现道德“实然”向道德“应然”的跨越。换言之，真实的职业良心是教师“自家的准则”，只有通过养性、养德、养学、养行等良心修养举措来提升自身的道德境界和精神境界，职业良心才能在幼儿教师内心深处不断生长、发展和完善。

四、幼儿教师职业公正

（一）幼儿教师职业公正的含义

1. 公正与正义

公正是一个复杂的概念。它既是法学概念、政治学概念，也是伦理学概念。伦理学上的公正，是指人们依据一定的道德原则和道德规范办事情，坚持真理，公平正直，合乎情理，不存私心。

日常生活中，人们常常将公正与正义混淆。在大多数情况下，二者可以作为同义词出现，也可以互相交换使用。但公正与正义是有区别的。一是内涵上的差别。公正往往是根据一定的价值观和原则、规则去行动，而正义一般用来陈述人类追求的善和幸福，是既符合规律又和目的的实现相关的社会伦理范畴。公正与正义显然是属种关系，而不是种属关系，也不是交叉关系。正义的内涵比公正丰富，而公正的外延比正义大①。二是语言习惯的用语差别。如我们说正义的事业，正义的战争，而不说公正的事业，公正的战争。三是表示的对象不同。正义一般表示价值及其原则本身，而公正则是表示根据价值及其原则来做人做事②。

2. 幼儿教师的职业公正

幼儿教师的职业公正是指教师在幼儿教育和教学的过程中，公平合理地对待和评价每一个幼儿。具体来讲，幼儿教师职业公正就是要求教师在日常的教育教学过程中，在对待不同智力发展水平、不同性别、不同相貌、不同民族、不同家庭、不同个性的幼儿时，都应一视同仁，公平相待，正直无私，不偏袒、不偏心，发自内心地热爱和关心每一个幼儿，并能从每个幼儿的不同年龄特征和发展水平出发，因材施教地促进每个幼儿的和谐发展。《幼儿园工作规程》（2016）第三十二条也明确指出：“幼儿园应当充分尊重幼儿的个体差异，根据幼儿不同的心理发展水平，研究有效的活动形式和方法，注重培养幼儿良好的个性心理品质。幼儿园应当为在园残疾儿童提供更多的帮助和指导。”

---

① 冯颜利：《公正与正义》，《道德与文明》，2002 年第 6 期。

② 朱法贞主编：《教师伦理学》，浙江大学出版社，2008 年，第 149—150 页。

幼儿教师的职业公正性是教师职业道德素养水平的一个重要标志，它体现在教师与自身、教师与同事和领导、教师与幼儿等人际关系之中。

（二）幼儿教师职业公正形成的主客观因素

1. 客观因素

教师职业公正是一个历史性的道德范畴，与人们在不同的社会历史时期对教师职业公正的理解有着紧密联系。无论是幼儿教师职业公正的内容，还是对职业公正的要求，都受一定社会历史条件和社会教育制度、教育职业劳动的目的等制约。比如，尽管教师职业公正要求每位幼儿教师都要不论幼儿的相貌、出身、智力发展水平等方面的不同而一视同仁，公平对待，但由于受各种社会文化、教育制度和幼儿教师社会地位尚待提高、工资待遇个别较低、辛勤付出常常得不到应有回报等客观现实条件的影响，幼儿教师的职业公正在幼儿的日常教育生活中常常受到限制，甚至有个别教师超越了基本的道德底线。但随着国家对学前教育事业的重视和对幼儿教师的特别关注，幼儿教师职业公正的内容正在不断得到充实和完善，而更多的公正行为将会出现在每个幼儿身上。

2. 主观原因

幼儿教师的职业公正注重的是幼儿园教育工作中的“实质公正”，追求的是最大限度地促进每个幼儿在其原有发展水平上的和谐发展。幼儿教师在教育教学的实践中，要公正合理地对每个幼儿实施个别化的教育，对每个幼儿的能力、品质、特长等给予恰当的评价，是一件很费心力的事情。它不仅需要教师具有高尚的职业道德和坚定的公正信念，更需要教师遵循幼儿教育的规律，掌握幼儿学习的特点，并借助科学的方法和手段实现幼儿教育的目的。因此，幼儿教师应当潜心研究幼儿教育的规律，深入了解每个幼儿的年龄特点和个性特征，选择最为公正合理的教育方法和教育手段，来最大限度地促进每个幼儿的全面发展。

另外，幼儿教师公正信念的形成，还取决于幼儿教师个人的道德素养、道德觉悟。如果教师个人的道德境界不高，私心重，患得患失，把个人的利益放在首位，他就不会把更多的精力放在幼儿的发展方面，也不会为幼儿的发展付出额外的时间和心血，更不会深入研究幼儿教育的内在规律，为幼儿设计更优秀的教学活动并制作更丰富的教学用具。相反，一个道德觉悟高的教师，他会时时处处把幼儿和幼儿教育事业的整体利益放在首要位置，会在幼儿出现问题时宽容他们，耐心引导和教育他们，也会在幼儿家长馈赠、亲友托请帮忙时，坚持原则，秉公办事。教师职业公正应成为每位幼儿教师坚定的内心信念。

（三）幼儿教师职业公正的价值

1. 有利于促进每个幼儿的健康发展

学前期是个体一生中生长发育最为迅速的时期。但同时，他们身体的各种机能还很不健全，对疾病的抵抗力弱，自我防御或规避危险的能力差，缺乏相应的生活能力，需要依靠成人的精心照料和科学护理来满足他们身体发育的各种需要。学前期还是个体的心理活动、认知能力、社会性等快速发展的时期，而唯有高质量的学前教育才能有效地促进幼儿学习潜能的发挥和社会性、人格品质的发展。教师作为幼儿成长过程中的重要他人，其对待幼儿的态度和为幼儿创设的公正环境，直接影响着幼儿身心各方面的健康发展。这是因为，幼儿教师的公正将会使幼儿在公正、友好、安全的人际关系中受到感染和教育，并在不断模仿教师榜样行为的过程中，逐步形成公正的意识，对社会、对他人采取公正友好的态度，进而形成亲善社会、友好他人的健康人格。

幼儿尽管不如中小学生那么敏感，但他们同样能够感受到来自教师的不喜欢、不公正、偏爱等不良的环境信息。因此，幼儿教师应该拥有职业公正的意识，尊重幼儿的人格，承认幼儿的个体差异，公平地接纳每一个幼儿，不因相貌较差、反应迟钝、性格木讷或过于顽皮而对幼儿“另眼相待”，甚至流露出厌恶情绪。

2021 年全国教书育人楷模郭文燕是一位献身乡村幼儿教育的专业工作者。她带着老师们从四壁空空的教室起家，把位于大山深处的川中幼儿园变成了孩子们心中的“乐园”。他们在陈鹤琴先生“活教育”理念的引领下，遵循规律、回归朴素，构建起了适合幼儿发展的生态教育园本课程体系，让农村的孩子们像城市的孩子一样享受到童年的快乐与美好。而 2015 年度全国教书育人楷模、天津市河东区第一幼儿园园长高歌今，被记者采访时问道：“是什么信念和力量让您如此执着于幼教事业？”她回答：“我觉得可以用一句话来概括：‘一份爱、一份责任与一份使命。’”① 正是这份爱、责任与使命，让他们多年来不仅接纳身体上、智力上有缺陷的儿童，帮助家庭经济有困难的儿童与同龄儿童一起生活、学习，同享一片爱的蓝天，而且还坚持面向周边社区低收入家庭儿童、外来务工人员子女、残障儿童开展丰富多彩的“爱心永驻”、“爱心课堂”、入户慰问捐款、送教上门、赠送图书玩具学习用具、爱心义卖储蓄、“爱心基金”等爱心助学助困活动，把温暖和爱洒向更多有特殊需要的孩子。

公正就像一面镜子，能够反映出教师的心灵，它又像一把尺子，衡量着教师的行为。对职业公正的追求，应该成为幼儿教师促进幼儿健康发展的精神动力。

2. 有利于确立幼儿教师的威信

职业公正是幼儿教师思想品德和教育作风的重要表现，也是幼儿教师职业道德的一种示范。这种示范可以产生榜样的力量，而且也可以成为一种深刻、持久的非权力性的影响。这种影响不是来自教师的惩罚和强制，而是来自教师的声誉和威信。教师如果能够对幼儿平等对待、公正无私、不偏心，他们自然会得到幼儿的喜欢和尊重，进而确立自己在幼儿发展中的地位和威信。而幼儿也会“爱屋及乌”，把对教师的喜爱和信赖，转移到教师所开展的各类幼儿园活动之中，积极与教师开展良好的师幼互动，并与教师之间形成心理的默契。在放松、信服的环境氛围中，幼儿教育教学的质量得以提升。

3. 有利于创建公正和谐的幼儿园文化

文化是“人们共同拥有的知识，是使他们能够以相同的方式阐述他们的经验，并依据共同约定的规范行动的知识。它是自我永恒的、多层次的、不易改变的”②。幼儿园文化则是幼儿园在长期发展的过程中，为适应外部环境和内部整合能力而逐步形成的、为幼儿园内部成员共同认同和遵守的价值体系与习惯体系，包括价值观、信条、道德、伦理等。它们同正式的组织结构相互作用而形成行为规范，决定着教师员工的行为理念与方式。

幼儿教师的劳动，是以个体脑力劳动和体力劳动为基础的团体协作劳动，这种劳动特点和劳

① 《幼儿教育》记者：《爱、责任与使命——全国教书育人楷模、天津市河东区第一幼儿园园长高歌今访谈录》，《幼儿教育·教育教学》，2015 年 11 月。

② 〔美〕维娜·艾莉：《知识的进化》，刘民慧等译，珠海出版社，1998 年，第 309 页。

动形式使得和谐、轻松的幼儿园环境对教师劳动积极性的发挥和教育教学品质的提高具有内在的影响价值。在日常的教育教学生活中，幼儿教师公正合理地处理同园长、同事、幼儿和幼儿家长的关系，公正合理地评价关系中的不同个体，就会形成相互尊重、相互支持、彼此激励、公平竞争的团体关系，形成合作共享型的幼儿园文化。在这种文化氛围之下，教师之间彼此支持，团结合作，在心情舒畅、相互激励、观念激发、成果共享的过程中实现教育质量的提高和个人专业能力的发展。

（四）幼儿教师职业公正的实现

1. 深刻认识幼儿教师职业公正的深远意义

幼儿教师的职业公正，在一定意义上讲，是一个抽象的道德原则。它既关系到幼儿教师，也关系到幼儿教育的体制；既关系到幼儿教师的道德修养，也关系到教师的教育素养和教学技能等多方面的问题。而职业公正的意义和价值是显而易见的，是持久深远的。它可能不会呈现即时性的表现，但会带来潜在的、内隐的、弥散性的、持久性的影响。幼儿教师应该充分认识职业公正的内在价值，用前瞻性的眼光看待职业公正的问题，并将之作为自己一贯追求的原则和精神动力。

2. 全面把握幼儿教师职业公正的特点与内容

幼儿教师职业公正的特点，是与其职业角色密切相关的。幼儿教师的职业角色为幼儿生活的养护者、幼儿学习的合作者、幼儿教育活动的引导者、幼儿园课程的建构者和幼儿教育资源的整合者。这一职业角色的特点决定了幼儿教师职业公正的全面性、教育性、内隐性和自觉性。

与幼儿教师职业公正特点对应的是职业公正的内容。教师职业公正既表现在教师对自己的公正、对领导同事的公正及对幼儿家长的公正等方面，更表现在对教育对象——全体幼儿的公正。而对幼儿的公正是教师职业公正的核心。具体来讲主要包括四个方面的内容：对待幼儿，应热爱接纳；对待家长，应尊重合作；对待同事，应团结协作；对待自己，应以身作则。

教育部正式颁布的《幼儿园教师专业标准（试行）》中明确指出，幼儿教师应“关爱幼儿，重视幼儿身心健康，将保护幼儿生命安全放在首位；尊重幼儿人格，维护幼儿合法权益，平等对待每一个幼儿。不讽刺、挖苦、歧视幼儿，不体罚或变相体罚幼儿；信任幼儿，尊重个体差异，主动了解和满足有益于幼儿身心发展的不同需求”。幼儿教师作为幼儿园内专门从事教育教学活动的专职人员，应该了解幼儿学习的特点，全面把握教师职业公正的特点与内容，通过自己的人格魅力和公正力量，言传身教地促进幼儿的正向发展。

3. 努力处理好幼儿教育教学活动中的公正问题

幼儿教育教学活动是教师和幼儿在特定的教育教学情境中，围绕一定的主题和内容进行的特殊交往活动。教育教学活动中的公正问题是幼儿教师职业公正中的主要问题，也是最为复杂的问题。幼儿教师只有努力处理好幼儿教育教学活动中的公正问题，才能真正促进幼儿的健康成长。为此，幼儿教师应努力做到以下几点。

（1）为幼儿树立坚持真理、尊重科学、主持公道的榜样，以自己的道德行为影响幼儿初步形成健康的社会情感和态度。幼儿教师应对传递给幼儿的科学文化知识进行严格的审视和鉴别，择善而从，帮助幼儿获得正向的理念和学习内容。同时，还应正确对待教育实践中个人的错误和过失，不要强词夺理、文过饰非、知错不改，以免损害自己的威信和形象。

（2）对幼儿一视同仁，爱无差等。幼儿教师应以公正的态度对待发展水平存在差异的幼儿，给每个幼儿提供适宜其发展的学习机会和表现机会，不以智力高低定亲疏，不以家庭出身分高下。同时，还应该树立性别平等的意识，公正客观地根据男女儿童的不同性别特征实施性别平等教育。

（3）处理事务公道，赏罚分明，奖惩适宜。幼儿教师在处理幼儿与幼儿之间、幼儿家长与幼儿家长之间、幼儿家长与幼儿园之间、幼儿园各班级之间的有关事务时，应做到公平公正，抑制偏私，处事公道。同时，在处理教育教学活动中的各种矛盾时，应褒贬得当，赏罚分明，标准统一，但对幼儿应慎用惩罚的方式。因为，惩罚作为一种教育措施，有其消极的一面；如何控制惩罚的度本身也涉及教师的职业公正问题。

（4）重视个别差异，因材施教，长善救失。每个儿童都是独立发展的个体，都有不同于其他儿童的身心发展的独特性。正是因为每个儿童的需要、兴趣、性格、能力、学习方式等各有不同，因此，在实施幼儿教育教学活动的过程中，幼儿教师首先应该重视儿童个别差异的存在，同时还应该考虑到每个儿童的特殊需要，从每个儿童的差异性特点出发，有针对性地采取最有效、最合理的方式，因人而异地进行教育，使每个儿童在充分发挥自身优势和特长的过程中，在自己原有的水平上得到应有的发展。

4. 不断提高个人的职业修养和教育素养

幼儿教师的职业公正，是在价值自觉前提下的实践公正。这就要求教师个体要有宽阔的胸怀和高度的使命感，要有无私奉献的精神和较高的人文素养，同时还应有一定的自制力和抵抗压力以及坚持公正的勇气。一个自私或有偏见的教师很难做到职业公正，一个明哲保身、遇事退缩、不愿担当的教师也不可能做到职业公正。要实现教师的职业公正，教师自身的道德修养十分重要。

幼儿教师职业公正不仅仅是一个道德概念，更是一个教育实践的法则，幼儿教师只有具有较高的教育技能和素养，才能真正实现职业公正。比如，如何根据幼儿的年龄特点实施科学的个别化教育，如何根据幼儿的性别特征开展适宜的性别教育，如何根据幼儿的身心发展水平采用惩罚与奖励，等等，都与教师教育技能和教育素养的高低密不可分。所以，每位幼儿教师都应努力加强自身的专业素养，提高自身的专业技能，努力为自己实现职业公正创造良好的职业素养基础。

第三章 幼儿园教育活动中的教师职业道德

《幼儿园教育指导纲要（试行）》指出，幼儿园教育活动，是教师以多种形式有目的、有计划地引导幼儿生动、活泼地进行主动活动的教育过程。这种活动以其目的性、计划性及教师的直接指导性为主要特征，对幼儿发展起着极其重要的作用。众所周知，教育活动的质量与教师的专业素质直接相关，而在教师的专业素质结构中，教师的职业道德即师德是首要的也是最基本的要素。这一要素在幼儿园教育活动的设计和实施中，究竟起着什么样的作用，在教育实践中又是如何体现的，对幼儿教师来讲，有无切实可行的提升方法和途径等，这将是本章学习的主要内容。

第一节 教师职业道德在幼儿园教育活动中的作用

一、教师职业道德在幼儿园教育活动中的动力作用

（一）教师职业道德有助于教师拟定切实可行的活动目标

幼儿教师的职业道德认识如关爱幼儿、尊重幼儿、发挥幼儿主体性等思想，可以帮助教师进一步完善其儿童观、教育观和教师观，而教师的职业道德信念，将以思想动力的作用促使幼儿教师自觉在工作中贯彻“信任幼儿，尊重个体差异，主动了解和满足有益于幼儿身心发展的不同需求”的理念，认真观察幼儿，了解幼儿需求，关注幼儿即时表现，分析幼儿终身受用的重要品质，为幼儿发展提供“最近发展区”。同时，结合对教育活动内容的分析，拟定与幼儿发展相适宜的教育活动目标。

（二）教师职业道德有助于幼儿教师选用适宜的教育方法和策略

教师职业道德认识通过育人（如儿童观、教育观）、育己（如教师观）的价值澄清，将外在的师德规范内化为主体之需，并形成态度、人格等思想品质，进而使其职业道德素质提升至最高层次，即教师的职业道德理想和信念，或者说是教师的职业理想和专业精神。从其结构构成上分析，专业

价值观是其核心要素，事业心、责任感和敬业精神是其基本表现①。一个事业心、责任感极强的幼儿教师，会将这些职业精神品质化为积极的动力作用，促使自己用心研究幼儿、研究活动内容，归纳总结大量有益的教育资源和信息，并在复杂的教育信息中去粗取精、去伪存真，精心设计教育活动流程，选用相适宜的教育方法和策略，并最终为幼儿在活动中的积极参与和有益发展而服务。

二、教师职业道德在幼儿园教育活动中的调节作用

（一）教师职业道德有助于教师规范和调整自身在教育活动中的言行

教师的职业道德行为习惯是教师职业道德认识的落实，并且也是教师职业道德理想和信念的外在表现，教师如果是一名职业道德认识水平高、职业道德理想远大和信念坚定的教师，那么，他（她）的职业精神品质和认识水平会促使其逐步养成良好的职业道德行为习惯，并在教育实践中很好地落实和提高。具有良好的职业道德行为习惯的幼儿教师会时时以职业道德行为规范反观和调整自己的教育行为，并自觉地以这些规范约束和强化其教育行为。因此，在幼儿园教育活动中，一个严于律己、以身作则的教师随着教育目标的指引，会自觉地以习得的职业道德行为习惯调整和塑造自己的教育行为，并不断地在调整和塑造中提升自身的教育质量水平。

（二）教师职业道德有助于教师灵活调整和生成教育活动

一个具有远大的职业道德理想的教师是一名“认同幼儿教师的专业性和独特性，注重自身专业发展”的教师，一个专业化程度较高的教师。这种较高的职业道德素养和专业化水平会使得教师本人以善于“反思”和“思辨”的方式理性审视自身的教育活动，并不断调整自己的教育活动，充分利用教育契机和教育资源，合理开发教育活动和生成新的教育活动。

三、教师职业道德在幼儿园教育活动中的评价作用

（一）教师职业道德有助于教师科学地评价教育活动

教师职业道德认识中关于“育人”的基本思想，即如何看待孩子、如何看待教育等的认识，可以帮助教师逐步认识幼儿园教育活动的价值和意义，即某一次教育活动对于幼儿发展的意义，并合理评估活动的效果。因此，教师职业道德认识，可以帮助教师科学评价教育活动，例如根据幼儿的年龄、心智发展程度、接受能力、理解能力等评价教育活动目标是否合适，围绕教育活动的目标评价教育活动的过程有没有偏离主题或者与主题表达无关，活动过程是否能引起幼儿的兴趣，幼儿有无与教师互动，并独立或合作完成相关的活动（如画画、唱歌、游戏等）等，并将教育活动的评价结果用来指导下一次的教育活动。

（二）教师职业道德有助于教师全面科学评价幼儿发展

作为教师职业道德素质的最高层次，教师的职业道德理想和信念不仅是教师“育人”的高层次水平，同时也是其“育己”的重要条件。教师通过实践和反思提升自身的职业道德理想和信念，同时有远大职业理想和坚定信念的教师又会习惯于在实践和反思中主动提升自身的专业素

---

① 张燕：《幼儿教师专业发展》，北京师范大学出版社，2006 年，第 68 页。

质。因此，这种相互促进的专业成长机制帮助教师在教育活动中和活动后对教育对象幼儿进行全面科学的评价，以不断为开展良好的教育活动提供科学的幼儿发展依据，同时为幼儿身心全面发展的长期目标服务。

第二节　教师职业道德在幼儿园教育活动中的践行体现

一、教师职业道德在幼儿园教育活动设计中的践行体现

（一）关注幼儿发展现状及需求，合理设定教育活动目标

教育活动目标是教育活动的起点和归宿。它既是引导教育活动的方向和指针，又是评价教育活动质量的依据和标准。合理地制定教育活动目标，是教师在教育活动设计中的首要任务。设定合适的活动目标，其前提是了解幼儿的发展，也即了解孩子已经达到的水平和预测可能达到的水平，这样，才能做到在组织活动时“既适合幼儿的现有水平，又有一定的挑战性”。

1. 细心观察幼儿，了解幼儿发展现状

教师首先要做到了解幼儿已经达到的发展水平，即现有水平。《幼儿园教育指导纲要（试行）》明确指出：教育目标应“建立在了解本班幼儿现状的基础上”。做好这一工作，教师需要足够的细心，这是教师基本的教育素养，也是教师职业道德素养的直接表现。细心就是用心细密，考虑问题全面细致。为此，教师应利用一日生活的点点滴滴，认真观察幼儿，包括他们的表情、动作、语言及习惯化的行为，并结合谈话、作品分析等方式全面了解他们的发展现状。教师在了解幼儿发展现状的同时还要做到关注幼儿发展的全面性和差异性，如要关注幼儿情感、态度、能力、知识、技能等各个方面的发展现状以及关注幼儿发展水平的差异、能力倾向的差异、学习方式的差异以及原有经验的差异等。

2. 用心研究幼儿，了解幼儿发展需求

设定合理的教育目标，教师还需用心思考通过教育使幼儿可以达到的发展水平，即可发展水平。了解幼儿的可发展水平需要教师用心研究幼儿，不仅要从幼儿的常见行为表现背后研究幼儿的心理需求，还要从幼儿的偶发行为背后了解幼儿的新需要，“一般来说，孩子所突然热衷的行为，往往是符合该年龄孩子发展水平的新的需要，如新的兴趣倾向、新行为的出现、反复提问和追究特定事物、同伴争议等”①，这正是了解孩子需求的重要时机和条件。教师要认真观察，并以此为基础用心研究幼儿的发展需求，为设定幼儿的发展目标服务，从而也为制定合理的教育活动目标提供幼儿发展基础。

3. 着眼幼儿长远发展，了解幼儿可发展潜力

教育必须“既符合幼儿的现实需要，又有利于其长远发展”，教育活动目标的制定也要充分

---

① 华爱华：《新〈纲要〉与幼儿发展——幼儿园教与学中的儿童发展观》，《〈幼儿园教育指导纲要（试行）〉解读》，江苏教育出版社，2002 年，第 69 页。

考虑幼儿的长远发展，不可只重视教育的即时效应，而忽视幼儿发展的潜在性。幼儿教师在制定教育活动目标时，切忌抱持急功近利的思想，只追求明确的结果，规划具体可达成的目标，而忽略孩子终身发展的重要品质。如只关注一次教育活动中知识的获得和能力的提升，而忽略了幼儿自身主体意识的激发和独立、自制、专注、守序、合作等这些终身受益的重要品质的培养。因此，教师应着眼于幼儿的长远发展，重视幼儿终身受益的品质的培养，在制定教育活动目标时不仅关注短期目标，更要有长远目标意识，如以下案例所示，教师不仅要在活动中设定具体可操作的短期活动目标，还要树立旨在幼儿全面健康发展的长期目标，并坚持在系统的教育活动中逐步地使之得以实现。

案例：

今天上午开展的是大班社会活动“城市美容师”，活动目标有两个，一是了解环卫工人的工作及其与人们生活的关系，二是尊重环卫工人并爱惜他们的劳动成果。活动结束后，我隐隐觉得这个活动似乎有什么漏洞。因为在活动过程中，我听到一个小朋友对旁边的小伙伴小声说：“长大了千万不能当环卫工人，又脏钱又少。”“就是，不就是扫垃圾的嘛。”听到孩子们的话，我的心里隐隐作痛。尽管我非常有意识地引导孩子们了解环卫工人这一职业的特点，并引发孩子们尊重他们的劳动，可是，孩子们仍然表现了对这一职业的冷漠。问题到底出在哪儿？是目标二设定得太高了吗？然而综合考虑大班孩子的认识水平、生活经验以及情感发展特点，这一目标应该是适用于大班孩子的。既然目标是适宜的，那么是哪里出了问题？我慢慢地整理自己的思路：让孩子对这种职业怀有敬意的心理前提和经验基础是什么？仅仅是经验的积累和认知上的提升吗？还是激发孩子产生相应情感的心理环境出了问题？想到这里，我仍是疑虑重重。午餐时碰见园长，我就此事与她做了交流，园长解释说，让孩子对这一职业产生敬意，其基础应该是萌生谢意，也就是说要让孩子从内心真正感谢环卫工人的劳动付出，而这一情感的获得不是短期能够解决的事情，比如它需要孩子对这一职业有全面深入的认识，并不断在认知冲突中去建构自己的相关知识。当然在一次活动中要达成这一目标就更不容易了，所以在这一点上不可急于求成。听了园长的解释，我对于此次活动有了新的认识：目标二是建立在目标一的基础上的，目标一是本次活动的重点，这一目标要在活动设计中重点突破，因此，活动设计时不仅要让孩子了解环卫工人每天的工作，还可以引导孩子认识他们独特的服装设计以及高科技现代化的环卫工具等，通过这些内容不仅可以增加孩子对这一职业内涵的认识，同时也可以进一步激发孩子对这一职业的兴趣和关注。而目标二作为长期目标，在目标一的基础上应循序渐进地进行，比如可以通过日常谈话、参观活动以及随机教育等得以逐步落实……

——摘自W老师的教育日志

（二）注重幼儿生活价值，科学选用教育活动内容

人的生活就是人的经验，人们在生活里去体验、去感受、去思索、去总结，进而在生活中成长并使身心得到历练。幼儿正是在丰富多彩的生活中慢慢成长起来的，离开了生活，幼儿的成长就失去了根基，教学也就失去了存在的意义。作为有目的有计划的教育活动，其内容本应源于生活，并服务于生活。《幼儿园教育指导纲要（试行）》明确规定，幼儿园教育应尊重幼儿身心发

展的规律和学习特点，充分关注幼儿的经验，引导幼儿在生活和活动中生动、活泼、主动地学习。因此，幼儿教师在选用教育活动内容的时候应关注幼儿的日常生活，关注日常生活给予幼儿的各种发展机会，关注日常生活中的种种价值与意义，关注幼儿在日常生活中的每一个疑惑、困难与问题，关注幼儿在日常生活中的每一个发展历程。在幼儿的生活中，通过让其不断获得丰富的经验来促进其生长和发展。教学要结合幼儿的生活，让幼儿用自己的感官亲自去感知大自然中的花草虫鱼，发展幼儿的认知、观察、分析、探索能力，发展幼儿积极的情感和态度。只有在真实的、自然的生活中，幼儿才能获得和谐的发展。

（三）遵循幼儿学习特点，灵活选用教育活动方法

教育方法和策略是达成教育目标的重要途径和方式，恰当的教育方法不仅可以提供良好的教育环境，激发幼儿的求知欲，而且能提高幼儿参与活动的积极性和主动性，使幼儿充分发挥其主体意识，在主动探索中获得发展，并最终达到教育活动目标。《幼儿园教师专业标准（试行）》提出：要重视环境和游戏对幼儿发展的独特作用，创设富有教育意义的环境氛围，将游戏作为幼儿的主要活动。重视丰富幼儿多方面的直接经验，将探索、交往等实践活动作为幼儿最重要的学习方式。因此，教师在设计教育活动方案时，要充分重视教育方法的选择，灵活选用适宜的教育方式，提高教育活动的效果。

“教育有法而无定法”。教师在选用教育方法时，不仅要尊重教育规律，同时还要遵循幼儿的学习特点和身心发展规律。《3—6岁儿童学习与发展指南》提出：学前教育应该坚持遵循幼儿的发展规律和学习特点。因此，教师应该端正态度，在深入认识幼儿学习特点并严格遵循这些特点的基础上选用恰当的教育方法，如根据幼儿求知欲强、好奇好问的心理特点，教师可以设置问题情境，使幼儿产生认知冲突，进一步启发孩子的思维，保护孩子创造的火花。根据幼儿活泼、好动的特点，教师可以选用自主探索、合作创作、想象创编等方式开展活动。

二、教师职业道德在幼儿园教育活动实施中的践行体现

（一）以身示范，发挥教师在课堂中的教育影响力

作为言传身教者，幼儿教师在幼儿的心目中具有无可比拟的“权威地位”。在孩子们的心目中，教师的言行往往就是道德的标准。可以说教师的思想、行为、作风和品质，每时每刻都在感染、熏陶和影响着孩子们。因此，教师在教育工作中，必须规范自己的言谈举止，要以自己的“言”为幼儿之师，“行”为幼儿之范，言传身教，让自身成为促进幼儿发展的最有力资源。同时，幼儿教师必须做到品德高尚，举止文明，以身立教，发挥其在教育活动中的感染和影响作用。

1. 教师在教育活动中要规范其言行，为幼儿提供认知标准和行为规范

在教育活动中，教师通过身教和示范，给予幼儿学习知识和行为习得的标准和参照。作为孩子学习的楷模，无论教师的言行是否规范，是否符合职业道德标准要求，幼儿都“照单全收”。例如，某教师在大班科学教育活动“沉与浮”课堂中，为每组幼儿准备了一个小水盆，可是，教师在走动时不小心碰到了其中一个盆子，致使一部分水洒到了桌面上，这时，教师没有表现出一丝慌乱，只是迅速取来抹布，擦干净桌面的水，同时，又用纸巾把滴在地面的水渍也擦得干干净

净。在接下来的课堂中，教师欣喜地发现，小朋友都会自觉地擦掉实验中不小心洒到桌面的水渍。因此，教师在教育活动中一定要根据师德行为规范，约束自身的不良言行，发挥自身榜样示范作用，为幼儿在教育活动中提供认知标准和行为规范。正如《幼儿园教育指导纲要（试行）》所述：教师的“言谈举止应成为幼儿学习的良好榜样”。

2. 教师在教育活动中要以身立教，发挥其情绪感染和人格引领作用

以身立教、为人师表是指幼儿教师在教育教学过程中，要用自己高尚的言行为幼儿做出表率，从而影响幼儿，教育幼儿。以身立教、为人师表体现了教师职业道德的典范性。幼儿教师对孩子的影响是全方位的，教师的身体力行、善心、爱心和责任心，甚至于兴趣、个性与穿着打扮都会对孩子产生重要影响。教师的一言一行、一举一动都会对他们起到潜移默化的作用。因此，教师在教育活动实施过程中，应充分发挥其人格魅力和积极情绪的感染作用，引导幼儿在活动中通过移情，感受积极的情绪情感，并进一步引领幼儿在活动中发挥积极乐观、不怕苦难、灵活应对、坚持不懈等人格品质。

案例：

在歌唱活动“迷路的小花鸭”课堂中，我和孩子们一起唱着这首很有节奏的歌曲，孩子们边唱边做着各种喜欢的动作，当唱到“有只迷路的小花鸭，嘎嘎嘎嘎”时，有小朋友从椅子上蹦起来，模仿小鸭子走路的样子，还冲着其他小朋友做鬼脸，场面欢快极了。可是，尽管我和孩子们一起沉浸在这欢乐的氛围中，但我却突然发现班里一名年龄较小的女孩子沫沫虽然唱着歌，但是眼睛却是红红的，还含着泪水，我突然意识到她刚从其他幼儿园转到我园，还在适应期，并且刚刚唱了一句小鸭子“哭着喊妈妈”的歌词。见此情景，我赶快随着音乐的间奏，自主加唱了一句“抱起小花鸭，妈妈笑哈哈”，同时，我快速走到沫沫身边，边开心地笑着说道“亲爱的小花鸭，好开心啊”，边轻轻地拉起她的小手，在原地转圈圈，转着转着，沫沫也咯咯咯地笑了起来。看到这儿，我不仅身心放松了，更是莫名产生了做幼儿教师的满足感和成就感。对沫沫来讲，我这一个小小的动作也许会给予她更多的温暖、更深入的关照，因为我坚信，教师的职责就是“以情育情、以人育人”，教师的积极情感和人格魅力通过一件一件的小事情在幼儿的心灵种下了美好的种子。

——摘自 B 老师的教育日志

（二）以幼儿为本，机智处理教育活动中的突发事件

教育活动因其情境的复杂性和多变性而充满了太多的不可预见性。有时候会出现突发事件，比如外界的干扰、孩子们的偶发探究行为，或者幼儿之间的冲突，以及教师自身的教育行为失范所带来的影响等。当遇到这些情况的时候，教师能否处理得恰当，与其职业道德素养有着紧密的联系。在教育活动中秉持“幼儿为本”的理念，坚持处理突发事件之“为孩子好”的首要原则的教师，有着较高的职业道德素养，能智慧地处理突发事件，并能以此为教育契机，对幼儿施加积极的教育影响。而遇到突发事件时只考虑课堂秩序稳定，而不去关注情境中的孩子发展的教师，不仅不能有效处理突发事件，还容易带来负面的教育效果。因此，幼儿教师在教育活动中遇到突发事件时，应果断考虑“孩子在干什么？孩子们怎么样？他们需要什么样的支持？”等问题，坚持以“幼儿为本”的教育理念，灵活处理这些事件，进而有效完成活动目标和儿童发展目标。新

颁布的《幼儿园教师专业标准（试行）》提到：教师要做到"信任幼儿，尊重个体差异，主动了解和满足有益于幼儿身心发展的不同需求"。为此，教师处理任何课堂突发事件，都应首先关注课堂中的幼儿发展，以幼儿健康发展为首要任务。

案例：

一次，在观摩大班音乐教育活动"开始与停止"时，教师先播放了一段音乐，让幼儿认真聆听，随后，教师提问："听到这段音乐，你想到了什么？"一名坐在一侧的男孩子把手举得高高的，我想他一定特别想表达自己的感受。可是，教师没有提问他，而是让一名没有举手的女孩子回答，当听到女孩子说"像是有人在走路，突然就停下来了"时，教师说道："有道理，你可以再想一想。"教师在等其他小朋友举手回答的时候，男孩子又一次举起手，不等老师看到，就站起来大声说："像是一个巨人，在咚咚咚地往前走，他很有力气，像是能把大马路敲碎，可是，他突然看到前面出现一个敌人，于是他赶快停下来，停下来的时候还差一点摔倒，但是他稳住身子，仔细观看敌情，因为他要想办法对敌人进攻……"听到这儿，我非常激动，这个孩子不仅对音乐敏感，他更是有着丰富的情感和无限的想象力。可是，接下来老师的反馈让我大吃一惊："你刚才可能没有仔细听这个音乐，等会我们再听一遍，你再来回答，好吗？"这个老师看似很温和但全盘否定的反馈，让我听了透心凉，不知道这个男孩听到这样的反馈会是什么感受？我快速看向小男孩，果不其然，刚才还仰着头、兴奋地跟大家讲述的他，此时身体弯了下来，头转向一边，双臂环抱胸前，像是在表明立场抑或是反抗。过了一会，老师应该是看出来男孩子低落的情绪，于是问道："你现在能说一说吗？"男孩子继续扭转身子，背对老师，还发出"哼"的声音。这下子，其他小朋友也纷纷模仿起来，课堂顿时混乱一片。老师此时脸色大变，快速走到男孩子的身边，拉起他的手，说道："老师知道你一定有好的答案，现在说给老师和小朋友们听，好吗？"可是，任凭老师如何与之沟通，这个男孩子始终不说话，不回应。没办法，老师只好组织其他小朋友继续开展活动。事后，我反思，与其说这个老师处理课堂突发事件的能力不足，不如说她在根本上缺乏正确的儿童观，不仅将自己的观念凌驾于幼儿之上，更是对幼儿之间的差异性、幼儿个别发展多样性轻视。

——摘自作者的教育随笔

（三）尊重幼儿天性，充分发挥游戏在教育活动中的价值

发展是在天性的基础上展开的，天性是自然赋予孩子的，非人力所能控制。只有在天性的发展中，我们才能把握孩子的发展可能，使其潜在的能力得到最大程度的开发。游戏是幼儿的天性，幼儿游戏蕴藏着发展的需要和教育的契机，发展的多样性、差异性和自然性等特点，在游戏中体现得最为淋漓尽致。游戏是活动者自主和自由的活动，它注重过程体验，因而营造了一种轻松安全的氛围，又因其是在个体原有经验基础上的活动，无须承受超越自己能力的行动，因而更多体现其自我表现性。在游戏中，幼儿沉浸在自己的世界，从一个被动的承受者转变为主动的执行者。正如苏联的阿尔金所说，游戏是儿童的心理维生素。同时，幼儿通过游戏中的自发探索，不仅在认知上得到提高，在能力上也有重要的提升。正因为游戏具有帮助幼儿发展的功用，因此，游戏同样具有教育价值，在教育活动中，教师要珍视幼儿的游戏天性，充分发挥游戏的重要

功用，贯彻以“游戏为基本活动”的教育指导思想，有目的有计划地开展有意义的教育活动。具体要做到以下四点：一是将外在的教育活动目标对接幼儿的实际需要，关注幼儿实际需要在活动中的满足；二是开展幼儿感兴趣的意愿活动，在活动中给幼儿尽可能多的选择自由度；三是注重幼儿在教育活动中的体验和探索，注重活动过程；四是在幼儿已有经验的基础上开展幼儿有兴趣的活动。

三、教师职业道德在幼儿园教育活动评价中的践行体现

（一）公平公正，合理选用强化方式激励幼儿

1. 以激励为目的，正确使用奖励措施

奖励作为一种对人们行为的评价，有两大作用，一是在行为前具有前馈作用，即提示和引导人们的行为；二是在行为后具有正向反馈作用，即鼓励人们保持和发展这种行为，促使人们更加进步。因此，适当的奖励行为不仅是对正在参与教育活动的幼儿行为的引导和提示，同时是对积极参与教育活动并取得活动成果的幼儿的肯定和激励。在教育活动中，教师如何使用奖励措施，使用什么奖励措施，不仅影响到教育活动的开展，同时也是教师在教育活动中职业道德素养的体现。先来看下面一个案例。

案例：

为使小班幼儿达到“能身体平稳地双脚连续向前跳”的发展目标，我设计了此次体育教学活动“小青蛙，跳跳跳”。幼儿需要扮演小青蛙，依次双脚向前跳到一个个绿色的荷叶（图）上，为鼓励幼儿完成任务，我还在最后的一片荷叶旁准备了一份小礼物（各种小昆虫的贴画），每个小朋友只要完成一次任务，就可以拿到一个小贴画。然而，接下来的场景让我始料未及，一些小朋友为了能拿到更多的小贴画，他们完全不顾活动规则，不仅跳不到荷叶上，还有的竟然放弃跳跃而选择跑步向前。看到他们拿着贴画相互炫耀的场面，我不禁反思：该不该选择小贴画这种奖励方式？应该选择什么奖励方式更合适呢？

——摘自C老师的教育日志

教师首先要明确奖励的目的性，即奖励是否是为了激发孩子的活动积极性和规范孩子的动作。如果能达到这样的目的，同时如果使用物质奖励将使教育活动更具有感召力和吸引力，那么，这样的鼓励措施是必要的。问题的关键是什么样的鼓励措施是恰当的和可行的。选择什么样的奖励措施，首先要明确的是这样的奖励方式是为了激励和引导幼儿的活动，还是干扰和转移幼儿的活动。如果是前者，那么是适宜的；如果是后者，就必须考虑更换奖励措施。从上述案例中我们可以看出，教师给予幼儿的物质奖励，即各种小动物的小贴画，对于小班孩子来讲，既存在认知上的挑战，即激发孩子的求知欲，又存在情感上的诱导，即激发孩子的好奇心，那么孩子们对当下开展的体育游戏不感兴趣就成了必然。为了避免出现这个问题，教师可以考虑选择造型简单的笑脸小贴画或者小太阳、小星星小贴画等。同时，为了激发孩子的荣誉感，教师还可将物质奖励与精神奖励结合使用，比如结合使用鼓励性语言“动作真标准，做得真棒”等精神表扬的方式。当然，最重要的是，教师在使用奖励措施时，要做到公平公正，不可对某个孩子过度表扬或者对所有的孩子滥用表扬，避免让孩子产生自我中心的心理和出现奖励失效的现象。

2. 以规则为准绳，以人格为底线，审慎使用惩罚措施

案例：

日前，教育部公开曝光第十批七起违反教师职业行为十项准则典型案例。其中，第五起案例为江苏省宿迁市苏宿园区翰林阁幼儿园教师陈某某虐待幼儿问题。2021 年 10 月，陈某某在保教保育过程中态度恶劣，存在虐打幼儿行为。陈某某的行为违反了《新时代幼儿园教师职业行为十项准则》第六项规定。根据《幼儿园教师违反职业道德行为处理办法》等相关规定，给予陈某某开除处分。给予其所在幼儿园园长诫勉谈话处理，给予保教主任和教研主任警告处分。

——中华人民共和国教育部 2022 年 8 月 30 日新闻

活动规则是约束活动行为的标准，具有一定范围内的行为约束力。而行为人应有敬畏规则的意识和心理，即认为规则不可触犯。在幼儿园教育活动中，教师对于不遵守活动规则的孩子，会进行明确的提示，有时也会适度使用惩罚措施。然而，对于如何使用惩罚，教师一定要注意以下几点：首先，应认真区分孩子的行为是故意破坏规则行为还是因能力不足而出现的失当行为。如果是后者，非但不能惩罚，还需要引导和帮助其认识到规则存在的必要性和价值；如果是前者，教师可以适当使用惩罚措施，比如暂时剥夺活动权利，但是教师必须考虑到惩罚本身是指向已经发生的事情，而且目的是避免出现类似的行为，进而形成规范行为。因此，教师要带着发展的眼光，关注受惩罚孩子的跟进行为，并对积极行为给予鼓励和支持。同时，教师在教育活动组织过程中，要坚决贯彻落实《新时代幼儿园教师职业行为十项准则》中所要求的“不得体罚和变相体罚幼儿”。如上述案例所示的教师行为，就是对《十项准则》的违背，更是对幼儿人身以及人格尊严的践踏，因此，该教师理应被清除出教师队伍。

（二）关注差异，正确评价幼儿在活动中的发展

教育活动评价的重点和中心是对幼儿发展的评价。近几年来，随着教育观念的不断更新，评价的功用也从侧重甄别到注重发展。因此，过程性评价和主体性评价也成为评价的发展趋势。新的评价理念认为，凡是具有教育价值的结果，无论是否与预定目标相符，都应该得到支持和肯定①。因此，教师在对教育活动中的幼儿发展进行评价时，不能过分关注预设目标的完成，还要关注幼儿究竟是如何在活动中表现和参与的，关注到他们的个性化的独特的表现形式和表现结果。《幼儿园教育指导纲要（试行）》指出，要承认和关注幼儿的个体差异，避免用统一的标准评价不同的幼儿，在幼儿面前慎用横向的比较。为此，教师在评价幼儿时，要关注幼儿在活动中的个性化表现，比如独特的操作方式、不一样的理解和认识、违反常规的表现和创造，甚至是荒诞离奇的解释和说明。从这些不同的真实的表现中评价幼儿的发展状况。同时，教师对于幼儿在活动中完成的作品，比如绘画作品、手工作品、科技作品等物化的活动成果，要在活动过程中进行现场评价和总结，在活动结束后进行分析和整理，作为幼儿重要的活动资料进行保存或者展览。同时，教师有责任和义务引导幼儿家长共同对这些作品进行恰当的认识和评价。

---

① 刘华、任冬英等：《幼儿园教育评价的探讨》，见《〈幼儿教育指导纲要（试行）〉解读》，江苏教育出版社，2002 年，第 263 页。

案例：

今天的美术活动是让孩子们学习用粉红色和绿色给荷花和荷叶涂色，可是，仍然会有个别孩子使用其他的颜色来涂色，包括有小朋友使用黑色或者几种颜色来涂一朵花的情况。我在活动评价环节对这些情况进行指导和纠正，并引导小朋友在涂色前要认真观察和思考，之后，我将孩子们的作品一一张贴在我们的展示墙上，以便孩子们相互欣赏，并使家长及时了解孩子的发展。没想到的是，下午孩子离园时，刘正浩的妈妈把我叫到一边，说：“王老师，我给你提一个建议，你看可行不？以后你再张贴孩子的绘画作品时，能不能有所筛选，那些不好的画或者起不到示范作用的画就不要张贴，免得孩子会受到不良影响。因为刚才我看见佳佳奶奶因为佳佳把荷花涂成黑色就把她训得哇哇哭。”听到这里，我不禁思考：我一直认为每个孩子的作品都有其独特之处，我们要鼓励并支持孩子创作符合内心需求的作品，并且引导小朋友发现自己作品和其他小朋友作品中的优点，所以孩子的每幅作品我都当做宝贝一样精心张贴出来。可没料到，原来孩子的作品展示还会出现这样的问题。想到这里，我走到展示墙边，认真地观察孩子们的画，尤其是佳佳的那幅黑色荷花，越看越好看，黑色和绿色巧妙地搭配，真的是幅美妙佳作。可是，转念一想，如果我是家长，我又会怎么看这幅作品？我能够这样欣赏孩子的画吗？既然这样，我是否应该引导家长正确看待孩子的作品？比如我是否应该对每幅画进行一些简单的说明和评价，比如在黑色荷花旁边写上“我是一个黑美人，你喜欢吗？”，在多种颜色的荷花边上写“我是一朵爱臭美的荷花”等进行标注，以引导家长正确看待这幅作品中的积极方面。想到这里，我把展示墙上的作品一一取下，并对每幅作品进行了标注和说明。第二天，孩子入园时，我特别引导佳佳奶奶观察佳佳的那幅作品，奶奶很惊奇地说：“哦，仔细看来，这画是挺漂亮的啊。”听到这里，我的心里无比惊喜。

——摘自 W 老师的教育日志

第三节　幼儿园教育活动中教师职业道德素质的提升

我国古代伟大的教育家孔子说过：“德之不修，学之不讲，闻义不能徙，不善不能改，是吾忧也。”孟子也曾说过：“存其心，养其性，所以事天下。夭寿不贰，修身以俟之。”幼儿教师作为人类灵魂的工程师，应在思想品德、理想情操、学识才能、言谈举止、生活行为等方面时时处处成为孩子们的楷模和榜样。而幼儿园教育活动作为一种有目的、有计划、以教师直接指导为主的活动形式，其无论对于孩子的发展，还是对于教师的成长，都是一个重要的发展平台。借助于这一发展平台，进一步提升教师的职业道德素质，也将是教师个人重要的和必要的专业发展任务。

一、关注现实，发挥幼儿生活价值

生活是幼儿赖以成长的环境资源，是幼儿生命不断成长的环境保障，作为幼儿教师，应将眼光投射到自然状态下生活的孩子身上，在没有教育压力和教育任务的生活情境中，观察孩子的所为，分析孩子的所思所想，研究孩子的行为方式和学习特点，为组织相适宜的教育活动提供参考。同时，教师要善于发现幼儿真实生活对于幼儿发展的教育价值，孩子在当下的生活中接受教育，并在教育的影响下为未来的生活做准备。生活就是孩子发展的生命点和促发点，教育要关注生活对于孩子生命成长的意义。为此，幼儿教师在教育活动中，要将幼儿的生活融进教育过程，只有在真实的、自然的生活中，幼儿才能获得和谐的发展。也唯有如此，教师才能在幼儿发展的同时获得自身生命的成长和职业素养的提升。

二、着眼未来，树立长期目标意识

《幼儿园工作规程》明确指出："幼儿园教育是基础教育的重要组成部分，是学校教育制度的基础阶段。"因此，幼儿园教育活动也应为幼儿的长远发展服务，要为幼儿的可持续发展提供基石。教师应着眼于幼儿终身受用的优良品质的培养，在教育活动目标的制定上，不仅应关注知识的获得，更应关注情感和态度的培养，诸如独立、自制、专注、秩序、合作等这些主体意识的塑造。独立的价值在于自信和自主，自制的价值在于目标明确的自觉行为，专注的价值在于热情和投入，秩序的价值在于规则和效率，合作的价值在于能与人共处。而这些正是一生为人处世、求学做事得以成功的保障。作为教育者，我们有必要从情感和态度入手，注重培养幼儿终身受用的品质，并有意识地在教育活动中加以贯彻和执行。

三、尊重天性，发挥游戏教育功用

天性是幼儿生来的禀赋，这些天性不仅是孩子探索世界的重要方式，也是成人改造世界的科学的源泉。孩子们先天的好奇心、丰富的想象力，亲近自然的情感和活泼好动的特点，正是我们倍加珍视的优良品质。作为幼儿教师，我们更应该尊重孩子的天性，并用心关注和精心呵护这些天性。游戏作为幼儿的天性之一，是幼儿的基本学习方式，《幼儿园教育指导纲要（试行）》明确指出，幼儿园教育要"以游戏为基本活动"。作为幼儿教师，在教育活动中，要充分挖掘游戏的教育功用，从游戏的类别、形式、目的等方面分析其对于幼儿发展的价值，并在充分尊重幼儿主体性和自觉性的基础上，在幼儿充分自主探索的活动中，在幼儿已有经验的运用中发挥其在幼儿园教育活动中的功用。

四、恪尽职守，营造安全教育环境

《幼儿园教师专业标准（试行）》提出，教师要"关爱幼儿，重视幼儿身心健康，将保护幼儿生命安全放在首位"。安全的教育环境对于教育活动中的幼儿来讲，不仅意味着安全的心理状态，更给予幼儿发挥自主意识、积极主动探索环境的巨大的动力。在安全的氛围中，幼儿可以更加自如地操作、尝试、感受，并进一步通过创造性的行动改变环境。因此，教师在教育活动中，要恪尽职守，随时关注教育情境中的诸多要素，保障幼儿在活动中不受突发事件的影响，不受意外事故的伤害，不遭遇冷漠和忽视，以及在消极的等待和无助的盼望中丢失兴趣。同时，教师在教育活动中应该持有积极的态度和优良的管理方式，这些态度和方式"应有助于形成安全、温馨的心理环境"。

五、以身示范，发挥榜样示范作用

《幼儿园教育指导纲要（试行）》明确提出：教师的"言谈举止应成为幼儿学习的良好榜

样”。《幼儿园教师专业标准（试行）》也提出，教师要“重视自身日常态度言行对幼儿发展的重要影响与作用”。作为教育者，幼儿教师的一言一行对幼儿都意味着学习的可能，他们在对幼儿教师的无限仰慕中习得了教师的诸多个人行为习惯，并进一步受到教师的态度和心理倾向的影响。因此，教师在教育活动中，必须规范自己的言行举止，要以自己的“言”为幼儿之师，“行”为幼儿之范，言传身教，让自身成为促进幼儿发展的最有力资源。同时，幼儿教师必须做到品德高尚、举止文明，以身立教，发挥其在教育活动中的感染和引领作用。

六、公平公正，正确评价幼儿发展

在教育活动中，评价幼儿的发展是为了幼儿更好地发展，因此，教师应严格遵循幼儿成长的规律和特点，对幼儿在活动中的表现进行全面客观的评价，并对幼儿的发展状况进行深入分析，为提出教育活动的改进策略提供依据，同时，教师在评价幼儿时要做到公平和公正，不对个别孩子搞特殊化，如对某个孩子过度表扬或者对所有的孩子滥用表扬，不歧视、打骂和忽视孩子，做到尊重幼儿的人格尊严。在对待存在发展差异的孩子时，能够结合每个孩子的特点，以发展的眼光看待孩子在活动中的表现和活动效果，支持和鼓励孩子在现有水平上得到进一步的能力提升与发展。

微信扫一扫，观看本章思维导图及学习目标

第四章 幼儿园生活活动中的教师职业道德

幼儿园生活活动，是指学前教育机构满足儿童基本生活需要的活动，主要包括餐饮活动、睡眠活动、盥洗活动、如厕活动、整理活动、散步、自由活动等①。这种活动因其自在性、习惯性和情感性等三个特点而使幼儿获得自由、习惯和情感。《专业标准》明确提出：要“重视生活对幼儿健康成长的重要价值，积极创造条件，让幼儿拥有快乐的幼儿园生活”。作为教育者，幼儿教师应关注幼儿的生活活动，并积极利用生活活动为幼儿的身心发展服务。然而，教师在幼儿园生活活动中的教育观念和教育行为受其职业道德素养的影响，从而对幼儿身心发展产生重要影响。如教师的“教育爱”通过教师在生活活动中公平公正地对待每一个孩子、科学合理地安排幼儿园生活常规、关注幼儿的个性化表现、尊重幼儿的人格和权利等，对幼儿生活习惯的养成、身心健康的发展、良好个性的塑造等产生积极的影响。同时，教师的职业道德素质还对教师自身的工作质量和职业生活产生不可低估的作用。基于此，幼儿教师在幼儿园生活活动中，要坚守职业道德规范，约束自身不良的教育行为，养成良好的职业行为习惯，认真完成“育人”之重要教育职责。通过坚守道德和法律底线，提升道德素质和法律意识，尊重幼儿人格权利，关爱幼儿身心发展，坚持“保教结合”的“育人”理念，尊重家长需要，热情为家长服务，养成善于反思的习惯，培养终身学习理念，坚守职业岗位、享受职业幸福等途径，进一步提升其职业道德素质。

第一节 教师职业道德在幼儿园生活活动中的作用

在幼儿园生活活动中，教师的职业道德不仅对教育对象幼儿的身心健康发展、良好行为习惯的养成、个性社会性的发展起到重要的作用，也对教师自身保教工作质量的提高、形成良好的职业关系等产生积极的影响。

① 戚荣金、唐燕、崔聚兴：《学前教育学》，陕西师范大学出版总社，2013 年，第 121 页。

一、教师职业道德在幼儿园生活活动中对幼儿的影响

在幼儿园生活活动中，教师的职业道德无时无刻不反映在教师的教育思想和教育行为中，从而通过施加一定的教育影响对幼儿的身心健康、习惯养成、社会性发展等方面产生作用，从而达到“育人”之功效。

（一）教师职业道德对幼儿身心健康发展的影响

《幼儿园教师专业标准（试行）》专门提出：教师要“关爱幼儿，重视幼儿身心健康，将保护幼儿生命安全放在首位”。关爱幼儿是教师最重要的职责，这不仅是教师人道主义精神的体现，也是教师必须履行的法律义务，更是教师对幼儿高度的责任感、对教育事业无限忠诚的体现，因此，这样的一种自觉而深厚的爱可以给予幼儿身心健康发展更多的保护、关注和支持。对幼儿生命安全的保护是摆在幼儿教师面前的首要职责，教师应提供良好的物质环境和精神环境，为幼儿的生命安全做好保障。《幼儿园教育指导纲要（试行）》强调“幼儿园教育应尊重幼儿的人格和权利”，《幼儿园教师专业标准（试行）》同样指出：“不讽刺、挖苦、歧视幼儿，不体罚或变相体罚幼儿”，这是幼儿教师的职业道德底线，是不可违背的基本行为准则。“讽刺、挖苦、歧视”是对幼儿人格的漠视，“体罚和变相体罚”更是对幼儿人身权益的直接侵犯，都会对幼儿的身心健康造成不可弥补的伤害。

（二）教师职业道德对幼儿行为习惯养成的影响

教育家陶行知先生说“教育就是培养生活习惯”。习惯的养成是首先习得一个行为规范，然后使行为规范变得自动化和习惯化的过程。而教师的“以身作则、行为示范”正是幼儿生活习惯养成过程中重要的影响因素。著名教育家叶圣陶曾说过：“教育工作者的全部工作就是为人师表。”这就是说教师在工作中，必须规范自己的言谈举止，要以自己的“言”为学生之师，“行”为学生之范，言传身教，动之以情，晓之以理，导之以行，做名副其实的人类灵魂工程师。德国著名教育家第斯多惠也强调，教师本人是学校里最重要的师表，是最直观最有效益的模范，是学生最活生生的榜样。幼儿教师自身的行为习惯正是促成幼儿学习良好行为习惯的榜样示范和强大动力。同时，一个关爱幼儿、关注幼儿生活价值的教师会非常用心地在一日生活中帮助幼儿养成良好的作息习惯、饮食习惯以及卫生习惯等，并耐心帮助幼儿纠正偏食、挑食、多食、少动等不良饮食和生活习惯。

（三）教师职业道德对幼儿个性、社会性发展的影响

幼儿教师对幼儿的认识和态度很大程度上影响着幼儿个性及社会性的发展。正如俄国著名教育家乌申斯基所说：“没有教育者个人对受教育者的直接影响，就不可能有深入性格的真正教育。只有个性才能影响个性的发展和定型，只有性格才能养成性格。”因此，教师的职业道德修养通过教师个性化的表现对幼儿施加教育影响，从而影响到幼儿个性及社会性的发展，如自信的教师培养乐观的孩子，自卑的教师促成悲观的孩子。同时教师对幼儿社会性发展的独特性和差异性的尊重和接受，不仅可以促成幼儿个性及社会性的良好发展，还将会避免在日常生活中产生对个别孩子的偏爱；教师对待幼儿的公平和公正，可以使教师按照每一个幼儿不同的兴趣、能力、气质和性格等个体差异因材施教，使每一个幼儿的个性心理品质能够得到良好的发展；同时，幼儿教师对幼儿

的评价作为重要的评价依据，很大程度地影响幼儿的自我评价，进而影响幼儿自我意识的发展。

二、教师职业道德在幼儿园生活活动中对教师自身的影响

幼儿教师职业道德素质通过生活活动可以对教师保教工作产生积极的影响，进一步提高其保教工作质量。同时，教师对幼儿的关爱、对职业的追求、对专业发展的执着和终身学习的理念，可以帮助教师形成良好的师幼关系、同事关系和与家长的合作关系。

（一）教师职业道德素质帮助教师提高保教工作质量

《幼儿园教师专业标准（试行）》中“对幼儿保育和教育的态度与行为”领域是从保教观的角度对一个合格的幼儿教师所应具备的专业理念和师德进行的规定。幼儿教师对保教活动的原则、内容、方式、效果等整个过程的认识与理解，直接决定着其保教活动的实践形态。《幼儿园教育指导纲要（试行）》明确规定，幼儿园教育应尊重幼儿身心发展的规律和学习特点，充分关注幼儿的经验，引导幼儿在生活和活动中生动、活泼、主动地学习。考虑到幼儿在保护自身生命安全、身体活动、自我照料和独立生活，以及识别危险物品和防御等方面的能力都较弱，因此，教师尤其应关注幼儿的日常生活，关注幼儿在日常生活中的每一个发展历程，为幼儿提供良好的生活环境。教师科学的保教观念可以帮助教师深刻理解保教工作的任务和意义，合理安排幼儿一日生活，做好幼儿的疾病预防和膳食营养工作，培养幼儿良好的生活卫生习惯和良好的道德品质，帮助幼儿积累各方面的经验，发展幼儿各方面的能力。同时，教师良好的个性品质、健康的心理状态、终身学习的理念，也是教师提高自身保教工作质量的重要职业道德素质条件。

（二）教师职业道德素质帮助教师形成良好的职业关系

教师职业道德可以帮助教师形成良好的师幼关系、同事关系和与家长的合作关系。教师对幼儿的理解和关爱是幼儿教师职业道德规范之一，并在工作中要求幼儿教师尊重幼儿人格和权利、尊重幼儿的个别差异性、尊重幼儿的发展需要，教师通过在生活活动中坚持这些职业道德要求，在提高保教工作质量的同时进一步建立良好的师幼关系。同时教师对职业的追求、对专业发展的执着和终身学习的理念，也是形成良好的师幼关系的重要职业道德素质。同样，教师的团结协作、专业信念和职业理想，可以通过影响教师的职业意识进一步帮助教师在工作中与同事形成相互促进、共同发展、合作共赢的工作关系。在家长工作中，尊重家长、理解家长是教师职业道德的重要准绳。职业道德素质优良的幼儿教师会在尊重幼儿家长、充分理解家长的需要中使幼儿园教育和家庭教育形成合力，共同促进幼儿的健康成长。

第二节　教师职业道德在幼儿园生活活动中的践行体现

《幼儿园教育指导纲要（试行）》明确提出：幼儿园应为幼儿提供健康丰富的生活和活动环境，满足他们多方面发展的需要，使他们在快乐的童年生活中获得有益于身心健康发展的经验。作为一日生活中的重要活动之一，幼儿园生活活动对于幼儿的身心发展有着重要的影响。对于幼儿

教师来讲，每天都会遇到诸多细小而又重要的生活活动情境，比如："早晨到幼儿园开窗通气；组织孩子放小椅子，整理孩子晨间活动的材料，组织孩子晨间活动；组织孩子从哪边的楼梯上楼和下楼；如何组织孩子自收自整活动玩具；活动材料如何分类摆放更恰当；课间怎么安排孩子的活动，怎样导护而不至于拥挤，如何面对来自孩子的报告；离园时老师的位置怎样才可以恰到好处地看到所有的孩子；午餐后的孩子是不是统统看动画片还是组织一些什么样的活动，还要保证老师不会很累；孩子午睡怎样有序进行；下午先到园的孩子该干什么；下午的副餐时间怎样让孩子安静地进餐；孩子日常生活所用的毛巾、杯子等的辨认和摆放；下午离园时怎样与家长沟通又不至于影响到组织孩子的离园……"①如何处理这些问题，使生活活动成为幼儿发展的重要教育环境和条件，这是一名幼儿教师专业素质的体现，同时也是考量幼儿教师职业道德素养的重要标准。本节内容以幼儿园生活活动的案例为载体，深入分析幼儿教师职业道德素质在生活活动中的表现，并从教师职业道德规范角度分析教师的教育行为，旨在为教师提高自身的教师职业道德素质提供参考。

一、幼儿园生活活动常规中的教师职业道德

幼儿园的生活活动包括入园、离园、饮食、睡眠、盥洗、如厕、散步等基本生活内容，这些活动在时间安排上要有秩序，在规则制定上要合理，在环节设计上要科学，以使幼儿的生活是安全、规律和有意义的。在幼儿一日生活常规中做到科学、合理、安全、有序，教师需关注自身的职业道德素质对其产生的影响。

案例：

点心时间到了。我说："我看哪一组小朋友坐得好！哪组小朋友坐得好就请哪组先去洗手，拿杯子！"孩子们陆续坐好，我逐一点名，请大家按小组去洗手……之后，孩子们拿着自己的水杯又坐到了原来的位置，开始等保育员和我一个一个地倒豆浆、发饼干。还没有发到后面的孩子，班上已经开始有点乱了。一个孩子忽然叫起来："老师，我发现柜子底下有积塑片，我去够出来。"不等我回答，他就跑过去趴到地上伸手够。其他小朋友也乘机跑过去趴下。我忙说："谁让你们离位子了？快回来。"没喝完豆浆的几个孩子也端着杯子、伸着头往这边看。"老师，她的豆浆洒在我身上了。"告状的声音又响起来……

这样的情况其他班也经常发生，弄得老师们经常心烦意乱。这究竟是为什么？想来想去，我认为是"吃点心"的方式安排得有问题，让小朋友坐在那里等老师倒豆浆、发点心，结果是吃的吃，看的看，前面的吃完了，后面的还没有拿到。幼儿是活泼好动的，怎么可能安安静静地坐在那里无聊地等待呢？

园内业务学习时，我提出了这个问题，得到老师们的热烈响应。经过讨论，大家认为要改一改原来整齐划一的时间安排和由教师"服务到底"的点心发放方式，"应该给孩子一个自我服务的机会"。园长采纳了老师们的意见，买来了带水龙头的保温桶、小托盘。于是，各班都有了一个小小的"自助点心店"。小朋友也很高兴②。

① 高美霞：《爬上豆蔓看自己——辛黛瑞拉的教育日记》，北京师范大学出版社，2008年，第69—70页。

② 案例引自冯晓霞：《新〈纲要〉与幼儿教师的专业成长》，见《〈幼儿园教育指导纲要（试行）〉解读》，江苏教育出版社，2002年，第215—216页。

（一）教师要注重幼儿一日生活的价值

陶行知先生说，“生活即教育”“好的生活就是好的教育、坏的生活就是坏的教育”，那么，我们给孩子提供的生活活动，如果是生动的、丰满的、孩子可以与之互动的，那么这种生活就是好的生活，就是好的教育。因此，教师要注重幼儿生活在幼儿成长中的发展价值，要关注幼儿园一日生活的各个环节的教育功用，并合理地设置和安排一日生活活动。正如上述案例所示，在加餐环节，教师习惯地以“服务到底”的方式给孩子们发放点心，却没有考虑到这一环节对于孩子们来讲也是重要的实践机会和学习机会，是可以挖掘其中的教育价值并为孩子们所用的教育契机。因此，教师要用心思考、精心安排幼儿园一日活动，使活动的各个环节充分发挥其“生活即教育”的价值。

（二）教师要尊重幼儿的权利和地位

《儿童权利公约》明确规定了儿童的生存权、发展权、受保护权和参与权，而《幼儿园教育指导纲要（试行）》也同样强调“幼儿园教育应尊重幼儿的人格和权利”。幼儿有参与与自身生活相关的一切活动的权利。著名教育家陈鹤琴说过：“凡是儿童能够自己做的，应当让他自己做。”因此，教师应给予幼儿参与幼儿园生活活动的权利，理解、尊重并保障幼儿参与这些活动并发表自己的意见。而案例中教师在加餐环节让幼儿被动地接纳，而不是主动地参与，这种方式无疑间接地剥夺了幼儿参与活动的权利和机会。

《幼儿园教育指导纲要（试行）》同样明确指出：尽量减少不必要的集体行动和过渡环节，减少和消除消极等待现象。而案例中教师给孩子分发点心的方式，造成了很多孩子的无意义的等待，以及冲突、告状等消极行为。之后，教师对这一惯常的活动安排做了改进处理，由教师“服务到底”变为孩子“自主取物”，通过让孩子有序地选取点心，不仅锻炼了孩子的自我服务能力和规则意识，同时这也是幼儿的自主权利和幼儿在生活活动中的主体地位的体现。

二、幼儿园自由活动中的教师职业道德

对于幼儿园生活活动中的自由活动，比如餐前的谈话活动，以及一些非常规性的生活活动，如生日庆祝会等，教师如何安排和组织？这些自由活动中的教育价值如何体现？教师的职业道德又是如何通过教师的教育观念和教育行为对幼儿产生影响？

案例：

今天是胡郭丽的生日，一大早，他妈妈就来询问要买多大的蛋糕才够班上的孩子吃。下午她就带来了一个很大的蛋糕，我表现得很淡然，常常觉得这样的庆贺方式并不是很妥当……对于过生日的孩子来说，难免产生一种优越感，或者会对老师的态度产生不明朗的感受，而其他孩子难免会产生“我也想这样，我下次过生日也要到幼儿园来过”的想法……孩子产生这样的攀比心理，对于那些父母不能满足自己在幼儿园过生日的孩子来说又容易产生自卑或其他不好的心理。

轻轻地唱着《生日快乐歌》，我问孩子们：“你们知道我们这首歌是唱给谁的吗？”坐在胡郭丽旁边的小朋友大声说：“今天是胡郭丽的生日，是唱给他听的。”“这首歌是唱给所有

今天过生日的小朋友的，你们猜除了胡郭丽小朋友过生日以外，还有哪些地方的小朋友今天过生日？”我说，“还会有其他班的孩子，还会有其他幼儿园的孩子，还会有如皋其他地方的孩子。”孩子们接着说：“还会有南通的孩子”，“还会有南京的孩子”，“还会有上海的孩子”……我接着说：“还会有外国的孩子，会有美国的孩子。”……“那么，我们来为所有今天过生日的孩子唱一首《生日快乐歌》吧！”孩子们大概已经淡忘了过生日的胡郭丽的那种得意或者优越感吧。大家就像平时吃点心那样分发蛋糕，享受蛋糕。看着胡郭丽静静地等待自己的那一份，就让他过一个淡淡的生日吧，我也没有请他这个主角来给孩子们分发蛋糕，因为我希望每个人都是主角，包括我①。

——摘自高美霞的教育日记

（一）教师要关爱幼儿，做一个有责任心的教师

作为幼儿的“养护者”或者“照料者”，幼儿教师的角色至关重要，教师不仅要保护幼儿生命安全、照料幼儿生活，更要对幼儿情绪情感状态、人格个性品质、社会性行为等多方面发展进行关注。因此，教师对幼儿的关爱是带有教育意义的关爱，是对幼儿身心全面发展的综合考虑和长远打算。在上述案例中，教师正是出于对幼儿心理健康负责的角度考虑，非常用心地设计了一个有趣又富有积极教育影响的教育情境：为了避免今天过生日的孩子胡郭丽产生优越感，教师并没有将今天的生日会主角定为他，而是将歌声和祝福送给了所有今天过生日的小朋友，包括园内的、园外的，还有国内的、国外的。这样的安排既能激发小朋友对其他过生日小朋友的祝福和对他人的关爱，又能避免幼儿之间出现相互攀比的心理；既能让今天过生日的小朋友感受到浓浓的祝福和欢乐，又不至于产生自我中心和骄傲炫耀的消极心理。

（二）教师要关注幼儿的心理特点，做一名细心的教师

由于幼儿期的孩子仍以具体形象思维为主，对于生日会这样的社会活动价值尚未领会，如果不能得到正确的指导，容易在价值观以及个性品质养成中出现障碍。因此，教师在生活活动中要足够细心，要关注幼儿的心理发展，关注幼儿生活的点点滴滴，还要有足够的智慧，通过认真观察幼儿、深入研究幼儿，为幼儿提供良好的教育环境并施加积极的教育影响，从而引导幼儿身心健康发展。如案例所述，教师不仅敏锐而且机智地开展了一次独特的生日会，充分利用幼儿的情绪易感染的特点进行了很好的随机教育，同时也为幼儿社会性的发展提供了良好的教育环境。

三、幼儿园午睡活动中的教师职业道德

午睡是幼儿一日生活中的重要环节，学前儿童卫生学和学前儿童心理学知识告诉我们：学前儿童大脑神经细胞很容易兴奋，也很容易疲劳。因此，要保障幼儿足够的休息时间。午休环节是幼儿园生活活动中的一项重要活动，其活动质量的高低也很大程度上影响着孩子参与其他活动的质量。如何正确看待午休活动，并有效保障这一活动的顺利进行？教师的职业道德素养是如何通过教育行为体现在这一活动中的？

① 高美霞：《爬上豆蔓看自己——辛黛瑞拉的教育日记》，北京师范大学出版社，2008 年，第 73—74 页。

案例：

孩子们刚刚吃完午饭，就感觉教室里突然暗了下来，难道真像天气预报播报的那样，要下雨吗？保育员李老师在收拾餐具和清理桌面和地面，我本来想带着孩子到植物角去看看那里正在疯长的草莓，可是，恐怕要下雨，就让孩子们随着音乐在教室里走线。接着组织孩子们脱衣上床休息。好容易休息室里安静了下来，我再一次检查了孩子们的睡眠姿势和盖被子的情况，刚刚坐到办公桌前，准备写教育笔记，就听见啪嗒啪嗒的响声，轻声走到窗前，看见雨滴正滴落在地面。有几个小朋友闻声翻身起来，我轻轻地示意他们躺下，又坐下来继续写。今天的天气让我的心情莫名其妙地复杂起来，于是在教育笔记里尽情抒发着我的心绪。突然，一声巨响在头顶响起，我吓了一跳。几乎同时，我听见几个孩子的尖叫声和哭喊声。我快步走过去，抱起我们班最胆小的杨子涵，并对旁边的小朋友轻声说："没事儿，是雷公公来了，它给我们带来了滋润大地的雨，给小草、小花送营养来了，还有我们班的小草莓，也要雨的滋润啊。只不过啊，雷公公他说话的嗓门有点大了。"说到这里，有几个小朋友咯咯地笑起来。一下子，雷声带来的恐慌情绪被大大减弱了。但是，还是有几个小朋友听到一阵阵的雷声表情紧张，口中连声说"好吓人"。为了安抚孩子情绪，给孩子带来安全感和帮助孩子继续入眠，我决定给孩子讲个故事，于是我给孩子们说："不过，雷公公还托我给你们带来了一个有趣的故事，故事的名字就叫'雷公公'，但是，你们要静静地躺在小床上，而且要闭上眼睛认真听哦！"随着我讲述的故事的展开，尽管外面仍时不时有雷声，但是休息室里孩子们的环境很安静、很安全，很快，大部分孩子们进入了甜蜜的梦乡……

——摘自Z教师的教育日志

（一）教师要保障幼儿生存和安全的基本权利

幼儿作为独立的"人"，拥有自己的基本权利。《儿童权利公约》里明确提到儿童的生存权和受保护权，因此，教师要保障幼儿在生活活动中的基本生活权利，比如休息、饮食、如厕等生存权以及受保护的权利，并最大程度保障幼儿的这些权利。午休是孩子在幼儿园的一项重要的生活活动。《3—6岁儿童学习与发展指南》明确规定："要保证幼儿每天睡11—12小时，其中午睡一般应达到2小时左右。午睡时间可根据幼儿的年龄、季节的变化和个体差异适当减少。"为此，教师应营造良好的休息环境，比如安静的、舒适的、安全的休息环境，对于环境中的意外刺激如雷声或者突发事件，教师要以保障幼儿安全为第一原则机智地处理，从而为幼儿营造相对安全和安静的休息环境。如案例所述，教师采取了一系列方式帮助幼儿减少了午睡时突发巨雷带给孩子的身体和心理的不良影响，从而避免孩子出现睡眠障碍，进而保障接下来的生活活动和教育活动的顺利进行。

（二）教师要尊重幼儿身心发展中的个别差异

每个孩子都是一个独特的个体，都有着自己不同的气质特点、行为方式和兴趣倾向，对于不同的孩子，要有针对性地施加教育影响。因此，在生活活动中，教师要尊重个体差异，主动了解和满足有益于幼儿身心发展的不同需求，在指导生活活动时要有区别地对待不同的孩子，如案例中的教师，她充分照顾到了孩子的感受，在对每个孩子的特点充分掌握的基础上，采取了不同的处理办法，如对于胆小的孩子，采取保障安全的方式，抱在怀里，用手轻轻抚摸，使孩子在感受到安全的基础上减少不良情绪的影响；对于其他的孩子，则采取调整认知的方式，如通过讲故事的方式向孩子解释发生的事情，并采取积极的情绪影响以消除孩子的恐慌和担忧，等等。也正是因为教师对于不同孩子的了解和关注，并采取了恰当的教育行为，很快，孩子们又进入了甜甜的、安静的睡眠状态。

四、幼儿入园适应工作中的教师职业道德

我们常常见到入园时有些哭泣不止的孩子，每当看到这些场面，我们的心里都难以平静。我们最担心的是孩子是否喜欢以及能否适应这个幼儿园的生活，为此，幼儿教师总会想很多办法来解决这个问题。对于入园适应问题，教师是如何处理的？处理行为的背后反映了什么样的教育观念？其教育行为与其职业道德有什么样的关系呢？

案例：

每天我都会看见那个总是和妈妈撕心裂肺地分离的那个小男孩，听他们班老师说，这个孩子从入园第一天起，就是这样，每次和他妈妈分开就像生离死别似的。为了解决这名孩子的入园适应问题，老师开展了家访，通过家访了解到其母亲的性格对幼儿的影响比较大，比如为了保障安全，母亲每天送孩子上幼儿园的时候，都要交代很多注意事项，比如："吃饭时一定要细嚼慢咽""去卫生间千万不能跑""体育活动时要左右看，不要被人撞了""睡觉时被子不要蒙头"等等。同时老师通过观察发现，妈妈每一次和孩子分开时，她的表情异样地紧张和担忧。由此，老师分析，妈妈的焦虑是导致孩子的焦虑的重要原因。要解决孩子的焦虑问题，首先要解决妈妈的焦虑问题。因此，老师在和孩子母亲交流的过程中向其传递了三个信息：一是要对孩子放心，相信孩子有自己的自我服务能力；二是对幼儿园放心，相信幼儿园会把孩子的安全放在第一位；三是要改善教养行为，给孩子良好的心理环境，比如每天接送孩子的时候要尝试着微笑的样子，放松地和孩子分开，让孩子感受到积极的安全的情绪，并指导孩子积极地适应幼儿园生活，让孩子感受到幼儿园生活的自如和安全。母亲很配合地做出了调整，经过一段时间的入园接送行为改善，孩子的入园焦虑问题得到了很大程度的解决，即便偶尔会哭泣，但时间不会很长，情绪也不会很激烈。

——摘自一高校教师的教育随笔

（一）教师要尊重幼儿成长发展中的自然规律

小班幼儿因为亲子分离和陌生环境的出现，相应地产生一定程度的分离焦虑或陌生人焦虑，具体表现为抗拒幼儿园活动、哭泣、逃离等。这是小班初入园时的常见现象，也是幼儿成长发展中的一种自然规律。适度的入园焦虑是一种正常的现象，随着慢慢地适应环境，会得到缓解和消除，但是如果焦虑度高，情绪反应激烈，并且表现出明显的不适应现象，那么此类焦虑问题应得到关注。作为教师，要正确看待和对待这一现象，一方面要认真观察幼儿表现，分析幼儿心理特点和影响因素，并细心地制定指导方案，和幼儿家长共同配合开展循序进行的适应性活动；另一方面要认真钻研、学习幼儿发展心理学和教育学知识，如幼儿亲子关系和同伴关系，幼儿的环境适应问题等，在尊重儿童心理发展规律和教育规律的基础上开展各项适应性活动。

（二）教师要在和家长有效合作中开展生活活动

幼儿教育是一项家庭和幼儿园共同的事业，作为幼儿身心发展的重要环境，幼儿家庭环境和家庭状况应成为幼儿园教育的重要资源和教育前提。因此，幼儿教师在一日生活活动中，必须充分重视幼儿的家庭环境和家庭资源，以“幼儿发展”为目的，通过多种方式和幼儿家长建立良好而密切的联系，和他们共同协作完成幼儿的保教工作。同时，教师也有责任和义务对幼儿家长情况进行深入了解，以作为教育资源和教育环境开展幼儿园生活活动，并通过指导和改善家长的教育行为提高保教工作质量。如案例所示，教师从“如何使幼儿更好地适应幼儿园生活”出发，通过深入了解幼儿入园焦虑的影响因素和发生机制，经过和家长的合作，开展了一系列针对幼儿入园适应问题的指导，从而为解决幼儿的入园适应问题提供了良好的教育条件和环境保障。

五、家长工作中的教师职业道德

家长工作是幼儿园工作中的重要内容，有效的家长工作不仅可以让家长了解幼儿园生活并支持配合幼儿园活动，还可以使教师进一步了解幼儿家庭生活和家庭教养情况，从而使家园一致对幼儿实施良好的教育。然而，有教师因为其言行不当，或者因对家长缺乏足够了解等原因，造成了沟通中的诸多困难，甚至产生正面冲突，从而严重影响了家长工作质量和保教工作管理。

案例：

某幼儿园一名教师与家长发生了冲突，事件发生后我与教师的对话：

Z（作者）：可以和你谈谈昨天下午发生的事情吗？

S（教师）：可以，其实现在我已经冷静下来了。我可以非常客观地向你解释这件事情的经过。

Z：当时到底怎么回事？

S：当时是离园时间，她（指的是发生冲突的家长）来得比较晚，我冲她笑了笑，说：“你工作还挺忙的啊？”“怎么了？就你们这些人忙啊。谁能没点事情？”我一听到这句话，立马感觉很不舒服，但是我还是强压怒火。本来想和她谈谈丹丹这一阵子的交往问题（总是爱一个人待着，不爱和别人玩），但是看到这种情况，就临时换了一个轻松的话题：“丹丹今天画的‘我的家’非常好，来，丹丹，让妈妈看看你画的画。”“不看不看，走了，回家。”不知为什么，那天她的脾气非常大。临走前，我突然想起一件事情，很快我们大班的器械操比赛就要开始了，需要家长准备几样道具，就差丹丹等几个人了，于是我就随口嘱咐了一句：“丹丹妈妈，记得明天带上体操器械。”“我说你怎么回事啊？怎么事儿妈一个！”听到这里，我愤怒极了，再也控制不住自己了，高声喊道：“你说话注意点好不好，能尊重人吗？”（她满面通红，看上去气急了的样子）（我打断了她的话）

Z：当时你很生气，是吗？

S：是的。我无法理解，她的气到底是冲谁来的？

Z：你觉得是冲你来的吗？

S：我觉得不应该是冲我的。我没有做错什么，也没有说错什么。

Z：有没有可能她来的时候就有情绪？

S：可能吧？好像当时她气呼呼地进来的。

Z：那么极有可能她是因为别的原因带来的情绪。如果一个人因为别的原因有情绪地和你交流，你能理解吗？

S：应该理解。（此时她音量降低，情绪看上去好像没有那么激烈了，我没有继续追问下去。）

Z：当时，你和家长发生争执的时候小朋友在场吗？

S：好像在吧？

Z：她当时什么表现？比如……（她打断了我的话）

S：其实，现在想来，我当时最大的希望就是孩子不在面前该多好。这件事情一定会在孩子面前留下阴影。这也是我到现在还是很自责的一件事情。

Z：如果事情可以倒回去，你当时能做到的尽可能保护孩子的办法有什么呢？

S：现在想来，尽管家长是不对的，包括她后来张口骂人、出手打人等，但是，如果这件事情再来一次的话，我想能够挽回的就是，当时我根本就不应该和她计较。也许我再忍一忍，事情就过去了，也就不会发生后来的事情了。尤其是对孩子造成的伤害。

Z：你能这样想真好。其实我很能理解你的心情，但是我们无法掌控别人，我们能掌控的是自己。我们尽可能对家长以礼相待，但是如果解决不了问题，那就寻求领导的帮助，如果有可能的话，也可以寻求法律途径解决。

S：是的，其实，园里领导都非常支持我和理解我，但是我知道自己也有做错的地方。我还是修养不够，克制力不够。以后再遇到这样的事情，我一定会尽可能理智、妥善地处理。

——摘自作者的教育随笔

（一）教师要善于调整和控制自己的情绪

幼儿教师要有良好的情绪体验，善于调整和控制自己的情绪。当出现不良情绪时，能够克制自己，使自己的行动趋于理性化。同时，幼儿教师也要提高自己理解他人情绪的能力，善于判断他人的情绪状态，并能适度抚慰他人的消极情绪。从本案例可以看出，这名教师不仅没有能很好地判断和理解幼儿家长当时的情绪状态，同时对自己产生的不良情绪也没能有效地掌控，从而使自己在与家长沟通时出现冲突。因此，幼儿教师在与家长沟通时，不仅要学会理解、宽容别人、不与人斤斤计较，还要做自己情绪的主人，合理控制和引导自己的情绪，从而心平气和地和家长沟通。

（二）教师要以“关爱幼儿”为处理家长工作的首要原则

关爱幼儿是教师职业道德的首要原则，教师在幼儿园生活活动中，要坚守“关爱幼儿”这一原则，在与家长沟通过程中，教师要以“一切都是为了孩子好”的沟通目的，有针对性地开展家长工作。在工作过程中，要时刻关注幼儿，关注幼儿的感受和体验，如案例所述，尽管教师本人在沟通过程中并未有任何不良言语和行动，但是，这种明显的情绪冲突已经严重影响到了正在成长中的孩子，使孩子在自己最亲近的母亲和最喜欢的老师之间无从选择，只有哭泣和害怕，担心和不安。因此，从对孩子身心发展角度来讲，案例中的教师有其明显的教育失误，正如她自己所说："也许我再忍一忍，事情就过去了，也就不会发生后来的事情了。尤其是对孩子造成的伤害。"

（三）教师要尊重家长，热情为家长服务

尊重家长是教师职业道德的重要准绳。教师要在充分了解幼儿家长实际需要的基础上充分尊重家长的教育需求和对幼儿健康发展的期盼，在尊重幼儿发展规律的基础上，多思考："家长是怎么想的，家长是怎么做的？"从而为家长提供良好的教养指导建议。本案例中的教师，若能多了解此家长的实际需要和困难，如可以询问"您有时间给孩子准备运动器械吗？您对这次运动会有什么建议吗？"等，将家长主动引入关注幼儿园生活活动中来，就可避免因家长和老师考虑问题出发点不一样造成的沟通障碍。

六、幼儿园进餐活动中的教师职业道德

《3—6岁儿童学习与发展指南》明确指出，要帮助幼儿养成良好的饮食习惯。同时，要帮助幼儿了解食物的营养价值，引导他们不偏食不挑食、少吃或不吃不利于健康的食品等。对于幼儿在饮食中出现的不良习惯，教师要采取相应的策略帮助幼儿纠正并逐步养成良好的饮食习惯。教师在进餐活动中，还要关注幼儿的个别需要，认真分析幼儿的个体需求，开展相适宜的生活习惯养成教育。

案例：

……为了保障孩子们的营养早餐，每周园里都会为孩子们准备一至两次的豆粥（近似八宝粥），可是，我们班的佳佳小朋友一见到是豆粥，就一口都不吃。无论我如何引导，甚至使用惩罚的措施都不能说动她。是不良习惯还是心理原因，抑或是家庭环境造成的？考虑到豆粥的营养价值，也为了帮助佳佳养成良好的饮食习惯，我把这个问题和她家里人进行了深入的沟通。得到的可能原因有以下几方面：一是他们家里从来没有吃过这样的早餐；二是她不喜欢吃很稠的早餐；三是这个孩子确实挑食。看来并非心理原因，因此我更有信心解决这个问题了。于是，我和家长商量，让家里面尝试做豆粥和吃豆粥，在家庭营造丰富的早餐环境；同时，让家长配合幼儿园解决孩子的偏食问题。而我针对这一问题，不仅在班里开展了专门的营养健康教育活动，还对佳佳采取了循序渐进式的引导和教育。我耐心地鼓励佳佳从先尝一口，到多吃几勺，再到后来慢慢地增加饭量，其间每取得一点进步，都给予鼓励和支持。后来，有一天，佳佳竟然不需要我帮助就自觉地把豆粥喝完了。看到这一幕情景，我的心里有一种说不出的喜悦和激动。可能会有人说，为了班里一个孩子的一个小小的饮食习惯问题，值得付出那么多的精力和心血吗？我想，此时此刻，我真的相信，我所做的这一切都是值得的。

——摘自S老师的教育日志

（一）教师要关注幼儿生活习惯的养成

合理营养是健康的物质基础，平衡膳食是合理营养的途径。孩子的身体发育迅速，需要吸收多种营养物质，因此引导幼儿养成健康的饮食习惯，是幼儿园健康教育的重要目标，同时也是幼

儿园生活活动的重要组成部分。因此，教师应在生活活动中关注幼儿生活习惯，并关注生活习惯养成过程中的幼儿发展。案例中的教师正是因为敏感于幼儿的饮食习惯，并以养成良好的饮食习惯为己任，认真调查，仔细分析，合理设计，系统全面地开展了一系列饮食习惯养成的活动。因此，教师应耐心地看待幼儿生活习惯养成的过程，关注幼儿习惯养成过程中的一点一滴的进步。也正是教师的关注和关爱，使这名幼儿最终丢掉了不良的饮食习惯，逐步养成了良好的饮食习惯。

（二）教师要关注幼儿的生活情境和个体需求

“平等对待每一个幼儿”是尊重幼儿的具体体现之一，幼儿教师在幼儿园生活活动中，要做到“尊重幼儿的个体差异并满足不同幼儿的需求”，要多方面了解幼儿的生活和生长情境，并深入了解幼儿的成长需求和发展态势，针对幼儿的特殊需要循序渐进地开展生活习惯养成教育。如本案例中的幼儿因为家庭环境以及个人习惯和爱好等多种因素的影响，存在一定程度的不良饮食习惯，比如偏食、挑食等，案例中的教师正是出于对幼儿生活情境和个体需求的关注，在生活中时刻敏感于幼儿的生活表现，同时，受强烈的责任心和对孩子饮食习惯养成的负责态度的驱动，不仅全面细致地分析了造成佳佳不良饮食习惯的影响因素，同时采取了循序渐进的改良措施，使佳佳小朋友逐步改变了偏食的饮食习惯。

七、幼儿园散步活动中的教师职业道德

幼儿园的散步活动，不仅可以使幼儿做一些运动量不大的走步运动以帮助幼儿消化食物和锻炼身体，同时，也可以让幼儿通过观察户外的自然景色和生活中的一些科学现象，发现知识的奥秘和科学的神奇。因此，散步活动不仅可以使孩子获得身心的愉悦，同时可以拓展幼儿的经验，提高幼儿的认知水平。作为幼儿教师，要深入认识散步活动的教育价值，充分关注幼儿在散步活动中的表现，并将此作为重要的教育契机和教育资源，开展有意义的教育活动。

案例：

一天，我带领幼儿到幼儿园中的草坪上散步，孩子们仿佛受春天气息的感染显得非常高兴，一路上叽叽喳喳，议论不休。我也细心地观察、倾听孩子们的谈话。这时齐志红跑过来告诉我：“老师，何天池和吴浩诺趴在地上看西瓜虫。”他一说完，立即引起几个孩子的兴趣，有的甚至也跑过去看了。这时候何天池和吴浩诺已经把刚才在草丛中捉到的西瓜虫放在各自的手心上在看，于是全班幼儿的注意力一下子都集中到西瓜虫身上。看到幼儿对西瓜虫如此感兴趣，我决定临时调整计划，积极支持幼儿自发产生的探究活动。于是，我给孩子们提出了几个问题：“你们知道西瓜虫喜欢生活在什么地方吗？西瓜虫为什么叫西瓜虫？西瓜虫吃什么？是益虫还是害虫？”孩子们听着一下子有点呆住了，有的挠挠头说“可能它喜欢潮湿的地方，喜欢吃草”；还有的摇着头说“不知道”，我接着引导：“西瓜虫身上有很多秘密呢，不是简单地玩就能发现的，需要你们不断地动脑筋想办法，不断试验才能发现。老师希望你们能够把西瓜虫的秘密尽快告诉大家，有信心吗？”孩子们都大声说：“有！”看到孩子们这么有兴趣，我又适时提出要求：“现在，你们仔细观察一下西瓜虫，看看西瓜虫到底什么样子？”听我这么一说，孩子们更加来劲了，不一会儿，就有孩子围上来告诉我说：“西

瓜虫的头很小，肚子倒挺大的”“我发现西瓜虫有七对足”“西瓜虫的壳很硬，而身体很软”……于是，我鼓励孩子们把西瓜虫带回活动室继续观察、研究。回到活动室，我们为西瓜虫准备了一个家——一个空金鱼缸，并且在金鱼缸里放了一块石头，在上面加了个盖，把金鱼缸放在饲养角。孩子们围着金鱼缸议论着，他们主动探究的气氛异常热烈……①

（一）教师要关注幼儿的关注——关注幼儿发展

《幼儿园教育指导纲要（试行）》基于“以幼儿为本”的思想理念，提出幼儿教师要“以关怀、接纳、尊重的态度与幼儿交往”，成为幼儿心灵的倾听者和保护者。因此，教师要关注孩子的关注、好奇孩子的好奇。用一双敏锐的眼睛观察孩子在观察什么，用一颗敏感的心灵感受孩子在感受什么。在散步活动中，孩子经常边走边观察身边的事物，同时，孩子常常会在散步活动中发现一些新奇的事物和现象，比如一只小虫、一片树叶、一粒沙子等，教师应敏感于孩子在关注什么，为什么关注，怎样关注，等等。比如本案例中的孩子，在散步时发现了西瓜虫，孩子们对西瓜虫的兴趣和关注使案例中的教师敏锐地捕捉到了其中的教育契机，于是，教师将本来随意自在的散步活动组织成一个积极探索发现的科学活动，孩子们认真地观看、比较，相互之间交流着彼此对于西瓜虫的认识，带着对西瓜虫更多的关注和疑问，教师继续将这一探索过程延伸至活动室，同时也让孩子们把这种科学探索的精神运用在家庭活动中。因为教师对于教育情境的敏感和对孩子们表现的关注，使得一次普通的散步活动变得充满了教育性和趣味性，进而突出了散步活动中“生活即教育”的内涵。

（二）教师要坚持自己的坚持——注重保教结合

教师要坚持“保教结合”的重要原则并在生活活动中将这一原则很好地贯彻和落实。保教结合的主要内涵是指：幼儿园的保育工作和教育工作有着同等重要的地位；而且，保育和教育必须互相结合，互相联系，互相渗透。因为幼儿身心发展的特殊性，教师的工作任务不仅是在生活上给予幼儿精心照料和安全保护，同时也需要对幼儿进行必要的知识启蒙和能力培养。因此，对于幼儿园生活活动，教师不仅应充分关注其生活价值，同样还要关注其教育价值，并将幼儿园生活活动的重要资源作为教育活动资源，有针对性地开展有目的、有计划的教育活动，使生活活动和教育活动互相结合，互相渗透，共同促成幼儿身心健康的发展。如本案例中的散步活动，在教师“保教结合”的教育理念的支持和引导下，演变为对西瓜虫的科学探究活动。

第三节　幼儿园生活活动中教师职业道德素质的提升

《幼儿园教师专业标准（试行）》从坚持保教结合的原则、重视环境和游戏对幼儿发展的作用，以及充分利用各种资源实现家园共育等方面对幼儿教师的专业素养进行了规范。具体要求为：注重保教结合，培育幼儿良好的意志品质，帮助幼儿形成良好的行为习惯；注重保护幼儿的

① 摘自吴颖新：《幼儿教师的专业素养》，中国轻工业出版社，2012 年，第 134—135 页。

好奇心，培养幼儿的想象力，发掘幼儿的兴趣爱好；重视环境和游戏对幼儿发展的独特作用，创设富有教育意义的环境氛围，将游戏作为幼儿的主要活动；重视丰富幼儿多方面的直接经验，将探索、交往等实践活动作为幼儿最重要的学习方式；重视自身日常态度言行对幼儿发展的重要影响与作用；重视幼儿园、家庭和社区的合作，综合利用各种资源等。那么，在幼儿园生活活动中，教师如何做到坚持这些规范，并在工作中不断提升自我的职业道德素养？本节内容将从六个方面给幼儿教师职业道德素质的提升提供建议——坚守道德和法律底线，提升道德素质和法律意识；尊重幼儿人格权利，关注幼儿身心发展；坚持“保教结合”的育人理念；尊重家长需要，热情为家长服务；养成善于反思习惯，培养终身学习理念；坚守职业岗位，享受职业幸福。

一、坚守道德和法律底线，提升道德素质和法律意识

作为幼儿教师，在幼儿园生活活动中，要认真落实立德树人根本任务，做到爱岗敬业、细致耐心、潜心培幼育人。同时，要自觉学习《中华人民共和国宪法》《中华人民共和国教育法》《中华人民共和国教师法》《中华人民共和国未成年人保护法》《新时代幼儿园教师职业行为十项准则》等法律法规，并严格遵守这些规章制度，做到依法执教、依法育人。

二、尊重幼儿人格权利，关注幼儿身心发展

《儿童权利公约》强调儿童应该与成人平等共享相同的价值，平等共享相同的权利。同样，《幼儿园教育指导纲要（试行）》强调“幼儿园教育应尊重幼儿的人格和权利”。幼儿教师应当认识到，教育是帮助幼儿最终成长为成熟的、有责任感的、能正确地行使自己权利的合格社会公民，而不是把他们变成成人的奴隶或附属品。为此，幼儿教师应充分尊重幼儿的生存权、发展权、受保护权和参与权，并在幼儿园生活活动中坚持贯彻和执行。同时，幼儿教师要做到“尊重幼儿人格”，即将幼儿视为平等的人格主体予以尊重。幼儿不仅仅是被保护和教育的对象，而且是具有积极性和主动性的“权利主体”。教师应当热爱幼儿，尊重幼儿人格，理解、尊重并保障幼儿参与和自身有关的一切活动并发表自己意见的权利，让每一个幼儿愉快地、有尊严地度过童年生活。

幼儿教师要关注幼儿身心健康发展，做到在幼儿园生活活动中严格执行幼儿园一日生活作息制度，保证幼儿休息和户外活动的时间与质量，保证幼儿膳食结构合理，帮助幼儿纠正偏食、挑食、多食、少动等不良饮食和生活习惯等。同时充分考虑到幼儿的心理特点，注重幼儿的心理感受，关注到幼儿的心理需求，并及时和幼儿家长沟通联系，一起帮助幼儿解决心理问题，维护幼儿心理健康。

三、坚持“保教结合”的“育人”理念

“保教结合”是幼儿园教育的基本原则，对于幼儿园教育来说，它必须把促进儿童的身体健康与养成儿童的生活卫生习惯，以及自理能力的养成放在与儿童的知识技能学习和智力发展同等重要的位置。无论是《幼儿园工作规程》，还是《幼儿园教育指导纲要（试行）》和《国务院关于当前发展学前教育的若干意见》，都明文规定幼儿园必须坚持“保教并重”的基本原则。对于幼儿教师来讲，在幼儿园生活活动中，要坚持做到：首先，要真正理解保教结合的含义，深刻理解保教结合就是要保护幼儿安全，安排好幼儿一日生活，做好幼儿的疾病预防和膳食营养工作，

培养幼儿良好的生活卫生习惯和良好的道德品质，帮助幼儿积累各方面的经验，发展幼儿各方面的能力。其次，幼儿教师需要精心设计和安排幼儿的生活活动，将保教结合具体落实到日常生活活动之中，真正做到保教结合，相互渗透。再次，教师应充分发挥“生活即教育”的理念，充分挖掘幼儿园生活活动的教育价值，做到“保中有教”。最后，幼儿教师还应该注意和保育员以及幼儿家长的协调、配合，才能更好地将保教结合原则贯穿于幼儿园教育的方方面面。

四、尊重家长需要，为家长提供科学育儿宣传指导

《幼儿园教师专业标准（试行）》提出：重视幼儿园、家庭和社区的合作，综合利用各种资源。作为幼儿教师，在幼儿园生活活动中，要做到尊重幼儿家长，热情为家长服务，使幼儿园教育和家庭教育形成合力，共同促进幼儿的健康成长。教师要在充分关注和了解幼儿家长的基础上，做到尊重每一位幼儿家长，对所有家长一视同仁。不可因为幼儿的发展水平和独特表现，戴着有色眼镜对待幼儿家长，对于家长不适当的教养行为，应以教育和引导为主，不可以训斥、指责的口吻和家长沟通。教师应主动了解家长教养的需要和对幼儿发展的认识，以多种方式与家长联系沟通，采取发放宣传册、开家长会、建立微信群、电话告知等方式积极宣传健康科学的生活与教育理念，争取家长对幼儿园生活活动安排的支持与配合。在幼儿园生活活动中，教师还应认真听取家长对于幼儿园保教工作的意见和建议，并帮助家长形成正确的教养观念。

五、养成善于反思习惯，培养终身学习理念

“反思的最重要作用是能够促进教师的思考，使之更自觉地把理论和实践相结合，更理性地认识自己的教育实践”①。教师应在幼儿园生活活动中养成善于反思的习惯，回顾和反思教育实践，是深入思考的过程，是发现问题的过程，是总结经验的过程，也是自我成长、修养身心的过程。养成善于反思的习惯可以帮助幼儿教师更好地开展生活活动，提升保教工作水平和专业化水平。

教师要培养终身学习的理念，《幼儿园教师专业标准（试行）》的基本理念之一即是终身学习，要求教师要“学习先进学前教育理论，了解国内外学前教育改革与发展的经验和做法；优化知识结构，提高文化素养；具有终身学习与持续发展的意识和能力，做终身学习的典范”。幼儿教师在一日生活活动中，做到不仅要向书本学习，养成良好的读书习惯，提高自身的教育观和儿童观，同时还要积极向同行学习，通过同行间的相互学习，可以帮助解决生活活动中遇到的突出问题，更好地积累个人的工作经验。同样重要的是，教师还要向孩子学习。有人说孩子是哲学家、艺术家和科学家，他们探索世界的专注和热情，丝毫不比我们差，他们对艺术的敏感和领悟，比我们更自由和解放，他们的淳朴和善良，足以让我们内心感动，心内开花，教师在生活活动中要向孩子们学习，做一个专注的、热情的、坦荡的、美妙的、有规则的人。

六、坚守职业岗位，享受职业幸福

坚守职业岗位是指要做到爱岗敬业，这是一种奉献精神，是一种平凡之中的伟大。一名爱岗

---

① 引自冯晓霞：《新〈纲要〉与幼儿教师的专业成长》，见《〈幼儿园教育指导纲要（试行）〉解读》，江苏教育出版社，2002 年，第 216 页。

敬业的教师在生活活动中应做到，首先要有责任感，全身心投入到幼儿的一日生活活动中，真正做到关爱每一位幼儿。发自内心的做人准则和道德标准，会自觉约束教师的不端行为并促成其积极行为。同时，教师要有职业敬畏感，一个从内心对自己的工作产生敬畏的人，面对幼儿园生活活动中要做的事情，会以积极的态度和满怀的热情去对待。幼儿教师还需要具有强烈的敬业精神，并对自己的职业有目标、理想和规划，这是幼儿教师做好教育工作的思想助推器，会让幼儿教师产生不受营利性动机驱使的奉献精神。同时幼儿教师还要有职业荣誉感和自豪感，以自身职业为荣，充分享受职业带给他的幸福感、满足感和生命的价值感，并最终将教师的敬业精神转化为自觉的专业意识，并从内心深处将教师职业当作一种幸福和崇高的事业。

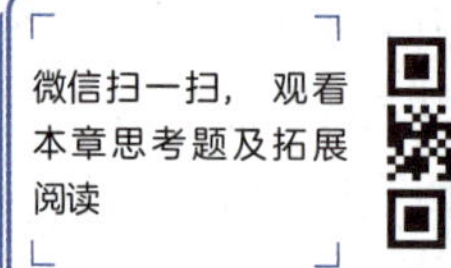

微信扫一扫，观看本章思维导图及学习目标

第五章 幼儿园游戏活动中的教师职业道德

一定职业群体的道德修养只有通过其职业实践场景中的具体行为才可得到最充分的展示。作为幼儿园教育教学实践的基本途径或活动形式，游戏活动的组织与指导是幼儿教师履行其教育职责的基本工作内容，自然与幼儿在园生活活动的指导、集体教学活动的开展一样，同是教师践行其职业道德与专业规范的重要实践场景与依托。当然，因游戏活动对于幼儿发展的特殊意义以及在师幼互动方式上的特定要求，特别是对于教师组织与指导行为的科学化与专业性要求，幼儿园游戏活动的过程与现场势必承载着对于教师职业道德的特殊诉求和具体行为规范。

第一节 幼儿园游戏活动作为教师职业道德的践行场景

游戏活动作为幼儿园教育的一种基本活动形式，是确保和促进幼儿园教育适宜于幼儿发展特点与需求的重要实践环节。《新时代幼儿园教师职业行为十项准则》明确要求教师应“遵循幼教规律”，“循序渐进，寓教于乐”。《幼儿园教师专业标准（试行）》明确将“游戏活动的支持与引导”列为幼儿园教师应具备的一项重要专业能力。游戏活动成为幼儿园教师职业道德的价值实现及行为规范践行的重要场景。

一、游戏活动：幼儿园教育活动的基本形式

1. 游戏是幼儿的基本活动

游戏作为幼儿的一种活动，既表现为有表情、言语、动作，乃至角色表演、玩具操作等外在而直观的行为表现，又同时伴随有自主、满足、幻想、兴趣等特定内在主观体验的心理过程。

一般而言，幼儿游戏具有如下一般特点：①游戏是自主自愿的活动，而受儿童自我的需要和内部的动机而驱动。因此，幼儿在游戏中不必为外部的要求或奖赏而担忧。②游戏是在假想的情景中反映周围的生活，并常表现为假装或扮演的形式再现儿童关于生活的印象和经验。③游戏是手段重于结果的活动。幼儿参与游戏注重的是对于游戏过程的体验，而不会在意实用的结果的好

坏。在这个意义上，游戏活动具有超功利性的特点。④游戏伴随着愉悦和满足的情绪情感体验，幼儿游戏时也因此时常表现出身心投入的积极状态①。一般认为，在游戏活动所能表现出的多种特点中，最能集中地反映出幼儿在游戏活动中的实际身心状态的是游戏的自主自愿性。

对于游戏与幼儿的关系而言，游戏是幼儿的基本活动。对此，可从两个方面去理解：其一，游戏是幼儿在一日生活中除去满足基本生存需要的活动（饮食、睡眠等）之外，自然发生的频率和持续时间最多的活动。其二，游戏是对于幼儿身心发展具有重要而深刻影响的活动。游戏既适合于幼儿身心发展的水平与特点，又实际促进着幼儿身体、认知、情感、社会性等身心各方面全面而和谐地发展。

游戏对于幼儿身心发展的促进作用是自然而全面的，并主要表现在如下几个方面②。

游戏促进幼儿体能的增强。幼儿在游戏中因其有身体运动的参与和具体动作的操作，而获得大肌肉活动和眼手协调活动的机会，有助于幼儿运动能力、动作技能的发展，促进着生理能量的新陈代谢和机体的生长发育。幼儿在游戏中也因接触外界自然如阳光、空气、水等因素的充分，而有助于环境适应能力和免疫能力的提高。

游戏促进幼儿智能的发展。游戏中对于玩具等各种材料的探究与操作，丰富着幼儿对于周围环境和客观事物的认识；游戏中的语言表达也自然促进着幼儿语言的表达与交流能力的发展；游戏中的材料建构和角色表演为幼儿想象力的释放提供了开阔的空间，并对于幼儿思维的发散性和创造性品质形成具有促进作用；游戏中对于问题的探究与困难的解决，也为幼儿提供着集中注意力、积极思维等认知能力运用和锻炼的机会。

游戏促进幼儿社会性品质的形成。幼儿在游戏中与同伴结成真实的玩伴关系和虚拟的角色关系并彼此交叠，为幼儿的社会认知、情感与行为的发展提供了良好的人际关系和社会背景。如幼儿在游戏中因玩具和角色的分配或轮换，易于形成合作、协商、分享等社交的技巧；因对于游戏规则的约定与遵守，而形成对于公平思维和秩序意识的早期觉醒与萌芽；也会因多样角色扮演的体验而逐渐在去自我中心化的过程中，学会理解他人或他人的立场等。

游戏促进着幼儿情感的丰富。游戏中不同角色的喜怒哀乐可以让幼儿拥有充分的机会去体验不同的情绪和情感；游戏表演对于角色的逼真模拟和玩具形象的观察与欣赏，以及搭建组合不同玩具材料的操作，促进着幼儿审美情感的表达与体验；游戏中既有积极情绪情感的展现，也会有消极情绪的宣泄与释放。

2. 游戏活动是幼儿园教育活动的基本形式

基于游戏是幼儿的基本活动，特别是游戏对于幼儿身心特点的适宜性和对于幼儿发展的重要意义，游戏活动便应成为幼儿园教育活动的基本形式。我国《幼儿园工作规程》规定：幼儿园教育工作的原则之一就是“以游戏为基本活动，寓教育于各项活动之中”。并明确指出：“应当将游戏作为对幼儿进行全面发展教育的重要形式。”《3—6 岁儿童学习与发展指南》也提出：要珍视游戏和生活的独特价值，合理安排一日生活，支持和满足幼儿通过感知、操作和体验而获得经验的需要。《幼儿园保育与教育质量评估指南》强调需关注“教育过程”的质量提升，以“旨在促进幼儿园坚持以游戏为基本活动，理解尊重幼儿并支持其有意义地学习”。

① 丁海东：《幼儿园游戏与指导》，高等教育出版社，2013 年，第 23—24 页。
② 丁海东：《学前游戏论》，山东人民出版社，2001 年，第 81—99 页。

游戏活动一经进入有组织、有计划的幼儿园教育实践体系，便不再是纯粹的自然的游戏活动。可以说，幼儿园游戏活动是幼儿园教育实践的一项基本任务与活动形式。它是由幼儿教师根据幼儿年龄特点和一定的教育目标，通过创设和提供包括时间、空间和材料等适宜的活动条件，并对于活动过程予以适当指导等，以促进幼儿身心全面而和谐地发展而组织和开展的各项游戏活动的总和。幼儿园游戏活动是幼儿园教育把游戏作为幼儿学习与发展的基本途径与方式，贯彻和落实以游戏为基本活动的原则，充分发挥和实现游戏对于幼儿身心发展独特价值的一项重要工作与任务。

按照幼儿园不同游戏活动基本特性的差异，幼儿园游戏活动可以分为创造性游戏和有规则游戏两大类型。其中，创造性游戏有角色游戏、结构游戏和表演游戏等，这一类游戏具有较突出的想象性特征和发挥创造性的较大空间，而有规则游戏具备明确的规则要求，往往需要有同伴共同参与并带有竞赛性质，按照教育作用的不同，又包括有智力游戏、体育游戏、音乐游戏等形式。

幼儿园游戏活动按照组织形式的不同，还可分为教学游戏与自选游戏两种不同的形式。教学游戏是指在常规集体教学活动中作为教学手段或工具的游戏。这种游戏是为了完成和实现具体的教学目标或特定的教学任务，往往由教师预先设定或编制并在过程中予以较高的控制。如在复习或巩固“10 以内加减运算”能力的大班教学中，将幼儿进行分组而开展的抢答竞赛游戏。自选游戏主要是指在幼儿自由自主的活动环节中由幼儿根据自己的愿望和需要而自发参与和开展的各种游戏活动。实际上，自选游戏可以发生在幼儿在园可以自由支配的任何时间和空间里。自选游戏是尊重幼儿的经验与愿望，满足幼儿自主体验和个性发展的需要，确保幼儿在园可以获得快乐而健康的成长体验的游戏活动形式。

在一定意义上，作为集体教学手段的教学游戏，实际上是属于教学活动的范畴，而自选游戏才是真正属于幼儿自己的游戏。因在本书第三章中，关于集体教学活动中的幼儿教师职业道德已有专门论述，本章中关于幼儿园游戏活动中教师职业道德的探讨，主要是指自选游戏活动中的教师职业道德。

二、幼儿园游戏活动作为教师职业道德践行场景的意义

幼儿园游戏活动是幼儿教师履行其职业道德的重要实践场景。游戏活动作为一种不同于生活活动与教学活动的幼儿园教育活动形式，因其特殊的活动性质与结构，以及与幼儿生活与发展的密切关联，乃至在幼儿园教育整个实践体系中的特殊地位，对于幼儿教师践履其职业道德及具体行为规范具有特殊而重要的意义。

1. 游戏活动中平等的人际关系与规则遵守，强化着幼儿教师职业道德追求民主平等的价值内涵

游戏活动中，参与者之间的关系是合作而平等的玩伴关系。特别是幼儿园自选游戏的活动场景中，面对一个具体的游戏活动，儿童是否参与，贯穿着自主自愿的原则。一经参与，所有游戏的参与者，都没有允许违反游戏秩序与具体规则的例外，否则便会被排斥或游离于游戏活动的实际过程之外。幼儿教师对于游戏活动进行合理而适宜的组织与指导，无论是作为旁观者的指点，还是作为游戏者或者作为其中一个游戏角色而发挥自身的影响，都需以维护游戏中儿童的兴趣、自主意识，以及其中人际关系的平等局面和具体活动秩序与游戏规则的遵守状态为前提，并身体力行地表现出对于游戏中的幼儿最大限度的顺应与尊重。由此，幼儿教师在组织与指导游戏的活

动过程中所践行着的教育职责及其道德规范便被赋予民主、平等的价值内涵。

2. 游戏活动中幼儿的自主发展和快乐学习，赋予幼儿教师职业道德的履行以寓教于乐的教育职责

游戏是幼儿表现自我力量和实现自主愿望的基本活动表现，并由此构成为幼儿快乐体验和自主学习的基本方式。幼儿教师须为游戏活动中幼儿能充分而自由地参与并投入做设计，要将教育的意图自然地融入活动条件的创设，如空间的巧妙布置、自主时间的合理安排、有效材料的精心提供、活动常规的制定与执行等之中，同时在幼儿参与游戏的活动过程中，表现出对于幼儿情绪情感表现的足够接纳、肯定与支持，最大限度地让幼儿的兴趣感、成就感、自主感、愉悦感得到充分的释放与表达，使得幼儿学习与发展的任务以一种生动而有趣的游戏形式得以完成。幼儿教师践行其职业道德与专业规范的过程，体现在游戏活动的组织与指导过程中，就是以自身实际的行动与态度，确保幼儿在园一日生活中拥有快乐与健康的体验，追求在寓教于乐的教育形式中，实现幼儿生动活泼的学习与全面而和谐的发展。

3. 游戏活动以其对于幼儿学习与发展的适宜性，赋予幼儿教师职业道德的践行以强烈的专业性特质

游戏作为幼儿的基本活动，是最适宜幼儿年龄特点的发展途径与学习方式，并满足和支持着幼儿通过感知、操作和体验而获得经验的学习需求。幼儿园游戏活动的组织与开展，最集中地反映出学前教育尊重儿童发展规律和适宜于儿童学习特点的实践要求，并蕴含着幼儿园教育的专业性发展的方向性要求，从而有助于推动幼儿园保教工作的科学开展与质量提升。在幼儿园游戏活动的教育实践中，教师秉守并履行其职业道德的过程，必然同步于贯彻和落实顺应幼儿年龄特点及其独特学习方式的过程，体现学前教育“在玩中学”“在行动中学”、在操作中学、在交往中学、在情境中学习的科学性原则与专业化要求，从而让幼儿教师的职业道德承载着浓郁而厚重的专业性特质。正是在这个意义上，幼儿教师职业道德的内核，其实就是一种专业的道德，并在具体内容上表现为一套特定的专业规范体系。

4. 游戏活动是对于儿童游戏权益的保障与实现，让幼儿教师职业道德的践行承担着捍卫儿童权益的现代使命

关于游戏是幼儿的基本活动，并在其发展中产生着重要的价值，已被现代科学研究所一再证明。基于游戏与童年生存、儿童发展的这种密切关系，承认儿童具有游戏权，已经成为现代科学的儿童观的基本立场。《儿童权利公约》规定：“儿童有权享有休息和闲暇，从事与儿童年龄相宜的游戏和娱乐活动”，由此明确提出儿童的游戏权。现代文明背景下的儿童权益观包含着对于儿童游戏权利的充分尊重。履行教师的职业道德，行使教师的专业规范，科学开展幼儿园游戏活动的实践，是保障和实现儿童游戏权利的行动体现，让幼儿园教育成为捍卫童年价值与保障儿童权益的实践阵地。

5. 游戏活动作为纠治幼儿教育弊病的实践策略，让幼儿教师职业道德的践行成为对于科学保教信念的坚守

基于幼儿教育现实中存在的诸多非专业性的不足与误区，打破那种单纯依赖于集体灌输而忽略自主探索、过分倚重学科识记而缺少内部情趣关注的偏狭与片面，在幼儿园游戏活动中，教师职业道德的实践就在于尊重幼儿游戏的天性冲动和情感意愿，贯彻幼儿活动与学习的自主性、情

境性、体验性与童趣化的原则，追求幼儿全面、和谐而健康的身心发展，这必将有助于克服与消除早期儿童教育教学中的“小学化”“成人化”等诸多弊端。《新时代幼儿园教师职业行为十项准则》强调教师“不得采用学校教育方式提前教授小学内容，不得组织有碍幼儿身心健康的活动”。可以说，幼儿园游戏活动中教师职业规范与道德要求的践行，就是完成对于学前教育的专业立场与科学信念的秉守与坚持。

第二节　幼儿园游戏活动对于教师职业道德的基本诉求

幼儿园游戏活动的教育实践蕴含着对于幼儿教师职业道德的特定诉求。这种诉求必然有针对性地聚焦于对于幼儿园游戏活动这一特定教育实践的专业化开展。可以说，游戏活动对于幼儿教师职业道德的基本诉求，一方面，表现为幼儿教师需要树立并坚定关于游戏及游戏教育的基本职业观念；另一方面，就是游戏活动科学而合理的教育实施及其教师行为的专业化要求。

一、幼儿园游戏活动对于教师职业道德的观念诉求

游戏活动的幼儿园教育实践需要教师在其职业的道德信念上，树立儿童在游戏活动中的主体地位观、现代化的儿童游戏权益观和游戏对于学前教育教学的独特价值观。

1. 游戏主体观：儿童是游戏活动的自由主体

幼儿教师的工作对象是处于生命之初成长中而身心各方面均尚未成熟的儿童，同时每一个具体的儿童又是独立的生命个体，有着丰富的情感诉求与心灵世界。幼儿教师必须要富有爱心、关怀幼儿、呵护童心、尊重儿童人格。关爱儿童与尊重儿童，可以说是幼儿教师从事幼儿教育事业所必须具备的最基本的道德素养与要求。

在幼儿园游戏活动的实践场景中，教师对于儿童的关爱与尊重，就是对于幼儿在游戏活动中作为游戏主体的自觉意识与充分尊重。教师对于幼儿在游戏中主体地位的维护与尊重，是确保自身对于游戏活动的组织与指导的合理性与适宜性的基础与前提。树立并坚守幼儿在游戏活动中的主体观念，把幼儿视为游戏活动的主人，充分尊重幼儿在活动中的需要与兴趣，给予幼儿充分施展想象与表达情绪情感的空间与机会，是教师在幼儿园游戏活动中应具备的基本职业立场与道德信念。

幼儿教师树立科学的游戏主体观，就是充分认识到幼儿游戏的主动性、独立性与创造性①。

（1）游戏是幼儿主动的活动。游戏是儿童主动的而非被动的活动。游戏活动的动机来自儿童本身，而非来自外部的命令或要求。因此，游戏着的幼儿，身心总是处于主动积极的状态。

（2）游戏是幼儿独立活动的基本形式。幼儿在游戏活动中，按照自己的主体地位，决定对活动材料、伙伴、内容的选择，决定对待和使用活动材料的方式方法，自己决定玩什么，和谁玩以及怎么玩。

（3）游戏是幼儿的创造性活动。游戏中，儿童拥有考虑手段与目的联结的多种可能性的自由，

---

① 刘焱：《幼儿园游戏教学论》，中国社会出版社，2000 年，第 93 页。

儿童可以按照自己的愿望与想法来使用玩具与游戏材料，再现与回味自己关于生活的印象与经历，发挥自己独特的想象与创造。

幼儿教师只有秉持幼儿是游戏主体的基本立场与观念，才会在游戏活动的组织与开展中，自觉维护并支持幼儿活动时的独立、自主与创造，充分肯定幼儿的兴趣、需要与能力，从而切实展现并履行关爱儿童心灵世界、尊重儿童独立人格、顺应儿童能力差异的职业态度与道德修养。

幼儿教师的专业化发展与职业素养的提升，必须贯彻着以幼儿为本的基本理念。正如我国《幼儿园教师专业标准（试行）》中所指出的“以幼儿为主体，充分调动和发挥幼儿的主动性”。可见，确立并坚持游戏主体观念，既是游戏活动本身及其活动属性的客观要求，也是教师职业道德修养的专业化要求。《标准》在关于教师“专业理念与师德”的规定中，具体提出：幼儿教师应当“信任幼儿，尊重个体差异，主动了解和满足有益于幼儿身心发展的不同需求”。把幼儿视为游戏活动的主体，就是对于幼儿游戏中的自主学习与个体差异的充分信任与尊重，并追求对于幼儿游戏需求的多样化满足。

2. 游戏权利观：游戏是现代儿童的基本权益

当今人类社会，诸多的事实表明，儿童的游戏权正在为人们所关注。第 44 届联合国大会第 25 号决议通过的《儿童权利公约》，是第一部有关保障儿童权利且具有法律约束力的国际性约定。该权利公约第 31 条规定：“缔约国确认儿童有权享有休息和闲暇，从事和儿童年龄相宜的游戏和娱乐活动，以及自由参加文化和艺术活动。”这一对于儿童游戏权予以确认的规定，即直接源于现代人们越来越重视儿童游戏权利的意识趋向，特别是国际社会为推动这种权利的保障所进行的长期努力和呼吁。如早在 1959 年的《儿童权利宣言》，就已明确地提出：儿童应有游戏和娱乐的充分机会，社会和公众事务当局应尽力设法使儿童得享此种权利。其后，“国际儿童游戏权利协会”（International Play Association，简称 IPA）于 1961 年在丹麦成立，以便为推动和促进各成员国保障儿童游戏权利的工作开展提供交流的国际平台。1979 年该协会发布《儿童游戏权利宣言》，专门就保护儿童游戏权利的事宜向国际社会发出宣告，并就政府当局为保障本国儿童的游戏权利在相关社会工作和公共服务中所应当履行的职责，联合各成员国家或地区共同作出明确的承诺。现代社会从人权层面和法理精神上对于儿童游戏权的确认，当属人类文明自人类诞生以来极具突破性的一个开创。它彻底颠覆了传统文化中曾一直禁锢着人们头脑的游戏罪恶论和游戏无益论，并喻示或象征着人类在追求自身解放道路上迈出了坚定的一步。

倡导并保护儿童的游戏权利，对于社会文化发展的意义或价值就在于①：

其一，它是现代社会文化体系和谐构建的需要。儿童自由参加游戏以及娱乐、休闲、艺术等活动的过程，不仅是儿童对文化的充分享受与体验，更是儿童对文化的表达和自主创造，并借此而成为人类整体文化中的有机组成，而且还是充满着勃勃生机和未来象征意味的组成。恰如有人所断言的，“文化一旦离开了游戏，必将陷入衰败的危险境地。”②保障儿童的游戏权，势必有助于构建一种和谐的文化体系，并导引一种健康的生活方式及氛围。在现代技术理性文明背景下，倡导儿童的游戏权更是具有一种历史的紧迫性。伴随现代科学与技术力量的迅速发展与扩张，现

① 丁海东：《儿童游戏权的价值及其在我国的现实困境》，《东北师大学报》（哲学社会科学版），2010 年第 5 期。

② 毛曙阳：《关于游戏的哲学思考及其教育启示》，《学前教育研究》，2010 年第 1 期。

代人越发被推向一个快节奏、高竞争的生活轨道，当对于效率与功利、实用与便捷的追求成为一种生存的常态，带有浪漫主义色彩和丰富想象力发挥的童年游戏及文化，似乎也越发沦为一种落伍的奢侈并遭遇被边缘化。

其二，它是保障儿童拥有童年生活权利的需要。保护儿童的游戏权，就是保护儿童的精神世界，免遭成人社会及其现代技术理性和功利化的宰制和挤压，从而确保儿童在一种和谐的文化体系和社会背景中，安全地享有真正的童年生活和快乐成长的体验。从这个意义上说，儿童的游戏权利在多大程度上被人们所关注，既意味着一定社会文明及其文化的发展所达到的水准，也标志着人类自我追求自由与解放的实现程度。儿童的解放应当是人类解放事业的应有之义和重要组成。

幼儿教育工作，是儿童发展与儿童文化事业的重要组成部分。尊重儿童的权益是幼儿教师职业道德要求中的基本内容。幼儿教师应当是倡导和保障儿童游戏权益的先知先觉者和实践者，应当将儿童的游戏权，看成是与儿童的生存权、发展权、受教育权同样重要的一项权益。在幼儿园游戏活动的教育实践中，幼儿教师对于儿童权益的尊重，最主要的就是承认儿童具有游戏权，将游戏作为幼儿的基本活动予以对待，并为幼儿游戏活动的开展创设和提供有利的条件，以切实保障幼儿游戏权益的实现。可以说，树立儿童的游戏权利观，是游戏活动教育实践对于教师职业理念与师德素养的基本要求。

幼儿教师树立起坚定的儿童游戏权利观，不仅仅在于游戏对于儿童发展与教育教学作用的专业性认知，更源于儿童游戏权益的实现对于社会发展与文化进步的深刻意义。幼儿教师的职业道德因其对于儿童游戏权利的观念要求，表明或体现着幼儿教师这一职业及其道德职责对于社会文明的进步与发展担当着超越于教育教学的公共职责。

3. 游戏教育观：游戏的发展价值与教育价值

我国《幼儿园教师专业标准（试行）》提出，幼儿教师应“重视环境和游戏对幼儿发展的独特作用，创设富有教育意义的环境氛围，将游戏作为幼儿的主要活动”。这是对于幼儿教师职业道德在“幼儿保育和教育的态度与行为”上的具体要求之一。它反映的是幼儿园游戏活动对于教师所应持有的专业立场和职业道德的基本诉求，即树立正确的游戏教育观。在幼儿园游戏活动的教育实践中，教师以什么样的思路与方式来进行组织与指导，履行其教育者的职责，其背后的根本观念是具有什么样的游戏教育观。树立科学的游戏教育观，既是对于幼儿教师职业道德的观念诉求，更是确保幼儿园科学开展游戏教育活动的观念前提。

所谓游戏教育观，主要指人们基于游戏对于儿童身心发展影响的认知，进而对于游戏在教育实践中的价值与地位所持有的态度与认识。它包括游戏与儿童及其身心发展的关系认知，即游戏的发展价值观，也包括游戏与儿童教育教学的关系认知，即游戏的教育价值观。

作为幼儿教师职业道德有机构成的现代游戏教育观，应当包括如下两个基本方面。

其一，游戏是幼儿和谐而健康发展的需要。越来越多的心理科学研究已一再证实，游戏不仅在主观上为幼儿所需要，更客观地在幼儿体能、认知、情感、社会性等诸方面身心素质发展中发挥巨大作用，而与教育促进个体发展的目的相统一。倘若说，游戏对于成人也许是意味着工作之外的一种休闲和消遣，并可达到协调身心的效用；而对于儿童，特别是年幼的幼儿，游戏就是一种“工作”，就是一项基本的活动，是幼儿成长过程中不可或缺的一种生活的必需经历或经验。幼儿游戏的需要在多大程度上得以满足和实现，意味着幼儿的发展在多大程度上是和谐的，而不是残缺的；是健康的，而不是异化的。

其二，游戏是现代幼儿教育的人本化发展的需要。游戏是幼儿的天性，是幼儿自主表达和需要获得满足的活动内容与方式。学前教育的人本化程度实现于教育对于儿童的天性、自由与愿望的关注和尊重。因此，尊重与保障儿童的游戏权，以游戏为基本活动应当是现代幼儿教育的基本职责。游戏的自主自发性以及幼儿自我愿望的表达和释放，也正可弥补和矫治现代科学主义影响下的教育之弊端：过分功利化地关注幼儿对于外在影响与信息的接纳量的多与少，而漠视甚至排斥幼儿自己内心愿望的表达和真实体验的过程。关注幼儿游戏的兴趣与需要，将游戏作为幼儿园一日生活中的基本活动，为幼儿游戏的行动参与和心理体验提供机会以及切实的时空条件，让游戏与教学彼此融合，势必有助于现代儿童教育摆脱与克服成人本位和社会本位的功利化弊端，并回归童年的诗意与灵性。

可以说，正确树立游戏的发展价值观和教育价值观，充分认识游戏对于儿童身心和谐而健康发展和现代儿童教育实践及发展的意义，表达着教师职业道德对于游戏童年所应坚守的敬畏、尊重与顺应，也承载着教师职业道德对于教育以人为本、以儿童为本的伦理态度与取向。

二、幼儿园游戏活动对于教师职业道德的行为诉求

在幼儿园游戏活动的教育场景中，教师职业道德的履行必然同步并贯穿于教师对于幼儿游戏活动组织与指导的各项任务中。幼儿园游戏活动的教育实践，首先要为幼儿创设开展游戏的良好环境和条件，进而做好游戏开展的各项组织工作，拟订开展游戏的计划，最后还要适当地进入幼儿的游戏活动过程，在尊重幼儿愿望与兴趣的基础上，予以合理的引导与启发，以促进幼儿游戏活动向着正确的方向发展，实现学习与发展的适宜性目标。同时，既为了能够了解幼儿的发展与经验，也为了有针对性地教育指导，还要做好对幼儿游戏的观察与评价。

幼儿园游戏活动教育具体实施的基本环节和任务，既是作为幼儿教师履行其职业道德的实践依托，也是游戏教育实践对于幼儿教师职业道德的行动要求。幼儿教师对待教育职业及其具体工作的敬业态度与负责精神，指向幼儿及其身心发展的尊重立场与关爱之情，乃至针对幼儿活动行为的支持、鼓励与帮助的职能履行，以及诸多实践环节中所需要的耐心、细心、严谨、认真的专业意识等，均体现于游戏活动教育实施的整个行动过程中。

微信扫码，观看授课视频《精心创设幼儿园游戏的环境与条件》

1. 精心创设幼儿园游戏的环境与条件

在幼儿园创设良好的环境及条件是科学、全面地开展幼儿游戏活动的前提和基础。《幼儿园教师专业标准（试行）》指出，教师应“提供符合幼儿兴趣需要、年龄特点和发展目标的游戏条件”。创设和提供游戏的环境及条件，实质上是教育者将教育意图客体化于环境之中，以潜在影响和间接方式引导儿童的行为和活动。教师应将游戏环境及条件的提供和创设作为有效促进游戏的开展、影响幼儿的游戏行为、促进其身心发展的重要途径与手段。

创设学前游戏的环境和条件应主要包括以下几个方面。

(1) 创设安全有效的游戏场地。游戏场地的创设包括室内游戏场地和室外游戏场地的创设。

为了满足和鼓励儿童经常开展游戏特别是自选游戏，可在室内设较稳定的游戏区、游戏角或兴趣中心，如娃娃家、建构区、阅读区、角色区、美工区等。各游戏区有各种各样的适合婴幼儿身心发展的游戏材料、玩具和其他设备并注意在一定时期里进行变更，使儿童感到新鲜有趣，以丰富游戏的内容，提高儿童游戏的兴趣。

室外游戏场地是儿童运动量较大的活动得以开展的主要场所。所以，一般而言，场地宜开阔，玩具设施安置疏密合理，以不妨碍儿童奔跑活动为原则。场地上设置的设备、材料、用具等能促进儿童大小肌肉、身体各部位机能的全面和协调发展。室外场地上除有体操区及一般运动区外，还可设有沙水区、种植区、饲养区等。无论是室内还是室外，游戏场地环境和一切设施以及游戏过程都要排除任何危险因素的存在。安全的游戏场地是使儿童免受社会环境中一切危险因素影响的地方。

（2）选择和提供适宜的玩具及游戏材料。游戏是儿童最正当的行为，玩具是儿童的天使。玩具和游戏材料是游戏活动的重要物质条件，具有促进儿童身心发展的教育价值。幼儿园应当为幼儿提供适宜的玩具和操作材料，以支持幼儿在游戏活动中的自主选择和充分操作。

一般而言，玩具和游戏材料的选择和提供应符合下列标准：

- 具有促进幼儿发展的教育性；
- 具有符合幼儿年龄特点的适宜性；
- 具有符合审美要求的艺术性；
- 具有符合保健要求的安全性；
- 具有功能多样的操作性；
- 具有简易耐用的经济适用性。

幼儿教师要充分利用现有的环境素材和资源，为幼儿提供可以通过感知、操作和体验而获得有益经验的条件，以保证幼儿游戏的顺利开展，发挥玩具及活动操作材料的教育作用。《幼儿园教师专业标准（试行）》提出：“合理利用资源，为幼儿提供和制作适合的玩教具与学习材料，引发和支持幼儿的主动活动。”

（3）营造温和、安全、愉快的心理氛围。健康、活泼生动的游戏活动的开展，有赖于良好心理氛围的营造。儿童只有在轻松、愉快的精神状态下，才能够积极、主动地参与到游戏中去，进行全身心投入游戏中的想象和创造。为此，必须为儿童创建和谐、民主、平等、合作的良好人际关系，让儿童具有温和、安全、信任的心理体验，并享受到在集体中友爱、互助、合作的快乐和满足。

为创建游戏的良好心理氛围，必须建立和谐的师生关系和儿童与儿童之间的伙伴关系。教师要在教育过程中，热爱儿童，关心、体贴、爱护每一个儿童，让孩子感到教师的温和，产生安全感。教师对幼儿的要求要适度，不要让幼儿感受到压力，让儿童获得可以自己拥有选择和充分自由体验的机会。

2. 合理安排游戏的活动制度，确保幼儿游戏的时间与机会

以游戏为基本活动，把游戏作为实施幼儿园教育的重要途径，是幼儿园教育工作的一项重要原则。在幼儿园教育工作计划的拟定中，要使游戏落实到每天的教育活动里面。要从整体观念出发，与集体教学活动和其他活动统一安排，确定自选游戏与教学游戏——特别是自选游戏——在整个教育日程中的位置，分配有充分的时间。教育部《幼儿园保育教育质量评估指标》（2022）中明确强调：必须确保幼儿每天有充分的游戏时间。

在幼儿园里一日生活作息制度的安排上，上午和下午都可相对固定地各安排一段较长的自选游戏和自由活动的时间，并在制度上加以保证。教师要认真执行作息制度，保证较长的、较为集中的自选游戏时间，使游戏能够很好地开展，充分满足幼儿的游戏愿望。一日生活的其他

环节及零散时间，也应尽可能地利用起来开展各种游戏，从而使游戏真正成为幼儿园的基本活动。

幼儿教师合理安排并执行游戏的活动制度，还包括对于幼儿游戏常规的制定与执行。游戏常规是指在幼儿班级中开展游戏活动时，对幼儿不适宜行为予以禁止和对适宜行为给予许可和支持的经常性规定。它主要包括使用玩具和同伴交往的常规以及对其他游戏行为的规定。游戏常规的建立，目的在于培养儿童良好的游戏行为习惯，形成规范，从而保证儿童在群体中的游戏开展得以顺利进行，让班级中的每一个儿童都能在安全、和谐的游戏氛围中，充分发挥各自的主体性，积极主动地投入到游戏中的创造性活动中去。游戏常规的建立和遵守，应以不损害儿童游戏的主动性和积极性为原则。

3. 适当介入游戏活动的过程，予以适宜的支持与引导

在一定的环境和条件中，在教师对游戏的有效组织下，伴随幼儿游戏兴趣和愿望的产生，幼儿的游戏就成为教育实践中现实的活动行为。在幼儿游戏的活动过程中，教师要合理地对幼儿施加一定的影响或干预，即指导，以保证游戏发展价值和教育作用的切实实现。《幼儿园教师专业标准（试行）》提出，教师要“鼓励幼儿自主选择游戏内容、伙伴和材料，支持幼儿主动地、创造性地开展游戏，充分体验游戏的快乐和满足。引导幼儿在游戏活动中获得身体、认知、语言和社会性等多方面的发展”。这是对于教师在幼儿游戏活动及具体的活动过程中如何发挥指导作用而提出的基本要求。

幼儿教师介入并指导幼儿游戏活动的过程中，需要追求三个方面的职能实现①：

（1）支持儿童游戏的态度功能。教师参与的行为本身就表达了教师对待儿童游戏的态度，它可以影响儿童对于自己游戏活动的看法，影响儿童游戏的兴趣、游戏持续的时间以及游戏的水平与质量。

（2）密切师生关系的情感功能。教师参与游戏如同教师蹲下身来与幼儿说话一样，具有密切师生情感、建立民主平等的师生关系的功能，它可以使儿童体验到教师的亲切与关注，把教师看作是一个可以亲近的而不是“高高在上”的人。

（3）促进儿童发展的教育功能。教师参与游戏，是教师与儿童互动的过程，也是教师向儿童施加影响的过程。教师作为成人所具有的丰富知识经验和作为教育者的教育意图在游戏中可以潜移默化地传递给儿童，儿童也在游戏轻松的气氛中接受这种教育的影响。

教师在儿童游戏中的作用或作为应以平等合作的师生关系和尊重儿童主体性为前提。教师必须恰当处理自身作为“教”的主体的作用以及幼儿作为学习和游戏主体的作用，才能保证教师在幼儿游戏中正确合理地发挥作用。对于幼儿教师来说，在游戏过程中的指导是一个开放性的与幼儿互动的过程。这种互动过程要求教师应掌握一定的技巧或策略，并具有较强的随机应变的能力，在实践中能够灵活机动地运用。幼儿教师指导游戏活动的关键是激发幼儿的自主性，同时教师又不能放弃通过其直接的指导，通过一系列具体的影响方式，以发挥游戏促进幼儿身心发展的作用。可以说，幼儿教师在游戏过程中的指导，既要注重自身作为教育者的主导作用的发挥程度，又要强调教师对幼儿游戏主体地位的尊重，追求指导的合理性、艺术性与适宜性。

① 丁海东：《学前游戏论》，山东人民出版社，2001 年，第 160—161 页。

4. 深入观察幼儿的游戏，评估幼儿发展的实际

游戏是幼儿全身心积极投入的活动参与过程，也是幼儿身心状态最自然和最真实的反映。观察幼儿的游戏活动，不仅仅是对于幼儿游戏进行切实指导的前提，更是走进并解读幼儿内心世界的有效途径。在幼儿自选游戏的活动过程中，教师可以采用多种方式进行观察。一般而言，基于班级区域的游戏活动现场，幼儿教师对于幼儿游戏行为的观察，可有以下三种基本方式①。

（1）环视式扫描观察：这种观察是以环顾四周、全局扫描的方式，面向幼儿参与活动所选择的所有区域和参与区域活动的所有幼儿而进行的整体观察。一般在区域活动的一开始或结束时采用，其目的在于了解和把握班级全体幼儿区域活动的进展和整体状况。

（2）定点蹲守式观察：教师可以固定于某一个区域进行蹲守式观察。凡是选择并进入到观察区域的幼儿，都被纳入观察对象的范围，而一旦离开了本区域活动的幼儿，即不在被观察的范围，即所谓定点不定人。这种观察适合于有针对性地了解一个区域或一个内容主题幼儿活动的状况，可以获得幼儿活动更加具体的动态过程。

（3）重点跟踪式观察：跟踪观察即定人不定点观察。教师可以根据班级个别教育的实际需要，事先确定一两个幼儿作为观察的对象，全程观察他们在区域活动中探索、操作与交往等全部行为状况。在合适的时间范围内，被确定为观察对象的幼儿走到哪里，观察就追随到哪里。这种观察适合于了解个别幼儿在区域活动全过程中的情况，有助于把握个别幼儿活动的兴趣与需要，以及相关的经验与活动发展的水平。重点跟踪式观察是教师对于个别幼儿的具体游戏行为予以指导的前提和基础，也是开展班级个别教育的需要。

教师对于幼儿游戏活动的观察，可以获得对于幼儿游戏活动状况及游戏行为水平的评判。一个具体游戏活动是否成功，或者幼儿的游戏行为是否是积极的，往往要根据具体游戏的内容与形式，并结合幼儿发展的实际水平而做出判断。一般而言，一个成功而有益的游戏活动及过程，会具有如下特点：①幼儿按自己的意愿做游戏，在游戏中感到轻松、愉快，发挥了创造性；②幼儿游戏的态度认真，能克服困难，能遵守游戏的规则，游戏有较强的组织性和独立性；③幼儿能够正确使用并能尝试创造性地使用玩具且能够爱护玩具；④在游戏中对同伴友爱、谦让，能与同伴合作并且不妨碍他人游戏的进行；⑤游戏内容丰富、积极向上，有益于幼儿身心健康。

当然，幼儿教师对于游戏活动的观察，最终是为了获得对于幼儿身心发展特点及其活动经验状况的了解，掌握班级幼儿在发展水平和个性特点上的个体差异，为平时的教育教学提供依据与素材。《幼儿园教师专业标准（试行）》提出：幼儿教师需要“了解幼儿在发展水平、速度与优势领域等方面的个体差异，掌握对应的策略与方法”。对于幼儿游戏活动的观察和评估，是寻求对幼儿进行有针对性教育策略的前提与基础。

第三节　幼儿园游戏活动中教师职业道德的一般行为规范

游戏适应于幼儿身心特点及发展规律，并对于幼儿身心发展至关重要，使之成为幼儿园教育

① 丁海东：《区域活动现场中幼儿行为的观察与评价》，《教育导刊》（下半月）2011 年第 10 期。

实践的基本途径，是对于以游戏为基本活动的教育原则的贯彻与落实。在幼儿园游戏活动的教育过程中，幼儿教师职业道德的具体行为规范直接表现为教师组织和指导游戏活动具体操作行为上的基本准则与方法。

教师指导幼儿游戏的基本准则与方法，集中体现为如何恰当协调和处理好游戏中教师有意识的“教”与幼儿自主的“玩”的关系，并从中追求幼儿快乐学习和全面发展的最适宜途径与方法，以及教师获得自身专业完善的行动要求。指导幼儿游戏的行为准则及方法，是对于幼儿园教师专业能力要求的重要体现。正如《深化新时代教育评价改革总体方案》（2020）所明确提出：“幼儿园教师评价突出保教实践，把以游戏为基本活动促进儿童主动学习和全面发展的能力作为关键指标”。指导与支持幼儿在游戏中学习与发展的专业准则与方法，集中反映出幼儿园教师应当适应儿童需要与兴趣、尊重幼儿自主与体验、呵护幼儿健康与成长的职业立场与道德取向。

游戏活动中，幼儿教师职业道德的一般行为规范，以及组织和指导幼儿游戏的基本准则与方法，主要包括以下几个方面。

一、给予儿童选择的机会与权利

儿童是游戏活动的主体。幼儿这种主体地位与价值在游戏活动中的实现，首先是幼儿拥有选择游戏活动的机会与权利，这既是由游戏活动自主自愿的特性所决定的，也是幼儿教师确保和维护幼儿作为学习与发展主体的职业道德所需要。正是基于儿童是在游戏中学习与发展的主体，《幼儿园教师专业标准（试行）》指出教师应“鼓励幼儿自主选择游戏内容、伙伴和材料，支持幼儿主动地、创造性地开展游戏，充分体验游戏的快乐和满足”。

在幼儿园游戏活动中，幼儿教师必须给予儿童选择的机会与权利，并主要表现为如下三点：

1. 尊重幼儿活动的兴趣与意愿

在游戏活动的具体发起上，幼儿教师需充分考虑并激发幼儿参与的兴趣与意愿，而不应以自己预先的设定给予幼儿命题作业的形式，要求幼儿玩什么或不玩什么。这一点在幼儿园自选游戏的活动组织与开展中尤为重要。在幼儿游戏的活动过程中，同样也需要教师以支持与鼓励的姿态，给予幼儿愿望表达和兴趣满足的开阔空间与充分条件。

2. 保障幼儿自己确定活动方式的权利

在游戏活动中，幼儿有权确定自己活动的方式。从规则的约定与遵守，游戏角色的扮演与分配，乃至动作操作的顺序与方法，在根本上都是幼儿自主确定与选择的结果。即便是一个新的游戏或玩法的学习，需要幼儿教师的介入与干预，教师也应该在与幼儿商定的基础上进行。

3. 允许幼儿自行选择活动的对象（材料与同伴）

在自选游戏活动中，只要在一定的常规活动范围内，幼儿教师要允许幼儿可以自行确定活动的区域，并根据自己的游戏需要和意愿，来选择和操作玩具及活动材料，可以自由选择和组合一起合作游戏的同伴。

二、始终贯彻在自主行动中学习的原则

游戏活动的重要发展价值就在于为幼儿提供了可以自主学习、自主探究的途径与平台。幼儿教师需把握最好的“教”就是“不教”的策略意识，鼓励和支持幼儿在游戏中的自主操作和自由交往。

1. 鼓励幼儿的自主操作

教师应允许幼儿以自己的方式和进程与游戏环境与操作材料实现充分的互动，让幼儿在自主的观察、感知与操作中，不断累积和丰富关于周围事物的感性经验。

2. 支持幼儿的自由交往

教师要善于利用幼儿与幼儿互动的同伴关系，提供给幼儿同伴之间进行交流与合作的交往机会，从而让幼儿在游戏过程中自然而真实地获得和增强交往的自信与技能。

案例：

吃　糖　豆[①]

大班幼儿自由活动时，教师在一桌面上摆出了几盘彩色糖豆和几把小勺子，勺柄都被绑上了长长的小棍，顶端处还涂有红色标记。几个孩子见状立刻围了上来，十分好奇。原来，这是教师新设计的“吃糖豆”游戏。游戏的玩法和规则是：用勺从盘子里取到糖豆再送到嘴巴里；糖豆不能直接用手拿取，只能用勺取；用勺时须抓住勺柄的端头（红色标记处）。

接着，教师请出六个幼儿，每两人一组，让三组幼儿尝试按规则进行探索性操作。一开始，每个幼儿都各顾各地去取糖豆并尝试着探腰伸脖，可勺柄太长，嘴巴怎么也够不到勺头，每组幼儿都没能按照规则吃到糖豆。大概是糖豆的诱惑实在太大，几个幼儿忍不住直接抓取糖豆送到嘴巴里，他们的“越轨”举动引得其他孩子大叫起来。此时，教师倒是不慌不忙，微笑着让孩子们停下游戏，说：“我们都看到了，刚才有的小朋友太想吃到糖豆了，一着急就用手了。我们想一想，有没有什么好的办法既不违反规则又能吃到糖豆呢？”此时，教师稍作停顿，看着孩子们若有所思的样子，进而启发道：“吃糖豆的时候是两个人一组的，是不是可以相互帮助呢？”教师再作停顿。“哦，老师，我知道。”一两个孩子像是突然发现新大陆般兴奋。很快又有几声附和：“我也知道了，就是你给我吃，我给你吃。”教师微笑着请这几名幼儿给大家演示。看到这几个同伴两两合作地吃到糖豆，其他幼儿十分向往：“老师，我也想玩。”“老师，我也要吃。”此后，操作区里便多了几把长柄的小勺和一两只盘子，盘子里每天都有不断更新的好东西。在好长一段时间里，这是孩子们快乐生活的一个亮点。

评析：

吃糖豆是教师精心设计的一个游戏活动。诱人的糖豆，长长的勺柄，明确的规则，两人成一组，足见游戏设计的用心。其中，对于材料及规则的巧妙利用，蕴含着教师试图通过幼儿切实的操作以使其体验合作的重要性的教学意图。

三、不以预设的目的介入活动的过程

游戏活动，特别是幼儿园的自选游戏活动，与一般常规教学活动最大的不同，就在于游戏更侧重于学习目标的隐蔽化，而集体教学是有明确的预设性目标的。教师对幼儿游戏的介入与指导，带有很强的情境性与随机性。进一步讲，游戏活动是以无目的的方式，实现的儿童更为自然的学习与发展，是更为开放的“大目的”。教师的指导应当善于放弃预设的具体目标，关注于幼

---

① 摘自丁海东：《小游戏，大智慧》，《幼儿教育·教育教学》，2008 年第 4 期。

儿在游戏过程中的体验与效益。

1. 以服从与跟随的姿态“走”在幼儿的后面

在幼儿自由游戏活动中，教师的作用不是领引，而是跟随，要最大限度地避免对于幼儿意愿和想法的压制或干扰。当幼儿遇到困难或问题时，或者幼儿向教师发出求助时，教师才可以合理地进行予以帮助和支持。

案例：

做　头　饰①

老师让幼儿做头饰，做好了以后可以戴到头上玩。班里有个小女孩，是全班最小的。她按照纸带上现成的印子粘好头饰后，戴到头上，发现头饰太大了，一下子滑到脖子上。这时，她看着别的孩子已戴着头饰玩起来了，显得很着急；她用眼睛看着教师，希望得到老师的帮助。但是教师没有走过来，只是远远地看着她，对她笑着点点头。老师的动作和表情使女孩明白老师不会过来帮她做，老师希望她自己解决。女孩低下头继续摆弄头饰，她不时地抬头看一眼老师，老师每次都报以微笑。老师的关注使女孩坚持探索。她尝试着用各种办法来使头饰适合自己，摆弄了许久，还是没有找到解决问题的办法，小脸憋得通红。她求助般地看老师。这时，老师在远处用手对她做了一个“折叠”的动作，小姑娘马上明白了，她把头饰的带子折叠了一小段，弄短了，高兴地把它戴在了头上。老师在远处朝小女孩笑着点点头。

评析：

教师在幼儿游戏过程中，需尽可能地给予幼儿以自主操作和尝试的足够空间。“做头饰”中，教师没有在孩子遇到困难时，就直接去告诉幼儿解决问题的方法，而是先鼓励幼儿自己去解决。在孩子确实经过自己的努力而仍不能解决的情况下，教师也只是做了个动作的示范，而不是代替孩子完成。这种表面上看似“低效”的帮助，对于孩子的发展却是一种更有效的帮助。孩子只有靠自己的尝试和努力而解决问题才算是真正的解决。其背后，是教师对于幼儿自己意愿和兴趣的尊重。

2. 不刻意寻求幼儿“玩”的结果或“有效”

“玩即目的”，游戏的价值存在于游戏过程中的身心体验，而不在游戏活动之外。对游戏之外奖惩的期望或担忧会改变活动的游戏性质。儿童在活动中是否寻求或担忧外部奖惩，与教师干预儿童游戏的策略有关。如果教师经常使用外部奖惩手段来刺激或“鼓励”幼儿游戏，久而久之，就会造成幼儿对外部奖惩手段的依赖，而缺乏活动的内在积极性与主动性，同时也会造成心理气氛的紧张。

四、让儿童获得胜任与满足的体验

在游戏中，幼儿可以自由选择、自行决定游戏的进程。可以通过尝试错误、反复选择找到适合自己能力与兴趣的活动内容和方式方法，不必担心失败或结果的不圆满。一般而言，幼儿在自

① 摘自刘焱：《儿童游戏通论》，北京师范大学出版社，2004 年，第 390 页。

己的游戏中常常可以获得胜任和满足的体验，这是游戏给予幼儿的自然奖赏，也是儿童喜欢游戏的原因之一。《幼儿园教师专业标准（试行）》指出教师要“支持幼儿主动地、创造性地开展游戏，充分体验游戏的快乐和满足”。可见，让儿童获得胜任与满足的体验，应该是幼儿教师组织和开展游戏活动的基本行为准则。

1. 激励、支持与接纳每一个幼儿的每一个行为

在班级自由活动过程中，时常会有幼儿游离于游戏氛围之外，表现出心不在焉的表情和无所事事的发呆行为。幼儿教师应当在观察并了解幼儿的基础上，主动而自然地接近幼儿，以激发和引导幼儿游戏兴趣和愿望的产生，并参与到游戏中来。教师应当关注每一个幼儿，并以游戏过程中的成功感和满足感，吸引着幼儿身心在游戏中的投入。

2. 不求技巧与高难度，注重过程中的快乐与体验

在幼儿出现违反活动常规或者其他明显不当行为的情况下，幼儿教师应当予以出面干预或制止。但不应以角色表演的逼真或不逼真、动作的熟练或不熟练、任务完成的圆满或不圆满等诸如此类的表面效果的好坏，而进行人为的干预或指导。教师应当以幼儿在游戏过程中能否获得愿望的满足和快乐的体验，作为是否介入或以什么方式介入幼儿游戏的判断依据。

案例：

教师怎样应对幼儿关于“监狱”的兴趣点?①

“教育诊断”栏目的专家：

您好！

近期我们中班小朋友特别喜欢玩监狱游戏，我觉得很有价值，却又担心有不良影响。

事情的经过是这样的。

一天，老师偶然碰倒了音乐区小朋友们正在搭建的舞台装饰作品后，一位小朋友突然开心地对我说：“要把你关进监狱。”她带领小朋友们在音乐区开设监狱的区域，表演“老师被关起来”的节目。我看到孩子们兴致很高，就配合他们表演了。其他小朋友看到这个场景，态度并不一致：有的小朋友坚持要把老师关起来；有的小朋友反对把老师关起来，说“不能关老师”；还有一些小朋友悄悄告诉老师：“××（负责关老师的孩子）已经走了，我放你出去。”也有一些孩子坐在不远处，笑着观望。不断有各个区域的孩子来给监狱里的老师送食物、乐器……也会有小朋友进入监狱陪着老师；还会有小朋友在监狱外给老师表演节目。

在这个游戏中，班里偏内向和慢热的孩子也表现出很大的兴趣，有参与的积极性。这件事后，连续几天，都会有一群小朋友主动邀请老师玩这个游戏。区域讲评时，孩子们集体表示喜欢这个“把老师关起来”的游戏，他们说喜欢的原因是这个游戏好玩。

我问过第一个提出要把老师关进监狱的孩子，是怎么想到这个监狱游戏的。她听到我的提问有点诧异，说：“监狱是我自己想的。”她的妈妈则说孩子是和老人一起看抗战剧想到的。

一天下午有个孩子提议把“监狱”改名为“关老师处”，她很得意地说：“这个名字是我取的。”她找一些小朋友商量改名，在放学前告诉老师：“我们决定改名叫‘关老师监狱’。”

---

① 摘自《学前教育》2019年第六期“诊断”栏目。

以下是老师和那位建议改名的小朋友关于“关老师处”的对话。

“关老师处是干什么的？”

“管老师的呀。”

“为什么要管老师？”

“因为你们总是管我们，我们也要管管老师。”

“如果你们把老师关起来了，谁来管你们？”

“我们自己呀，我可以自己管自己。”

孩子们还提到了一些“关老师处”的游戏规则，比如，老师也可以离开关老师处，出去放音乐；吃饭的时候，孩子们会把老师从关老师处放出来，给他们取饭、发饭；如果老师犯错误了，是有惩罚措施的……

现在孩子们玩“监狱”游戏的次数越来越少了（也跟最近老师们工作比较忙，没有之前那么多的时间和孩子们一起玩活动区游戏有关）。偶尔的几次“监狱”游戏中，更多的孩子陆续进入“监狱”陪伴老师。到目前为止，孩子们的“监狱”里只关过老师，没有关过小朋友。

作为老师，我很乐意看到班里偏内向和慢热的小朋友在这个游戏中表现出的更开放、更热情的游戏态度，欣赏孩子们敢于向权威挑战的勇气。我感受到孩子们希望看到成人弱小的样子，想成为集体中更有主导权的人，所以计划在合适的时机开展“我来当一天老师”的活动，请小朋友们轮流成为班级的老师，在一日生活中对班级活动表达更多自己的想法。

我的问题是：作为老师，这样的态度和做法对吗？监狱游戏和“我来当老师”的活动有相关性吗？监狱游戏还体现了孩子们什么样的需求？对他们有什么样的价值？长期热衷于玩监狱游戏会对孩子们有不良影响吗？老师还可以做些什么？

非常期待专家的解答。

清华洁华幼儿园　任锐

尊重并支持幼儿的自主游戏

任老师：

您好！

由案例描述可以看出，“监狱”游戏源于一次偶然事件并由孩子的提议而发生。任老师碰倒了孩子们搭建的作品，配合幼儿的“惩罚式”提议而被“关”进了“监狱”。其后，孩子们对于“监狱”的游戏兴致又延续了些日子。综合任老师提出的疑虑，依据该案例的相关事实，试做如下两个方面的回复，以供参考。

关于“监狱”游戏的价值探讨

假装及其角色互动是中班幼儿热衷的游戏行为，而且能够让他们喜爱的教师成为他们游戏中的角色，也是孩子们所期盼的。这个“监狱”的游戏，由孩子的提议而开展，无疑是满足了幼儿与教师共同游戏并彼此互动的意愿与乐趣，并因这种意愿与乐趣的驱动，该游戏在其后一段时间里得以持续。游戏中，教师被“关”起来，并被“体贴”和“照顾”着，表现出幼儿对于师幼游戏互动的享受和体验的主动追求。游戏中这种师幼关系及其互动的和谐与融洽，无疑是对幼儿交往行为锻炼和社会性发展的正向支持与鼓励。

假扮性的角色游戏，通常是以情感的补偿或宣泄为突出的发展价值，而“监狱”游戏也表现出这种游戏价值的意味。对于为什么要“关”老师，就如那个幼儿所说的：“因为你们总是管我们，我们也要管管老师”。孩子们对于“监狱”游戏的热忱与兴趣，潜含着的是孩子们对于总是接受教师管教现实的不满足，在游戏假扮的情境里获得了补偿与释放。游戏里这种潜意识的释放，对于幼儿人格的发展与健康是积极而有益的，尤其是对于案例中那些对该游戏表现有“很大兴趣”的偏内向和慢热型的幼儿，可能更有意义。

就游戏活动所呈现的过程而言，该游戏对于孩子们并无什么不良影响。这里所谓的“监狱”，在幼儿这里，只不过是孩子对于这个游戏的一个称谓或说法，如孩子自己说的：监狱是我自己想的。所以，“监狱”绝非现实意义上的监狱，而“监狱”游戏也并不含有负面引导或消极影响的存在。事实表明，“监狱”游戏作为幼儿发起的游戏，是该班级幼儿一段时间里的兴趣焦点，可以预见，很快便会被新的兴趣与玩法所接替或改换。

关于教师对游戏的支持与回应

“监狱”游戏由幼儿主动发起，并因教师对于幼儿的迎合而得以展开。任老师对于幼儿游戏意愿和兴趣的回应，表现出对于幼儿游戏自主性的充分尊重与支持。教师对于幼儿自主性游戏的适宜性支持与引导，应该以不违背幼儿的正当意愿和兴趣为前提和基础。在“监狱”游戏中，教师接受幼儿把自己“关”进“监狱”的角色要求，配合孩子参与到幼儿“导演”的游戏中，以游戏合作者的姿态，给予了孩子正向的应允和支持，显示出教师顺应游戏情境的专业机敏和悦纳幼儿兴致的为师情怀。如任老师自己所坦言：乐意看到孩子们在游戏中开放、热情的态度，欣赏孩子们敢于向权威挑战的勇气。当然，这也是一位一线教师对于此类游戏活动难能可贵的意义直觉与价值感知。

当然，需要指出的是，在班级幼儿自主学习与活动的大背景之下，“监狱”游戏只是一个具体游戏的情境。教师在游戏中配合幼儿的兴致与想法，绝不能忘记自己作为实质上的教育者和指导者的身份与职责。教师以游戏者身份参与到幼儿游戏中去，应谨防一味地被孩子们牵着走，而陷入其中，导致在个别幼儿的游戏情境中不能自拔，仍需要机智地抽身而出，以担当起关照全体幼儿的观察者和引导者的责任。在这个“监狱”游戏中，教师作为游戏参与者的介入和支持，仅是教师指导全班自主活动的一个局部或片段。

从这个“监狱”游戏，意识到孩子渴望自主体验的心理诉求，而萌生“我来当老师”这一活动主题的设想，反映出任老师由对于幼儿游戏行为及其背后的情感需求的某种理解或认可，而生成新的教育主题的意识自觉。的确，“监狱”游戏与让幼儿来“当老师”的活动设想，应该在支持和鼓励幼儿自主体验与愿望的活动价值上，有着相通的关联性。但区别在于，前者事实上是幼儿自主生成的，而后者是带有预设意图的。当然，为满足幼儿自主学习的体验乃至能够有“挑战”教师的“主导权”的发挥，更需要在日常的师幼互动中，教师能够懂得幼儿的想法，相信幼儿的能力，支持幼儿的学习与探索。

希望以上思考和回应能对您有所启发。

福建师范大学教育学院　丁海东

五、力求最大限度地避免“教”的干扰

幼儿园游戏活动，特别是幼儿的自选游戏，体现着寓教于乐、寓教于玩的教育原则。教师对

于幼儿游戏过程中的指导，应避免成为对于幼儿自主探究与尝试的干扰，常常应以隐含和间接的方式进行，做到对于幼儿游戏的自由氛围与自主过程最大限度的呵护与维系。

1. 无为而为，“沉默”常常是最好的“教”

在游戏活动中，教师跑前忙后、指指点点地尽职尽责，常常是教师指导游戏的误区。在幼儿各自或合作地专注于自己或小组的游戏活动时，在没有出现人际纠纷、安全隐患，或其他违反活动常规的情况下，幼儿教师的旁观和沉默行为常常也不失为一种适宜的指导。

2. 以“玩”的节奏而确定“教”的节奏

幼儿教师的指导实现在“教”与“玩”的互动中。恰如一个成人在前面跑而孩子在后面追的游戏，成人的速度是否恰当应当以孩子的速度为参照的标尺，教师“教”的节奏应以幼儿的节奏为依据。教师要以平和而自然的心态，学会等待幼儿，提供适宜的条件，给予幼儿充分的时间和机会去感知、想象、探索、思考，允许幼儿在游戏中走弯路甚至犯错误。游戏自主学习的过程，是一个循序渐进的过程。

案例：

丢　沙　包①

冬天到了，幼儿园开展冬季锻炼活动，如扔沙包、跑步等。大班有一位老师认为在扔沙包活动中可以教幼儿学会测量。于是她把幼儿带到户外。户外的地面是由一块块方形的水泥砖铺成的。她先让幼儿扔沙包，然后问幼儿：“怎样才能知道扔得多远？”幼儿回答说：“可以数地上的方块。”“还可以用什么办法知道呢？”在教师的不断提问和要求下，幼儿举出了可以用棍子、跨步、绳、布条等不同的方法。教师很满意这样的结果，认为教学的目标达到了。然而，整个过程对于幼儿来说，却变得索然无味。

评析：

在丢沙包的游戏过程中，教师意识到测量的教学价值的存在，这是没有问题的。但试图通过这一次丢沙包活动而完成这个目标，就未免有些急于求成。教师指导的节奏失去以幼儿游戏的节奏为参照的考虑，就难免会在指导中产生牵着孩子跑的问题。其实，丢沙包的游戏孩子也不会只玩一次，完全可以循序渐进地、自然地去渗透教学的价值。譬如，第一次，可以在方砖铺就的场地上进行，孩子回答出可以数地上的方砖而说明扔的远近，就已经足够。过些时日，可以在没有方砖铺就的场地上丢沙包时，再让孩子想出其他的方法来测量远近。游戏指导中，教师需始终尊重和关注幼儿在游戏中自主体验的空间和机会。

六、努力消除可能的不安全因素

安全是游戏促进幼儿发展的基础与前提。自主游戏的活动过程，是幼儿全身心自然而充分的施展与解放，但也常常容易发生意外伤害事件。《幼儿园工作规程》规定：“教职工必须具有安全意识”，并“应当优先保护幼儿的人身安全”。幼儿园游戏活动的组织与开展应避免一切可能危及身心健康和安全的隐患存在，幼儿教师应当努力消除可能的不安全因素。

① 摘自刘焱：《儿童游戏通论》，北京师范大学出版社，2004 年，第 393 页。

1. 在环境创设环节中确保幼儿的安全

幼儿教师应从环境布置与材料选择的组织工作中，确保游戏条件提供的安全性。室外游戏场地以及运动设备要进行定期的安全检查，给幼儿选购的玩具以及提供的各种活动材料也要确保安全与卫生。如游戏材料和玩具的涂色，原料及填充物应无毒无异味，容易洗晒；带声响的玩具，声音要和谐悦耳，避免噪声；带毛和口吹的玩具不卫生。玩具还应绝对保证儿童的安全，预防一切可能引起的伤害。带有硬的尖角和锋利边缘的粗糙玩具，不要提供给儿童。另外，具有发射能力的枪炮、弓箭等玩具也暗含不安全因素。

2. 在活动常规的制定与执行中确保幼儿的安全

幼儿教师应制定并执行班级活动及游戏活动的一般常规，其中要有确保活动安全的内容和要求。如在运动性活动中，要求幼儿在一开始要进行准备活动环节；在同伴合作游戏过程中，要禁止幼儿在出现纠纷时发生肢体冲突；在操作或移动有关用具或材料时（如剪刀），让幼儿掌握正确的操作和使用方法；制止幼儿私自携带有危险因素的玩具等。

微信扫码，观看授课视频《确保游戏活动过程中幼儿的安全》

幼儿活动及游戏安全常规的切实执行，需要幼儿教师对于幼儿游戏活动及过程有敏锐的关注与觉察。如儿童口含铅笔学飞机奔跑；用捡来的真的旧注射器玩打针；把大积塑堆得很高仍往上爬；推倒别人的搭建物，搞破坏；为争抢角色或玩具用语言或身体攻击别的孩子；用有发射功能的玩具枪射向同伴；等等，出现这些情况，教师必须及时、有效地阻止和引导，而这就需要教师对游戏中的儿童随时予以关注和观察。

3. 提升幼儿自我保护的意识与技能

确保幼儿在游戏活动中的安全，最根本的途径是幼儿园日常的安全教育。幼儿教师在日常的教育实践中，要切实培养和提升幼儿自我保护的意识和技能。幼儿具有自觉远离危险事物的安全意识，不做危险的动作和事情，并掌握活动过程中自我保护的技能与方法，就可以最大限度地降低和避免伤害发生的可能与概率。幼儿自我保护的意识与技能的培养，需要幼儿教师在可以掌握的范围内，精心设计并放手大胆地组织幼儿学习自我保护的锻炼活动与机会，而不是过度保护和一味地限制幼儿活动的自由。

七、以观察获得自我专业成长的基点

游戏中的儿童，其身心发展状况全面而自然地呈现，观察幼儿游戏是幼儿教师了解儿童、解读儿童的最佳途径之一。幼儿教师不仅把对于幼儿的观察作为对游戏进行指导的前提，更应把对于幼儿的观察作为自身专业成长的基本途径。

1. 在观察中了解和研究幼儿

幼儿教师应重视对于幼儿游戏的观察工作，并在对于幼儿游戏进行切实观察的过程中，获得对于特定年龄幼儿身心发展特点和规律的感性素材和第一手资料，同时也将获得不同幼儿个体的个性特点、经验水平，以及发展上的优势领域，掌握幼儿发展的个别差异。幼儿教师在观察中，也应善于发现幼儿发展中容易出现的问题以及个别幼儿身心发展的特殊需要。

2. 在观察中寻求教育机智与专业智慧

对于幼儿游戏的观察、了解和研究，是生成幼儿教师教育策略与方法的基础和根源。幼儿教师应学习从观察中发现幼儿发展中的问题及根源，并能够发现和寻求适宜的教育策略与方法，使观察成为增长自身教育机智和专业智慧的现实基础和有效途径。

案例：

“没有鸡腿”引发的思考

观察实录：

这一天各个游戏区正有序地忙碌着。小卖场的赵春艳和戴金秋两个女孩子是今天的营业员。一开始比较空闲，两个人友好地相互帮助系好围裙，戴好头巾，满意地相视一笑。刚收拾妥当，“蹬蹬蹬”，费须洋急匆匆地从娃娃家拎个篮子跑来说：“我要两个鸡腿，我们家来客人了要吃肯德基。”赵春艳说：“好的，我拿给你。”结果找了半天没有找到。架子上只有整鸡，就是没有鸡腿，戴金秋还算机灵说：“用鸡代替鸡腿行不行啊？”“不，我一定要鸡腿。”赵春艳急忙附和：“鸡很好的，它有两个鸡腿还有两只鸡翅呢。”可是费须洋不答应：“我们家的客人说只要吃鸡腿，不要吃鸡翅。”两个营业员你看我，我看你，没办法了。正当她们一筹莫展的时候，赵春艳突发灵感，跑到积木区很快拿了两个“鸡腿”跑来了：“鸡腿来了！”原来她用圆形的积木插在长条形积塑上，成了所谓的“鸡腿”，费须洋先是一愣，马上兴奋地说：“好的，可以吃鸡腿了。”说完还笑呵呵地做出啃鸡腿的样子，终于满意而归了。

观察分析：

以往我们提供的游戏材料成品较多且具有明显特征，停留在形象逼真、外观美丽上，这在一定程度上限制了幼儿的发散性思维，创新意识缺乏。如逼真的电视机、电冰箱、娃娃床铺、桌椅，很自然地摆在一起，成了娃娃家。电视用来观看，冰箱用来放东西，床铺用来给娃娃睡觉，无形中老师的定势作用限制了幼儿的思维，幼儿只能玩出单一枯燥的游戏，更谈不上趣味了。由于没有及时提供一些可操作的材料，在游戏中我们发现孩子们缺少以物代物的能力。

案例中的费须洋是个个性比较鲜明的孩子，比较有自己的主见，他态度坚决地坚持主见：“我就要鸡腿，不要整鸡。”他的执着给两个营业员制造了一个难题，这就考验了孩子在游戏中想象、创造以及以物代物的能力。赵春艳为了满足顾客的需要，积极地附和戴金秋的提议拿整鸡代替鸡腿，但是顾客不答应。游戏陷入困境马上就玩不下去了，赵春艳的突发灵感及时地解决了问题。从这一点看来，她的游戏能力在孩子中处于比较好的水平，具有较好的沟通能力，会提议、附和，想办法解决难题。在第一个办法不奏效的情况下，想到了以物代物的办法，终于让顾客满意而归。两个营业员在送走了费须洋之后露出了愉快满足的表情。看得出，她们体会到了游戏的快乐、困难解决后的轻松。游戏的经验和水平在解决问题的过程中得到了提升。

指导策略：

1. 抓住游戏契机，扩散幼儿思维，发展游戏想象力。抓住这个机会，我立刻表扬了这位赵春艳小朋友，并且推广了这一举动，这无形中又拓宽了幼儿的思维。于是在角色游戏这一轻松、自由、愉快的环境中，出现了用积木当手机、当遥控器，用月饼盒当收银机、当电脑，用积木做羊肉串等可喜现象。不但在一定程度上调动了幼儿参与游戏的积极性，而且使幼儿的扩散性思维得到较好的锻炼。

2. 提供材料为发展幼儿以物代物的游戏能力。作为教师我们应该为幼儿提供能暗示多种解答、避免局限于一个正确答案的游戏材料，让幼儿在自由操作、试验、探索、即兴扮演的过程中，不断发现同一材料的多种玩法，充分挖掘材料的潜在性。我们就提供一个大箱子，里面放一些看似杂物，却很富有想象空间的物品，如一些圆形、方形物体，可以替代组合成很多游戏中需要的材料。教师应抓住幼儿身边每个能激起他们思考、想象以及他们感兴趣的事、物、情、境，让幼儿内在的创造冲动释放出来。

3. 分享交流，共同提高游戏水平。游戏后的评价交流是游戏价值最能体现的时候，好的创意想法通过交流、分享，可以达到共同提高的目的。在一次游戏中，一幼儿用一个纸箱当烧烤箱很形象，在游戏后我启发式地问幼儿："这个纸箱还能玩什么游戏?"幼儿的思维活跃起来了，有的说"当电视机，放在小卖场"；有的说"可以当自动柜员机"；有的说"可以当VCD机"；还有的说"保险柜放钱的"……幼儿的想象力是丰富的，这样一来，一个看似平常的纸箱，在幼儿的游戏中却发挥了一物多用的作用，打破了思维定势，不但充分发挥了玩具的利用价值，而且大大丰富了幼儿的游戏，发展了思维的灵活性。（陆桥中心幼儿园李敏）

——见"绿色圃中小学教育网"

评析：

上述案例中，孩子在遇到需要"鸡腿"却没有"鸡腿"的时候，游戏意图的坚持和变通性的假装式替代，表现出孩子在游戏时的一种真实状态。教师正是在对于幼儿游戏这一真实过程进行观察的基础上，尝试对于幼儿身心状态的分析和对于教育指导策略及方法的思考。这里，足见观察幼儿游戏对于教师教育智慧和专业成长的意义。

《幼儿园教师专业标准（试行）》提出，幼儿教师应当："掌握不同年龄幼儿身心发展特点、规律和促进幼儿全面发展的策略与方法；了解幼儿在发展水平、速度与优势领域等方面的个体差异，掌握对应的策略与方法；了解幼儿发展中容易出现的问题与适宜的对策。"可以说，幼儿教师对于幼儿游戏进行观察，是实现这种专业要求的基本途径和有效方法。

综上所述，从给予幼儿选择的机会与权利，贯彻幼儿的自主学习原则，到不以预设的具体目标介入指导，关注胜任与满足的体验，尽量避免"教"的干扰，到确保活动的安全，再到以观察寻求教师的专业成长等，这些游戏活动指导的实践要领和行动原则，所体现出的是幼儿教师在游戏活动教育实践中所应遵循的专业性要求和行为准则，同时也成为幼儿教师职业道德在幼儿游戏活动过程中的具体行为规范。在一定意义上，幼儿教师的职业道德其实就是一种专业道德。幼儿教师职业道德的指向与水准就在于它对于幼儿教育实践的专业理念和专业立场及信念的维护、支持和坚守。幼儿园游戏活动教育场景下，教师职业道德的价值实现其实就是对于幼儿游戏教育的专业化理念与实践规范的秉持与践行。

微信扫一扫，观看本章思维导图及学习目标

家园合作中的幼儿教师职业道德

第一节　家园合作中幼儿教师的职业道德原则

家庭是儿童出生后的第一个生活环境，也是幼儿园重要的合作伙伴。家庭在儿童身心和谐发展中的独特作用，决定了幼儿教师应与幼儿家长密切配合，综合利用各种教育资源，共同为幼儿的全面发展创造良好的条件。《幼儿园教育指导纲要（试行）》中也明确提出：“家庭是幼儿园重要的合作伙伴。应本着尊重、平等、合作的原则，争取家长的理解、支持和主动参与，并积极支持、帮助家长提高教育能力。”由此可以看出，做好幼儿园和家庭的合作，是幼儿教师的一项基本工作，在此过程中，教师应遵循基本的职业道德原则，自我约束个人的相关行为，正确处理好家园合作中的各种关系，进而促进幼儿身心的健康发展。

一、幼儿教师职业道德原则的内涵

在道德规范体系中，幼儿教师的职业道德原则是教师在幼儿教育劳动过程中，处理个人与国家幼儿教育事业、个人与幼儿园、个人与同事、个人与幼儿家长等各种关系时应遵循的最根本的行为准则。它是教师道德社会本质的集中体现，是社会对幼儿教师职业行为总的道德要求。作为指导幼儿教师职业道德生活的最高准则，幼儿教师的职业道德原则在职业规范体系中居于主动地位，“统帅着教师的全部职业活动，为教师的道德修养和人格塑造指明总的方向和目标”①。但它不是对幼儿教师每一职业行为做出的具体规定，而是对从事幼儿教育活动的教师具有广泛指导性和普遍约束力的指导性原则，是具体的师德规范和范畴的依据。

二、家园合作中幼儿教师职业道德原则的地位

幼儿教师职业道德原则是教师在幼儿教育的实践过程中认识和处理各种社会关系与道德关系的基本原则，它具有四个方面的核心特征：一是本质性，教师职业道德原则是教师职业道德的社会本质最直接、最集中的反映，是教师职业道德区别于其他各种不同类型道德的最根本、最显著

① 朱法贞主编：《教师伦理学》，浙江大学出版社，2008 年，第 73 页。

的标志；二是基准性，教师职业道德原则是教师在道德实践中进行道德教育、道德修养、道德选择和道德评价时必须遵循的基本准则，它对教师的道德行为具有普遍的约束力；三是稳定性，教师职业道德原则具有较强的抽象性和概括性，在较长的时间内会保持相对的稳定性①；四是独特性，幼儿教师的职业道德原则既不同于其他职业类型的道德原则，也在很大程度上不同于其他阶段教师的职业道德原则，拥有属于自身的独特特征。

幼儿教师职业道德原则集中反映了教师职业道德的本质，对幼儿教师的道德实践具有重要的指导意义。幼儿教师在开展家园合作的过程中，只有自觉地遵循基本的职业道德原则，才能顺利解决家园合作中的基础性问题和各种不可预料的矛盾，进而推动家园合作中各项工作的顺利开展。幼儿教师职业道德原则对幼儿教师的家园合作工作具有普遍的约束力，在家园合作活动中处于核心地位。

三、家园合作中幼儿教师的职业道德原则

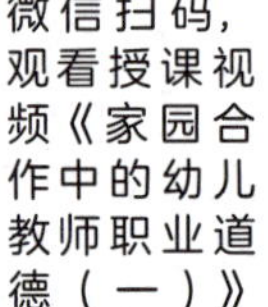

微信扫码，观看授课视频《家园合作中的幼儿教师职业道德（一）》

（一）尊重家长，热情服务

家长作为独立的社会成员，他们拥有作为一般成人的尊严和权利。尽管在家园合作中，家长是以幼儿园合作方的身份参与活动的，但作为一名幼儿教师，应充分尊重每位幼儿家长的合作需求、为人处世的方式、幼儿教育的理念与方法等，并注意倾听他们的真实想法，尊重他们的合作意愿，使每位家长意识到他们是家园合作中有价值、有能力、不可缺少的合作成员，从而激发乐意合作的兴趣和愿意为家园合作付出劳动的愿望。

1. 尊重家长的不同需要，热情对待家长的不同问题

每位儿童都是独立发展的个体，都有不同于其他儿童的身心发展的独特性。正是因为每个儿童的需要、兴趣、性格、能力、学习方式等各有不同，因此，家长对幼儿的期望、对教师的要求、对家园合作的内容也常常表现出明显的差异性。作为一名幼儿教师，不能因家长的特殊需要或过多的要求而对家长产生不满或厌烦的情绪，更不能因此冷淡或逃避这些家长。应该热情、认真地听取家长的想法和意见，尊重每位家长的不同需求，从每个家庭的差异性特点出发，因家庭而异地进行有针对性的指导工作。教师更应该平和心态，不论家长提出什么样的问题或者建议，都要认真分析，理解家长表达的意愿，不能存在认为家长“找事”的心理。教师如果有家长“找事”的心态，带着情绪来处理事情，事情就不能得到很好的解决。

2. 尊重家长的话语权，耐心接受家长的合理建议

家长在家园合作中享有正当的话语权。但是在日常的幼儿园教育实践中，往往却出现一边倒的现象，即老师是绝对的权威，家园合作中的众多事宜均由教师说了算，家长只处在被动地接受和配合的位置上。这不仅剥夺了幼儿家长在家园合作中的话语权，而且也忽视了家长在幼儿教育中的作用和价值。

实际上，家长与孩子朝夕相处，对孩子的爱好、兴趣、性格、脾气等了如指掌，家长最能客观、真实地呈现孩子在家中的自然表现，而教师也正是借助家长的语言描述来获取幼儿在园外的真实面貌。现在的家长对教育的理解和做法，有很多也是值得幼儿园和教师进行借鉴的：在对待

① 参见钱焕琦主编：《教师职业道德》，华东师范大学出版社，2008 年，第 28 页。

孩子自己可以解决的问题上，很多家长就会完全放手，让孩子自己去解决问题，反而很多幼儿园的老师会更多地进行保护和充当“法官”的角色。因此，幼儿教师应尊重家长的话语权，并充分发挥家长的教育作用，让幼儿家长乐意、主动地参与到幼儿园家园合作的工作中来。比如，通过小型家长座谈会，让家长谈谈教育自己孩子的心得体会，让家长去教育家长；欢迎家长走进幼儿园的日常生活，全面了解孩子在幼儿园内的一日生活状况；邀请家长参与幼儿园管理，成立家长委员会和家长伙食委员会，积极为幼儿园教育献计献策，发挥广大幼儿家长的监督作用等。

3. 尊重家长的特殊需要，主动帮助家长解决问题

针对部分家长的特殊需求，幼儿园也应根据家长的实际情况，与家长充分沟通，拿出可行的方案，尽量满足家长的需求。如果家长的个别需求确实超出了幼儿教师的能力范围，也可以站在家长的角度，一起为家长出主意，想办法，让家长感受到教师的关心和尽力解决问题的诚意。随着社会物质文明的发展，孩子们的生活便利，锻炼时间越来越少，抵抗力越来越低，体质越来越差，很多孩子自身免疫能力不断下降。有孩子对小麦过敏，针对这个问题，家长非常无奈和苦恼。孩子到了上幼儿园的年龄，不让孩子上幼儿园不现实，但对小麦过敏又是个非常棘手的难题。所以，针对这种特殊的需求，我们就要采取家园有效的沟通和配合来进行解决。一方面，幼儿园实事求是地说明幼儿园存在的困难，另一方面请家长配合解决孩子的吃饭问题，其实就是解决孩子主食的问题。当主食出现馒头等面食的时候，要么幼儿园以米饭代替，要么请家长自带主食，幼儿园负责加热。让家长感受到幼儿园为了孩子的真心付出，增进了家长对幼儿园的理解和信任，也让家长感受到对个体的尊重和理解。

（二）平等合作，责任共担

家园合作要求幼儿教师要以平等的心态对待幼儿家长，不能以专业教育工作者自居，自认为比家长懂得更多的教育知识、具有更强的教育能力，更不能以居高临下的指挥者身份指挥家长，双方之间应是平等的、相互配合与合作的关系。这样的关系决定了幼儿教师应在家园合作中平等对待不同类型的幼儿家长。

首先，要平等对待自身条件不同的家长。不论家长从事什么样的职业，具有什么样的文化程度，也不论家长的社会地位如何，经济条件怎么样，都要一视同仁，不偏不倚。

其次，要注意尊重处于不同发展水平幼儿的家长。教师应关心每一名儿童，不仅是那些聪明的、听话的、活泼可爱的、漂亮的儿童，也应关心那些行为异常、其貌不扬、调皮捣蛋、自控能力差、学习能力不强的儿童，这既是教育公正对幼儿教师的内在要求，也是幼儿教师职业道德的基本原则。因此，教师应从思想上对所有幼儿家长一视同仁，不能因为喜欢或不喜欢、关心和不关心某些孩子而把情绪自然迁移到幼儿家长的身上，更不能以头脑中主观形成的无形标签对某些家长过度热情、迁就，而对部分家长则毫不客气，甚至以指责和训斥的方式进行家园沟通。教师都应该清楚地认识到，每一个孩子都是独特的、与众不同的，教师不能因幼儿自身的差异而采用不同的方式对待他们的家长。特别是对于某些有身体残疾或者心理障碍的幼儿家长，更需要给予更多的尊重和指导。

最后，还应尊重持有不同意见的家长。有的家长喜欢小题大做，喜欢提意见、反映问题，而有的家长则可能十分挑剔。尽管如此，教师在家园合作中不能简单地敷衍了事，更不能置之不理地消极对待。我们对家长要运用分类管理的策略，比如对含蓄型家长，教师要听话听音，解读家

长的真实意图；对于跟风型家长，教师要一一分解，让家长看到事情的本质；等等。无论对于何种类型的家长，幼儿教师都应平等、耐心地听取他们的想法，以宽厚的胸怀来接受家长的不同意见，以积极的态度和方法来处理家长的埋怨，然后做出相应的解释或处理。而对于正确的意见，则应虚心地加以接受。

（三）保护隐私，维护权利

幼儿教师作为幼儿在园生活中的重要他人，作为一日生活的直接组织者和实施者，对幼儿家庭的诸多情况都比他人了解得全面和广泛。但作为一名教师，应该拥有保护幼儿家庭隐私的意识，对诸如幼儿父母的工资收入、婚姻状况、家庭成员、电话号码等属于家庭内部的信息，不能不经家长的同意随意公开，也不能随意传播可能破坏幼儿原有生活秩序和家庭安宁的家长隐私。在很多情况下，教师本人可能不是故意的，但缺乏保护家长隐私的意识，常常会给幼儿的健康成长及幼儿家庭的和谐带来无法避免的伤害。例如，某幼儿园中班的淘淘，其父因经济问题入狱，孩子性格变得十分怪异。淘淘妈妈为了和幼儿园配合共同改善淘淘的行为，就十分真诚地将此事告诉了淘淘的班主任赵老师。但赵老师在引导本班幼儿多帮助淘淘的过程中，将淘淘爸爸犯罪的事情泄露给了其他幼儿，由此造成个别调皮幼儿经常在班里说“淘淘是个小坏蛋，淘淘爸爸是个大坏蛋”等不良话语，致使淘淘越来越认为自己与别的幼儿不一样，自己是个坏孩子，性格也从此变得更加孤僻，并常常以各种借口推脱，不愿意来幼儿园。赵老师的出发点并不错，但却违背了作为一名幼儿教师应遵循的基本职业道德行为准则，不仅侵犯了幼儿家长的隐私，而且使幼儿自身也受到了极大伤害。

除此之外，教师还应在家园合作中注意维护幼儿和幼儿家长的正当权利。比如，当个别单位或个人对幼儿进行家庭调查时，教师应有警觉意识，不私自将幼儿或幼儿家长的信息透露给他人；当幼儿的权利受到不正当外力的干涉时，教师应该用合适的方式保护幼儿权利不受侵犯；当幼儿家长的职业或身份比较特殊时，也应该保守秘密，做好相关的保护工作，不因自己的泄露而给幼儿家长带来潜在的危害。

幼儿园或教师更不能打着对外合作的名义，把家长的信息提供或者泄露给第三方人士。有些幼儿园为了招生的需要，会找一些联盟商家，达到互惠互利的目标。比如，儿童游泳训练或者儿童摄影等商家，双方幼儿名单互通，给家长造成不必要的烦恼和麻烦。如果真要做这些事情，要事先征求家长的同意，在家长同意的情况下，双方才能互换信息。如果家长不同意，坚决不能做这些事情。

第二节　家园合作中幼儿教师的职业道德规范

一、幼儿教师职业道德规范的内涵

幼儿教师职业道德规范是依据幼儿教师职业道德原则，协调和调整幼儿教育过程中的各种利益关系，判断幼儿教师行为是非善恶的具体职业道德标准。“它是教师职业道德原则的展开和具体化，比教师职业道德原则更直接、更具体地指导和评价教师的教育行为，是构成教师职业道德体系的基本因素。”①相对于职业道德原则，职业道德规范是派生出来的，它从属于职业道德原则。

幼儿教师的职业道德规范不是简单的、个别教师职业道德行为和道德关系的反映，而是客观的社会要求和教师的主观意识相统一的产物。一方面，幼儿教师职业道德规范有客观的社会基础。幼儿教师作为一名社会成员，他需要按照一定的社会道德要求来处理自己同他人以及社会的关系，由此决定了教师职业道德规范在本质上是对一定社会关系的反映。同时，教师职业道德规范是通过对本质特殊利益和要求的概括来折射社会和阶级道德的影响的，是在特定的职业实践基础上形成的。所以，它是一定的社会经济关系和从教育职业活动的各种道德关系中产生出来的对教师道德的客观要求，其内容具有客观性②。另一方面，幼儿教师职业道德规范具有教师个人的主观因素。幼儿教师职业道德规范作为一种自觉的行为准则，又是人们对客观存在的幼儿教师道德要求的认识，具有主观的形式。也就是说，幼儿教师的职业道德规范是在“广大教师的教育职业活动实践基础上产生的，通过一定的主观思维形式和社会途径又回到职业生活的社会实践中去指导教师职业活动的行为准则。因此，它是客观的社会要求和人们的主观意识的统一”③。

二、家园合作中幼儿教师职业道德规范的指向范围

我国著名的幼儿教育家陈鹤琴先生曾指出：“幼稚教育是一种很复杂的事情，不是家庭一方面可以单独胜任的，也不是幼稚园一方面可以单独胜任的，必须两方面结合方能得到充分的功效。”而国内外已有研究表明，家园合作对于幼儿的健康成长起着重要作用：它可以使幼儿来自两方（幼儿园、家庭）的学习经验更具一致性、连续性、互补性；可以使幼儿获得安全感，学习一种参与社会生活的积极态度；可以多方开发幼儿教育的资源；可以为教师和家长、家长与家长之间提供一个交流和经验共享的机会。家园合作的重要性，决定了幼儿教师在家园合作的过程中承担着多方面的工作。

（一）培养家长的合作意识

幼儿园要帮助家长树立正确的合作观念和合作意识，使家长认识到家园合作不是出于偶然的需要，更不是当孩子出现问题时才联系。家园合作是一项长期性、经常性的工作，幼儿教育并不仅仅是幼儿园的单方教育，而是家园双向的共同任务。在家园合作中，幼儿园方面应发挥更多的主动性、主导性，争取家长的理解和配合。同时，也可以通过发放宣传资料、创办宣传栏、开展家庭教育讲座、开家长会等方式，向家长宣传科学育儿的知识及家长在幼儿发展中的重要作用，帮助家长认识到家庭与幼儿园的合作伙伴关系，提高家长主动参与幼儿园教育的积极性。家长和幼儿园的合作，不仅仅局限在单向的幼儿园布置任务，家长配合完成，比如配合幼儿园进行玩教具制作。更要让家长深入到幼儿园的一日生活中，让家长能够主动自觉地参与到幼儿园的各项活动中来。在以往的惯例中，幼儿园的课程是幼儿园单方面的事情，实际上，幼儿园的课程才是最应该让家长参与合作的地方。要让家长知道这个课程和活动为什么要给孩子安排，孩子在这样的互动中能够得到什么发展。家长在这些活动中能够参与什么，在家里应该如何与孩子进行沟通和互动。

---

① 刘济良主编：《教师职业道德》，华文出版社，2008 年，第 30 页。

②③ 朱法贞主编：《教师伦理学》，浙江大学出版社，2008 年，第 73—74 页。

（二）帮助家长树立正确的幼儿教育观念

家长的教育观念决定着家庭教育的内容、方法和教育的效果。许多家长因缺乏正确的教育理念而存在着不同程度的家庭教育误区：过于溺爱孩子而忽视了孩子独立能力的发展，过于重视智力开发而忽视了非智力因素的培养，过于关注孩子的学习结果而忽视了学习的过程……幼儿教师应主动用科学的育儿观念和方法去引导家长，改变家长不正确的教育理念和急功近利的教育方式，通过家长学校、家长论坛、家长专题辅导等多种形式，帮助家长树立正确的儿童观和教育观，使家长端正认识，了解幼儿的学习特点，掌握幼儿的发展规律，充分认识到幼儿教育的基础性和不可逆转性，既不能对幼儿放任自流，也不能娇惯溺爱、专制独裁，协助家长建立良好的亲子关系，创设民主平等的家庭教育环境。教师更要重视一对一的沟通和交流的作用，只有一对一地沟通和交流，才能打动家长。

（三）引导家长了解家庭教育的主要内容

幼儿园要借助家园合作的平台，向家长有目的地介绍有关家庭教育的主要内容，使家庭和幼儿园在教育内容上能够保持一致。比如，在幼儿的健康教育方面，教师可以引导幼儿家长注意培养幼儿良好的生活习惯，使孩子能按时睡觉，自己整理床铺，饮食定时定量，养成不挑食不偏食的好习惯；卫生习惯方面，饭前便后洗手，保持服装、环境干净整齐，学会正确的站、走、读、写等姿势；自我保护方面，帮助幼儿了解必要的安全知识，不害怕打针吃药等；身体锻炼方面，鼓励幼儿参加户外活动，提高幼儿健康水平。

微信扫码看学习资料：教育部：《幼儿园入学准备教育指导要点》

（四）指导家长掌握科学的教育方法

幼儿园要向家长传授保教幼儿的基本知识，帮助家长掌握幼儿保健、营养、心理教育的技能，学会运用正确的方法教养孩子。如在营养方面，可以通过“家长园地”的展示，向家长介绍食物搭配指南；在能力锻炼方面，可以通过“家长座谈会”或“经验交流会”，引导家长之间彼此学习好的教育方式，发展孩子多方面的能力；在日常生活方面，可以通过“家长讲座”的形式，引导家长改变对孩子事事包办代替的错误做法，放手让孩子学习整理自己的玩具、物品，注重独立性的培养。

（五）分批培养家长成为专业的儿童陪伴师，助力高品质幼儿园的建设

建设高品质、高质量的幼儿园，是国家对幼儿教育提出的要求。高质量幼儿园的建设离不开家庭、社区、幼儿园三方的共同努力，三方形成合力，高品质的幼儿教育才能更好实现。

《中华人民共和国家庭教育促进法》中，也明确规定幼儿园有责任和义务做好家庭教育的指导工作。家庭教育作为幼儿教育中不可或缺的部分，个体家庭教育的理念、教育的不一致性、教育的期望值等等，都会影响到高品质幼儿园的建设。

现在的家庭模式中，一般情况下爸爸妈妈陪伴的机会较少，祖父母辈陪伴较多。祖父母的教育理念和行为模式与年轻的爸爸妈妈之间也会存在分歧。因此，我们提倡“三代共成长”的家庭教育方式，对祖父母辈和父母辈的引导同步进行。所以幼儿园要寻求有效的方法，有效地帮助家庭进行科学的育儿指导教育。目前，家长们更加注重孩子在认知方面的学习和教育，幼儿园小

班、中班的一些孩子已经会背乘法表，这种急功近利的做法无异于拔苗助长。0—6 岁婴幼儿究竟要学什么、怎么学，家长知之甚少。尤其是 0—3 岁婴幼儿每一个关键期的发展特点、如何在关键期给予专业的支持和促进，家长们更是知之甚少。为此，幼儿园要根据家长的时间，分批分步骤地引领家长进行系统的亲子课学习，让家长了解婴幼儿的发展规律、发展水平、发展需要和发展目标，进而能够用专业的方式、方法陪伴婴幼儿的成长，为婴幼儿的后继成长和终身学习奠定基础。当我们的家庭对幼儿教育有了正确的认识，陪伴方式也具有一定的专业性时，才能更好地与幼儿园教育同步同向，形成合力，促进幼儿更好地发展，助力高品质幼儿园的建设。

三、家园合作中幼儿教师的职业道德规范

（一）对家长以诚相见，以礼相待，互敬互重

幼儿园教职工要主动热情接待家长，耐心周到服务，及时做好家长工作，尊重家长，平等地对待每一位家长；帮助家长树立正确的教育观、儿童观；虚心听取家长意见和建议，不以粗鲁言行对待家长……这些是较多幼儿园制定的教师行为规范中的明确要求。这些要求表明，幼儿教师在家园合作过程中应拥有强烈的服务意识，主动与家长联系，及时与家长沟通，主动发挥自身的主导性作用。

幼儿教师在家园合作中主导作用的发挥，首先应建立在教师和家长人格完全平等的基础之上，两者之间不存在尊卑、高低之别。特别是幼儿教师，不能自恃有较高的专业知识而轻看家长的意见和做法。这样做既违反了人际交往的平等原则，也不利于沟通、合作目标的顺利达成。其次，教师不能以民族、性别、地域、经济状况、职务、职业等原因偏袒或歧视幼儿家长。最后，在与家长交流的过程中，教师应营造和谐的互动氛围，态度要谦和，举止要礼貌，对幼儿的表扬要中肯，对家长提出建议时语气要委婉，可以使用诸如“这样做会不会好一些?”“我们不妨这样试试看?”等家长易于接受的话语，而不是居高临下地指责：“你是怎么教孩子的?”“别人家的孩子都可以按照教师的要求来做，你们家的孩子为什么就不可以?”这样的语言只会增加教师与幼儿家长之间的距离，不利于在家园合作过程中形成教育的合力。

（二）虚心倾听家长意见，不挫伤家长的感情，不随意指责训斥家长

作为教师，不能随意训斥、指责幼儿家长，也不能使用侮辱性语言贬低幼儿家长的人格，更不能做伤害幼儿家长感情的事。否则不仅损害了幼儿教师的形象，还极易造成教师与家长之间的隔阂甚至对立，甚至可能引起幼儿对教师的不满和恐惧。任何教师，无论他具有多么广博的专业知识和丰富的实践经验，都不可能把多样化的幼儿教育工作做得完美而不出差错，而且随着家长学历和教育水平的不断提高，他们的许多见解和经验也值得教师借鉴和学习。因此，教师应放下“教育权威”的架子，在家园合作中，主动向家长征求意见，虚心听取他们的批评和建议。这样做，既能使家长觉得教师可亲可信，从而真心诚意地支持和配合教师的工作，又能树立教师的威信，不断改进自己的家园工作。在这里，更应该提醒教师的是，千万不要在一

位家长面前去评价另一位家长的教育方式和方法，更不能去转述另一位家长对其他家长教育方式的看法。

（三）客观反映幼儿在园表现，不以个人偏见夸大对幼儿的评价

“金无足赤，人无完人”，发展中的幼儿更是如此。对幼儿在园的表现，教师应不掺杂个人的主观想象，采取报喜亦报忧的方式，客观反映幼儿在园的情况，切忌片面夸大对幼儿的评价。这种夸大会导致评价结果的失真，降低家长对教师的信任，甚至会使家长质疑幼儿教师的专业性。一般来讲，教师在向家长汇报幼儿的发展状况时，可以采取先扬后抑的方式，即先肯定幼儿某些方面的进步再指出其存在的问题。比如：“雯雯今天能独立吃完一份饭菜了，进步很大，但与其他小朋友交往的时候，偶尔会出现一些攻击性行为，我们希望能够与家长配合，共同帮助孩子改掉这个不良习惯，以便使孩子今后更加健康地发展。”这种先扬后抑、为后续表达进行铺垫的方式较容易为家长接受，是家园合作中教师不可忽视的沟通技巧。

（四）不以任何理由向家长索要财物和额外的报酬，以教谋私

廉洁从教是幼儿教师应遵循的基本职业道德规范，也是教师正确处理好利益与事业之间关系的基本条件。但在幼儿教育的实践活动中，却有极少数的教师喜欢利用职务之便，向家长索要额外的报酬，以教谋私。教师的此类行为容易给家长带来额外的担忧：如果不送上这份所谓的“心意”，教师有可能对自己产生不满，还有可能为难和刁难孩子。于是，为避免麻烦的出现和对孩子的潜在影响，家长们只得寻找各种借口和理由向教师进行“表示”，或不情愿地“自觉”送上所谓的“心意”，希望获得教师对自己孩子的特殊关照。

然而，幼儿教师的职业道德规范明确要求：为师者应当以德为重，廉洁从教，廉洁自律。家园合作是幼儿教师工作的一项基本内容，是教师分内之事，教师不能把它看成是商品交换的过程，更不能把它作为一种交易而借职务之便向家长索要财物和报酬，而是应该自觉抵制某些社会不良风气的影响，遵循幼儿教师的职业道德原则，坚守基本的职业道德规范，以免因迷失方向而陷入不良道德发展的误区。

案例：

幼师毕业的王老师，能歌善舞，长相甜美，很有亲和力，孩子们都很喜欢她。她也是保教主任的候选人。在担任班主任的过程中，虽没有主动对家长开口要过什么礼物，但逢年过节也没有拒绝过家长的好心。直到一天，她班上的一个孩子发生了骨折，才引出了一系列的问题。骨折后，家长不依不饶，说给老师那么多礼物，就是想让老师对自己的孩子多照顾，没想到自己的孩子竟然骨折了。随后家长爆出了一系列礼单，什么化妆品，什么衣服，最后竟然说送了一条黄金项链（幼儿园很震惊，幼儿园有明确的“五不准”规定，教师竟然还有这样的行为）。在幼儿园的调查下，该教师对这些事情也予以了默认，最后幼儿园以开除该教师结束了这个事件。本应是很有前途的老师，就因为收了家长的礼物而断送了自己的前程。即使她再优秀，以后也没有哪个幼儿园敢用这样的老师。

（五）不利用家长的地位和身份做教育之外的事情

日常生活中，人们经常会把教师比作“春蚕”“红烛”，把教师看成太阳底下最光辉的人，但

仍然有个别教师借助家园合作的名义，利用家长的地位和身份为自己“谋福利”“捞实惠”。如某幼儿教师在即将结婚之际，利用幼儿家长房管局局长的身份，不仅购买到了某单位的内部购置房，而且还希望家长为其找装修团队对房子进行装修。该家长为了能够得到教师对其孩子的一些特殊照顾，增加“感情分”，很不情愿地承担了从设计到装修材料，甚至家用电器的全部费用。该幼儿教师的行为不仅损害了幼儿教师的形象，而且也严重违背了幼儿教师的职业道德。幼儿教师是幼儿成长过程中的关键人，是幼儿日常模仿的对象，这种利用家长权利谋取个人私利的行为，极大地损害了幼儿教师在家长心目中的形象，也易给幼儿纯洁的心灵带来不良的潜在影响。

第三节　家园活动中的幼儿教师职业道德规范

家园活动是家园合作的具体体现，家园合作正是通过多种类型和多种方式的家园活动实现的。幼儿教师作为家园活动的具体组织者和实施者，在家园活动中起着举足轻重的作用，而幼儿教师在家园活动中规范职业道德行为，则是家园活动顺利开展的重要保障。

一、家园活动的基本含义及类型

（一）家园活动的基本含义

家园活动是家园合作的具体体现方式，是幼儿园与幼儿家庭双方实现家园合作目标、有效促进幼儿身心健康发展的途径。广义上讲，家园活动指的是幼儿园和幼儿家庭通过多种形式和途径，在各种场合下进行的互动与交流活动。

（二）家园活动的基本类型

家园活动主要分为正式途径的家园活动和非正式途径的家园活动两种基本类型。

1. 正式途径的家园活动

正式途径的家园活动，是指由幼儿园整体有计划地组织、由幼儿教师具体执行的比较正式的与幼儿教育相关的活动，这类家园活动具有一定的周期性，次数相对较少。家长开放日、亲子活动、家长联席会、育儿经验交流会、家庭访问等均属于正式的家园活动。

2. 非正式途径的家园活动

非正式途径的家园活动，是指幼儿教师与家长沟通互动中随机性地进行的家园活动。这类家园活动由幼儿教师或者幼儿家长发起均可，方式灵活多样。如入园离园时段的谈话、日常性的电话沟通、网络联系、家长园地等，均属于非正式的家园活动。

二、常见的家园活动方式

（一）家长座谈会

家长座谈会指的是以幼儿园名义召开的，以班级为集体的家园联席会议。从时间上分，主要包括开学前的家长会、学期中的家长会和学期末的家长会。开学前的家长会一般放在新学期开始前召开，主要目的是向幼儿家长集中介绍幼儿园在本学期的工作计划和安排。对于新入园的幼儿家长主要介绍幼儿园的生活常规、幼儿入园后可能会出现的问题以及希望家长做好的幼儿入园的相关准备工作等。学期中的家长会主要向家长通报开学以来幼儿园的教育工作、幼儿的发展情况、下半学期的工作重点和将要开展的主要活动等。学期末的家长会主要是在学期结束时向家长汇报整个学期幼儿园的工作、幼儿的整体发展状况及对家长工作的感谢等。

（二）家庭访问

家庭访问指的是幼儿教师对幼儿家庭分别进行的经常性访问的家园活动方式。该方式目的明确，针对性强，灵活多样且有效性较强。家访前，教师要对幼儿家长的职业、工作单位、文化程度等有所了解，事先确定好家访的主题，与家长约好时间，考虑好家访的方式，预防告状式、谴责式、浏览式的家访，并注意不要触及家长的隐私，以获取家长的信任。

（三）电子信息交流

电子信息交流主要指的是通过电话或计算机网络进行的信息化交流的家园活动方式。相比较其他方式而言，电话与计算机网络交流更方便、快捷，是现代家园沟通的重要渠道。幼儿教师可以随时通过电话或短信方式告知家长幼儿在园的情况、幼儿园近期的活动安排以及需要家长参与的活动等，而家长也可以通过电话向教师了解孩子的近期表现，咨询教育孩子的相关问题。伴随着计算机网络的逐步普及，很多幼儿园也开始充分利用网络应用程序的功能，如通过使用 QQ、微信等方式开展家园合作的活动。有的幼儿园还建立了自己的网站，把有关幼儿园的制度、幼儿教师个人情况、幼儿学习情况、幼儿园的工作动态等公布在网站上，方便家长随时了解幼儿园和幼儿的学习、生活。有的幼儿园网站上建立了家教论坛，不同幼儿家长通过在网络平台上的言语互动，达到与幼儿教师和其他家长共同交流经验的目的。多种形式的交流方式可以拉近家长与幼儿园之间的距离，增强幼儿教师与家长的情感交流，建立友好的合作关系，从而使幼儿教师与家长为了幼儿的成长真正走到一起。

三、常见家园活动中的幼儿教师职业道德规范

家园活动的最终目的是通过幼儿园与幼儿家庭双方的交流与合作，更好地促进幼儿身心全面和谐地发展。能否科学合理并且规范有效地开展家园活动，幼儿教师个人专业素养和道德修养的高低有不可忽视的影响。然而，家园活动作为一种社会性的人际交往活动，必然要求活动的双方必须遵循一定的道德行为规范，尤其是作为主要实施主体的幼儿教师，更应自觉遵守基本的职业道德规范，通过对相关活动中个人行为的自我约束，确保各项家园活动的顺利进行。

微信扫码，观看授课视频《家园合作中的幼儿教师职业道德（二）》

总的来讲，幼儿教师职业道德规范主要包括以下内容：一是要遵守宪法和其他各种法律法规，依法进行教育教学活动；公正执教，平等对待每一个幼儿，坚守大义，发扬奉献精神，廉洁自律，自觉抵制各种非正当利益的诱惑，努力培养自律的自觉性，从小事做起，不取不义之财，持之以恒；二是要热爱幼儿，不断进取；三是要遵守公德，如举止文明、助人为乐、见义勇为、自尊和尊重他人、诚实守信、遵纪守法等；四是要尊重家长；五是要注重礼仪，即幼儿教师要注重个人仪容（如自然美、内在美）、举止文明（如不挖耳屎）、表情自然大方且热情诚恳、用语礼貌，另外服装配饰也应整洁得体；六是要以身作则，为人师表，遵守社会公德，语言规范健康，

严于律己，作风正派，注重身教。归结起来，幼儿教师要有高尚的道德情操，即要求幼儿教师忠诚于人民的学前教育事业，具有爱岗敬业、无私奉献、勇于创新的精神和热爱幼儿、公正无私、追求真理的道德境界以及正直诚实、和蔼善良、勤奋坚毅的道德素质和宽容谦虚、克己自制、乐于合作的道德修养，有健全的人格，做到身体力行①。

具体到不同的家园活动中，对幼儿教师职业道德行为规范要求的侧重点又有所不同。以下将依据不同活动的不同特点，分别具体介绍常见家园活动中幼儿教师应遵循的基本职业道德规范。

（一）家长座谈会中的幼儿教师职业道德规范

家长座谈会是较正式、有组织且规模相对较大的家园活动，具有集体性且持续时间较短的特点。家长座谈会一般是以一对多或者多对多的交流方式进行。在此类家园活动中，幼儿教师应遵循以下的职业道德规范。

1. 认真负责，工作做到实处

认真负责、工作细致是爱岗敬业的体现，可以更为具体地体现在座谈活动的各个环节之中。比如座谈会前的准备工作要充分，班级教师共同商讨，一起分析班级每一名幼儿的基本情况，客观评估幼儿目前的发展情况，根据班级各项工作一起制定家长座谈会的方案与流程；按照家长座谈会方案，召开班级会议，做好工作分工，包括总责任人、物料准备负责人、接待家长的负责人等分工，要求责任细化到具体的人、具体的完成时间点、具体的标准要求等。通知家长参加座谈会应确保所有幼儿家长明确相关信息，可以通过短信或者电话方式通知到每位家长，也可在家长接幼儿时口头确认或者当面沟通。座谈会后，按照方案中明确的措施和责任人，做好应有的改进工作，按时间节点完成；完成后，要及时填写工作记录并以文稿形式存档，以备后续沟通时使用；全部改进结束或主要问题改进结束后，通过约访或电访与家长沟通相应问题的解决方案，针对如何实施向家长进行讲解，以赢得家长的认同。

2. 尊重家长，主动与家长沟通

苏霍姆林斯基曾指出：“教师和家长作为并肩工作的两个雕塑家，有着共同的理念，并朝着一个方向行动。要知道，在创造人的工作上，两个雕塑家没有相互对立的立场是极其重要的。”②也即是说，尊重幼儿家长对于幼儿园教育的成功有着极其重要的意义。尊重幼儿家长一方面能够帮助其发挥教育潜能，能够较容易地在幼儿教育方面与其达成共识；另一方面也有利于解决与幼儿家长之间的一些矛盾。另外，尊重是人的基本心理需求，只有教师和家长双方彼此之间相互尊重、真诚相待，才能使双方产生愉悦的情感体验，才会有和谐关系构建的基础。

比如，在通知家长参加座谈会时，使用的语言应简洁明确、礼貌诚恳：“××家长，您好！本班定于××××年××月××日××点在××地方举行新学期家长座谈会，请您准时参加！谢谢您的配合！”座谈会会场的布置也应注意营造良好的交流氛围，如保证会场的整洁干净，播放舒缓的轻音乐，幼儿园门口竖立黑板进行温馨提示，幼儿教师在门口提前等待家长，并用温和的话语问候家长：“家长，您好！欢迎您来参加家长会！请到这边签到。”引领家长落座时，可以礼貌引导：“家长，您好！请到这边入座。”……座谈会结束后，教师还应主动与家长沟通，了解家长需求，听取家

① 参见刘济良主编：《教师职业道德》，华文出版社，2008 年，第 30—61 页。

② 〔俄〕B.A.苏霍姆林斯基：《给教师的一百条建议》，周蕖、王义高等译，天津人民出版社，1981 年，第 139—140 页。

长建议，并做好相应的记录工作。

3. 公平公正，廉洁自律

幼儿教师应做到平等对待所有幼儿家长，避免根据家长的职务、地位、经济收入等而区别对待。作为幼儿的家长，他们除了承担幼儿父母这一角色以外，还同时扮演着其他的社会角色，从而拥有不同的社会职责和社会关系。正因为如此，部分幼儿教师会出于私心，热情对待地位高或富有的家长而冷落地位相对较低或者较为清贫的家长；部分幼儿教师由于喜欢某个幼儿而对其家长和颜悦色，而对于调皮捣蛋、不服管教的幼儿的家长却疾言厉色；还有部分幼儿教师带着个人情感与自己喜欢的幼儿家长积极交流，而冷落年迈或者不善表达的幼儿家长等。这些都是违背幼儿教师职业道德规范的行为，应在家长座谈会的过程中尽量避免。

（二）家庭访问中的幼儿教师职业道德规范

家庭访问是家园活动中常见且有效的互动方式，也是要求相对较高的一对一的交流方式。其在幼儿教师职业道德行为规范方面的要求相对也更高。具体包括：尊重家长意愿，约定访问流程；恪尽职守，明确交流目的；注重礼仪，善用交流技巧等。

1. 尊重家长意愿，约定访问流程

家庭访问相对于其他方式的家园活动，有其特殊性，它是一对一、较深入、有针对性的家园合作活动。一般情况下，家庭访问活动的场所以在幼儿家中为宜，以便幼儿教师更全面地了解幼儿的家庭生活环境。家庭是私人的生活空间，而深入的一对一交流，更需要幼儿家长有足够的时间和各方面的提前准备，因此，家访活动的进行与否、进行时间、持续时间和活动的大致内容都应事先与幼儿家长充分沟通，充分征询幼儿家长并尊重其意愿，同时也要有一定的技巧便于家长接受。比如电话预约时，应选择合适的时间，避开家长可能的工作和休息时间，还应简洁、清楚地作自我介绍：“家长您好！我是××幼儿园的教师（自报家门），请问您是×××的家长吗？新学期您的孩子即将入园，为了更好地为您的孩子提供个性化的照顾和教育，也为了让孩子在开园前熟悉教师，我们将对您的孩子进行家访（提出访问的内容）。请问，您在明天下午××点—××点中间有时间吗？（在对方同意的情况下定下具体的时间、地点，注意避开吃饭和休息时间）”如家长对家访有抵触情绪，就不要做硬性要求，可以改为邀请幼儿家长选择到园约访。如果是当面预约，一定要用征求意见的方式与家长平等沟通：“家长您好！为了让您更加全面地了解近阶段您孩子的发展情况，我们也可以深入了解孩子在家的一些情况，我们将对您的孩子进行家访，不知道您是否有时间？您何时更加方便？”

2. 恪尽职守，明确交流目的

恪尽职守是指教师应时刻谨记作为幼儿教师的本职工作，为了孩子的一切，尽职尽责地做好家访中各个环节的工作。比如家访前，应全面分析家访对象幼儿的特点及家长特点（是何职业，是否有禁忌或是否为少数民族等），确定家访的重点内容，做到准备充分后，再进家家访，以确保家访的效率和质量。

明确交流目的是指家访活动不能盲目或者出于其他与幼儿教育无关的目的（比如为满足一己私利）进行。幼儿教师应十分清楚进行家访的最终目的，即与幼儿家长友好协作，在合力中共同促进幼儿的健康发展。阶段性的目的则可以视具体情况而定。但无论开展何种形式的家访活动，都应注意紧紧围绕家访的目的进行，避免偏离主题、交流时间过长等现象的出现。

3. 注重礼仪，善用交流技巧

注重礼仪是家访活动顺利进行的保障，也是幼儿教师职业道德规范的要求之一。正式家访出发前，教师可再次电话确定，确保幼儿家长有较为充分的准备。到达幼儿家门口时，应注意按门铃（慢慢地按一下，隔一会儿再按一下）和敲门的礼仪。如敲门时，一般用食指敲门，力度适中，间隔有序，敲三下，等待回应。如无应声，隔一小会儿，可稍加力度，再敲三下。如有应声，再侧身立于房门开启一侧，待门开时再向前迈步进入。与家长沟通时，目光应注视对方，微笑致意，不可心不在焉、左顾右盼。如果家长是年长者，应在家长入座后自己再坐。

家访是一对一、面对面的交流，因此，教师的交流技巧对家访目的的达成起着关键作用。比如称呼要得体，得体的称呼会使家长感到亲切；语气要委婉，尽量避免用命令、警告、责备、提意见、训话的口吻与家长对话，这样容易使家长产生防御心理。教师应用热情、关心、委婉的语气和家长平等对话，如果能加上风趣幽默的语言，将更能使家访气氛融洽、和谐、轻松。另外，教师还应正确运用非语言技巧，主要包括面部表情、身体动作、手势、穿着打扮等。面带微笑、手势恰当、握手有力、姿势大方端庄、穿着得体等非语言技巧的恰当运用，有助于家访工作的顺利开展。

幼儿教师在与家长沟通交流时还应该注意一些细节。比如，可以从幼儿在园的突出表现导入本次话题，分析幼儿年龄特征及性格变化，让家长感觉到教师是很用心地对待幼儿，对幼儿了解很全面，超出家长的期望，这会自然地拉近教师和家长之间的心理距离。教师在提及幼儿在园的生活时，应从幼儿生活的多角度进行分析，打消家长的顾虑，并尽量使用描述性的语言而非判断性的语言，避免使用很生僻的专业术语；深入沟通时，要让家长充分感觉到教师的专业与细心，赢得家长的信任；了解家长的想法时，注意与家长进行情感交流，突出对幼儿的关爱及重视，让家长切实感受到教师是站在家长的角度为孩子着想，进而主动向教师介绍幼儿在家的真实情况。

教师在开展家访工作时，宜多采用鼓励、赏识的方式进行，切忌采用告状式、指责式家访；家访的内容宜全面、多样，切忌片面、单一。家访活动是双向性的交流活动，教师应注意给家长留有充足的交流时间，并宜采用启发式的语言，切忌武断地妄下结论；宜平等尊重，忌居高临下，横加指责。家访过程中，教师应主要围绕幼儿的发展教育情况展开交流，重点询问有关幼儿的情况而不要过多谈论别的孩子或者他们的父母，保护其他幼儿的家庭稳私。

（三）电子信息交流中的幼儿教师职业道德规范

随着电子信息技术的飞速发展，我国开始进入信息化的网络时代。但网络社会虚拟、交互以及开放的特点，使得现实社会中的职业道德规范在网络社会中逐步失去了其原本的强大约束力。而利用电子信息技术和终端设备与幼儿家长进行互动活动、借助网络工具开展家园合作活动已经成为家园合作的新方式，并呈现越来越常态化的趋势。

电子信息资源丰富而多样，而电子信息产品更是种类繁多，简单快捷。充分利用电子信息资源和电子信息产品开展家园合作的活动，一方面能够拉近与幼儿家长的距离，促进相互之间更好地沟通交流与协作，如使用 QQ 或者微信等聊天工具，在交流互动时没有直接面对面的压力感，教师更易在轻松愉快的氛围中了解幼儿及家庭的真实情况和信息，便于相互之间的接受与理解；另一方面也能及时快捷与幼儿家长直接沟通，从而保持双方信息交流的通畅性，促进幼儿教师与家长的共同协作。比如，幼儿因突发性的疾病无法来园，幼儿家长可以通过电话和短信及时告知情况，幼儿教师也可以通过电话或短信及时了解幼儿的真实情况，做出相应的回应与帮助。再如，微信等网络工具的使用，可以使教师在充分分享幼儿教育的知识经验、与幼儿相处技巧的同时，加深与家长之间的相互了解与信任，进而保持双方掌握幼儿信息的一致性和双方教育幼儿行为的一致性，实现家园合作效果的最大化。

电子信息技术和电子信息产品的使用具有明显的两面性，恰当地运用可以更好地促进家园活动的进行，而盲目不合理的使用却常常带来意想不到的不良后果。而幼儿教师职业道德规范则借助内部力量，确保电子信息交流类型的家园活动能够有效顺利地开展。

1. 时刻保持公平公正之心和坚守大义的道德情操

电子信息技术和电子产品的使用，一方面便于教师和家长自由地了解与沟通，另一方面也容易在交流活动中，不自觉地带入私人情感和个人情绪。如因个人好恶而对幼儿家长采用不同的对待方式，借用甚至滥用幼儿家长的职权为自己谋私利等。为此，教师在开展电子信息交流活动时，应理性地坚持教师的道德底线，坚守教师的职业道德规范，时刻保持公平公正之心和坚守大义的道德情操，以获取家长的信任从而保证今后此类活动的顺利进行。

2. 尊重家长的隐私权

电子信息技术及其产品的使用，可以使幼儿教师掌握幼儿家长更多的私人信息和家庭资料。但幼儿教师应有警觉意识和道德约束力，避免有意或者无意间把幼儿家长的信息透露给其他家长、个人或群体，给幼儿家长带来不便甚至不可挽回的损失。

3. 确保交流信息的及时性、准确性与真实性

电子信息的虚拟性容易造成真假善恶的无法辨别。在进行电子信息交流时，教师应尽量确保双方交流信息的及时性、准确性与真实性，做到表里如一，诚实守信。如幼儿在幼儿园或者在家里受到某种程度的损伤但当时却没有明显反应时，幼儿教师和家长也应坦诚告诉对方幼儿的实际情况，以免因不能及时关注或进一步诊断而导致幼儿受到潜在的更大伤害。

微信扫一扫，观看本章思维导图及学习目标

幼儿教师职业伦理

第一节　职业伦理与幼儿教师职业伦理

康德曾经说过：“有两样东西，我们愈经常愈持久地加以思索，它们就愈使心灵充满日新月异、有加无已的景仰和敬畏：在我之上的星空和居我心中的道德法则。”①道德是我们生活中普遍而又特殊的现象，而伦理学则以这一现象为研究对象，对人类自身的生活进行自觉省思和哲学思辨，体现了人类完善自我、完善他人和社会的道德愿望与理性思考。我们对幼儿教师职业伦理的考察，就从什么是伦理开始。

一、伦理的界定

在日常生活中，人们经常把“伦理”和“道德”作为可以相互代替的概念，或者往往把“伦理道德”联系在一起使用，从这个意义上来讲，“伦理”和“道德”的含义是相通的。在西方，源于古希腊文“ethos”的“伦理”和源于拉丁文“mores”的“道德”也都有习惯、品格以及风格等含义。但是，在严格的意义上，这两个概念还是有所区别的。

“道德”一词既是指根本的行为准则，也是指人的品性和最高的精神境界。而“伦理”一词最早见于《礼记·乐记》：“乐者，通伦理者也。”也就是说音乐对于陶冶品性、疏通人伦具有作用。单字来解，“伦”字“从人从仑”，即人的辈分关系、人伦秩序。“理”的本意是治玉，即雕琢玉石，“玉之未理者为璞，剖而治之，乃得其鳃理”②。所以，“理”指的是事物内在的道理。“伦理”则是指人们在处理相互关系时的规范、准则。孟子将基本的人伦关系概括为五种，即父子、君臣、夫妇、长幼和朋友；而处理和协调这五种关系的行为准则为“父子有亲，君臣有义，夫妇有别，长幼有序，朋友有信”③。这“五伦”也成为此后中国两千多年传统道德的“伦常之理”和核心内容。伦理作为调节、处理人与人之间道德关系的道理，不仅反映着个人与群体、群

① 〔德〕康德：《实践理性批判》，韩水法译，商务印书馆，1999 年，第 177 页。
② 《战国策》。
③ 《孟子·滕文公上》。

体与群体之间的行为规范，而且也是道德的理论形态和哲学思考。

关于伦理的分支有很多，包括职业伦理、政治伦理、商业伦理、科技伦理、经济伦理、医学伦理、网络伦理等等，在明晰了伦理的概念之后，我们来探讨职业伦理。

二、职业伦理

涂尔干曾经说过，职业伦理与公民道德是结合在一起的①，现在的职业伦理就是一种“公德”规范。职业伦理，简而言之，就是以辛勤工作为行为基础的一套价值，它是通过将普遍的道德理论与原则直接应用到具体的社会实践领域中去，从而形成与不同的职业之独特的任务相对应的特殊的责任、义务与行为规范。

一般来说，职业伦理是由职业伦理关系、职业规范、个人德性和职业伦理秩序四个要素组成的。具体来说，职业伦理包括职业理想、职业态度、职业责任、职业技能、职业纪律、职业良心、职业荣誉以及职业作风八个方面。

职业理想也称事业理想，是职业道德的灵魂，是指人们对自己未来职业的选择和向往，以及在职业活动中所追求的事业成就和奋斗目标。随着年龄的增长、社会阅历的增多、知识水平的提高，职业理想会由朦胧变得清晰，由波动变得日趋稳定。

在生活中经常有这样一种误区，认为职业理想和日后的理想职业是画等号的，其实不然。个人的能力、职业理想与职业岗位的最佳结合才是我们所说的职业理想。它对个人以后的职业生涯起着导向、调节和激励的作用。对于幼儿教师这个职业来说，一部分人认为幼儿教师的工作太辛苦，不愿意把它作为终身的职业，这也是造成幼儿教师频繁流动的原因之一。在全面三孩政策实施以来，学前教育师资的质量更成为社会日益关注的话题。总之，无论是对待哪一种工作，想要获得幸福感，树立正确的职业理想都是十分必要的。

职业态度是指个人对职业选择所持的观念和态度。其中，劳动价值观念、受教育的程度、文化专业技术水平、劳动能力、兴趣爱好等是影响职业态度的最为主要的因素，而职业态度的养成也有赖于家庭教育、学校教育、社会教育以及自我教育的合力。

积极的职业态度是实现职业理想的必要条件。拥有良好职业态度的人一般具有以下主要的特征：积极、主动、努力、毅力、乐观、细心、耐心、爱心、责任心。

职业责任是指人们在一定职业活动中所承担的特定的职责，它包括人们应该做的工作和应该承担的义务。从业人员要认识到自己所担负的责任，把它变成自己内心的道德情感和信念，并转化为良好的职业行为。

职业技能是指从业人员从事职业劳动和完成岗位工作应具有的知识文化水平、技术熟练程度和解决各种问题的能力。崇高的职业道德不仅表现为自觉履行职业责任、实现职业理想的愿望，还表现为高超的职业技能。

职业纪律是指为了维持职业活动的正常秩序，保证职业责任的履行，人们在从事职业活动时，必须遵守的规矩和准则。它常常表现为规章、制度等形式，如商店、超市等的“柜台纪律”，部队的“军人条例”，学校的“教师守则”等，都是职业纪律。

职业良心是在履行职业义务的过程中，人们内心所形成的职业道德责任感和对自己职业道德

① 冯婷：《涂尔干论职业伦理和公民道德》，《中共浙江省委党校学报》，2003 年第 4 期。

行为的自我评价、自我调节能力，是一定的职业道德观念、职业道德情感、职业道德意志、职业道德信念在个人意识中的统一。职业良心是职业人员对职业责任的自觉意识，是一种“道德自律”。

职业荣誉就是对职业行为的社会价值所做出的公认的客观评价及正确的主观认识。如果职业劳动者认真履行职业义务并做出了贡献，会得到社会的肯定与褒奖；而社会的肯定和褒奖又会反过来强化这种行为，促使职业劳动者更加认真地履行职业义务，做出更大的贡献。如获得首届河南省教书育人楷模的茹振钢教授，几十年如一日，一直坚守在小麦的试验田，兢兢业业的付出收获了巨大的成就：从事科研与教学工作 42 年来，他先后主持承担了 20 余项国家和河南省小麦科研项目，培育并推广了百农系列小麦新品种，累计推广面积 4 亿多亩，其中“矮抗 58 小麦”新品种曾荣获国家科技进步奖一等奖。如今，他育成的杂交小麦“雄性不育系 BNS”，成为我国杂交小麦研究利用的热点，具有极其广阔的应用前景。他无偿将科技成果转化的收益奉献给科研团队和实验室建设，义务筹集 100 多万元作为青年教师创新基金，拿出几十万元的个人收入用来资助家庭经济困难学生……茹振钢先后获得全国模范教师、全国优秀共产党员、新中国成立 70 周年“河南省突出贡献教育人物”等荣誉。

职业作风是指职业劳动者在其职业实践和职业生活中所表现的一贯态度。如果一个职业集体有了优良的职业作风，就能互相教育、互相影响、互为榜样、互相监督，使好的思想、好的行为品质得到发扬，使不良的思想、行为、品质得到坚决的抵制。

对职业伦理有了初步的感知后，我们最主要的是要阐释教师职业伦理中的幼儿教师职业伦理。

三、幼儿教师职业伦理

（一）幼儿教师职业伦理的内涵

由前文所述，伦理和道德相比较而言，它约束的对象是社会关系和在其中互动的人，更加强调的是社会关系和群体规范。因此，幼儿教师职业伦理是指幼儿教师在从事教育教学这一工作时应该遵循的基本伦理规范和行为准则，它以教育职业劳动的特殊性教育规律为出发点，以幼儿教师的道德意识、道德关系、道德规范和道德实践活动为研究对象。

1966 年联合国教科文组织（UNESCO）和国际劳工组织（ILO）通过的《关于教师地位的建议》中，教师职业早就已经被认定为是一种专业，并且在目前教师专业发展的趋势之下，教师“职业道德”逐渐要向“教师职业伦理”转变。

幼儿教师职业伦理具体来说，也包括职业理想、职业良心、职业荣誉、职业幸福等方面。

其中，幼儿教师职业理想指的是忠于幼教事业，努力做一名优秀的幼儿教师。这也要求幼儿教师必须做到热爱教育事业、热爱幼儿、献身幼儿教育事业、不断提高自身素质。

幼儿教师职业良心是指其在教育劳动中对教师责任的自觉意识，是教师在自觉履行教书育人义务的过程中所形成的道德责任感和自我评价能力；是教师道德观念、道德情感、道德意志和道德信念在教师意识中的有机统一，它是教师的社会道德义务经过教师职业道德规范转化为教师内心准则和教师品德的结果。作为幼儿教师，职业良心最重要的要求是高度的责任心和真诚的爱心。

幼儿教师职业荣誉就是对其职业行为的社会价值作出的公认的客观评价和主观意向。它包括幼儿教师自我意识的荣誉和社会客观评价的荣誉两个方面。

幼儿教师职业幸福指的是幼儿教师在教育工作实践中，以自己出色的劳动实现幼儿身心全面发展的目的和理想而得到的精神上的满足。

（二）幼儿教师职业伦理的必要性

幼儿教师职业伦理是幼儿教师专业化过程中至关重要的组成部分。服务对象的特殊性以及职业角色的特殊性决定了幼儿教师更需要职业伦理。幼儿教师职业伦理能够帮助教师不断地反思，强化幼儿教师抗拒不道德的行为。对内规范幼儿教师的专业行为，对外保护受教育者的权益，并且可以提升社会对幼儿教师职业的认同度。

1. 服务对象的特殊性需要幼儿教师职业伦理

美国儿童心理学家艾森伯格曾经说过，当一个工作团体对其服务对象的权威或影响力愈大时，伦理就愈重要。因此，当执行某职业行为对服务对象或专业人员的风险愈大时，就愈需要专业伦理的规范。

一般而言，服务的对象愈弱小，工作人员对服务对象所具有的权力愈大，就愈需要内化的约束力，工作人员的职业伦理规范就愈重要，以免形成权力的滥用。幼儿教师的主要服务对象是幼儿，幼儿教师对幼儿的影响力已不再局限于体、智、德、美等方面，由于幼儿的“向师性”，教师的一言一行对幼儿都有着潜移默化的影响。当教师的行为欠妥或失当的时候，幼儿基本上无力改变或修正教师的行为，除非教师自身觉察到自己的不良或错误行为并敢于及时改正。职业伦理规范可以使教师能够客观公正地看待自己的所作所为，积极地为幼儿的身心发展起到正确的引导作用。

幼儿教师的服务对象还包含幼儿家长及幼儿园所在的社区。每一种服务对象都有其特殊性，其需求也不尽相同，甚至有时还会互相抵触。比如幼儿家长方面，教师与部分家长在价值观、教育观等方面均有很大的差异，当教师与各服务对象的需求和利益相互冲突时，伦理规范的存在便能协助教师理清服务对象的重要次序，并以其中最重要的服务对象——幼儿的利益作为最优先考虑的因素，采取最适宜的解决问题的方法。

2. 职业角色的特殊性需要幼儿教师职业伦理

幼儿教师的职业是非常辛苦的职业，而在生活中由于受到传统观念的影响，在不少人的心目中，幼儿园的职能只是母亲、祖母或保姆照顾孩子职能的一种替代或延伸，对其教育价值缺乏充分的认可和重视，这也使得部分幼儿教师对自己的职业缺乏认同，进而产生流动的倾向。在指导学生见习和实习的过程中也发现，部分学前教育专业的学生对自己的专业也并不认同，如果毕业能进小学就不想进幼儿园。由此可见，除了家长以及周围人的看法以外，部分学前教育专业的同学对自己专业的自我认同感也较低。专业伦理规范有助于维护幼儿教师自身的专业认同感，而最重要的是提升幼儿教师职业的社会认同度。

幼儿教师的工作对象是学前儿童，而学前阶段在人的一生发展中占据着重要的位置，因而相对于小学以及中学老师来说，他们需要承担更多的责任和全方位的工作，要付出更多的耐心、爱心、细心。幼儿教师不仅要促进幼儿各方面的发展，同时也担负着日常保育的责任。在此过程中，某些教师经常容易不自觉地逾越角色界限，充当家长或代替家长，甚至干涉家长的施教方式，因而不可避免地引起争端。加强幼儿教师职业伦理规范，有助于避免或者减少诸如此类冲突的发生，并可进一步明确幼儿教师的角色界限和职责范围。

总之，教师职业伦理的构建有助于促进幼儿教师职业的专业化和整个幼儿教师队伍的建设。

第二节　幼儿教师职业伦理的专业性特征

幼儿教师职业伦理与幼儿教师专业伦理既有一定的联系又有区别。幼儿教师专业伦理是幼儿教师在专业领域内与专业活动和行为有关的伦理规范，属于教师职业道德的范畴，是教师职业发展至特定阶段——成为一种专业之后才有的，是职业道德发展的高级阶段。幼儿教师的专业伦理偏重于专业层面，用以约束执行专业相关活动的教师团队，它强调成员对伦理条例的自觉遵守，不具有法律的强制性、义务性和制裁性，监督机制以专业团队的内部监督为主。

职业伦理是通过将普遍的道德理论与原则直接应用到具体的社会实践领域中去，从而形成与不同的职业之独特的任务相对应的特殊的责任、义务与行为规范，其内容一般而言都是明确的、稳定的，是与非、对与错，无可争议。幼儿教师职业伦理是指幼儿教师在从事教育教学这一工作时应该遵循的基本伦理规范和行为准则，它以教育职业劳动的特殊性教育规律为出发点，以幼儿教师的道德意识、道德关系、道德规范和道德实践活动为研究对象。很长一段时间以来，幼儿教育一直被认为与专业无缘，与之相应的幼儿教师的专业性也难以得到社会承认，他们常常被定位为“保姆”“孩子王”的角色。随着幼儿教育事业的不断发展和学术研究的不断深入，对幼儿教师这一职业而言，其专业道德发展由强调抽象、模糊、未分化的师德走向强调具体、明确和专业化的伦理规范已是必然。不难看出，幼儿教师的职业伦理必然具有一定的专业性特征。

一、尊重孩子，热爱孩子

微信扫码，观看授课视频《幼儿教师职业伦理的专业性特征》

这是从教师与幼儿的关系维度来表现幼儿教师职业伦理的专业性特征。师幼关系是教师与幼儿在教育过程中建立的一种伦常关系。它是幼儿园教育过程中最主要的人际关系，是教师职业伦理规范中最基本、最重要的关系规范。师幼关系处理不当将会直接影响学生的身心健康。

幼儿教师应该尊重孩子，发自内心地热爱孩子，这不仅仅是构成有效师幼互动的基础，而且也能极大地促进幼儿的身心健康发展。幼儿教师的爱对孩子的身心发展有着重要的影响。教师的爱和家长的爱是有区别的。家长的爱是专门的、特定的、偏爱自己子女的爱，而教师的爱是普遍而广泛的，需要将自己的爱给予全体儿童而不只是个别儿童，并保证他们享有同等性质的教育机会。在幼儿园教育教学活动中，需要特别注意关注到每一个孩子，而不是仅关注“优秀”“听话”“调皮”“捣蛋”的孩子，对于各方面发展处于中间水平的孩子教师也需要特别关注。另外，教师在与儿童交往的过程中，应该处理好情感与理智的关系，和幼儿保持适度的疏离，客观、中性地观察分析儿童，并给予幼儿适宜的发展空间。

在教育幼儿的过程中，赏识教育应为主要的教育方式，想成为优秀的幼儿教师，还需要会运用惩罚教育，但切记惩罚教育并不等于体罚教育，更不能触及虐童这一底线。近年来时有发生的幼儿教师虐童（或其他伤害幼儿的行为），既可能是“师德问题”，即明知不对也要去做，主观故意地伤害幼儿，也可能是由于其他原因，如心理素质差、无法控制个人情绪，或存在精神方面的缺陷、隐患，或根本意识不到自己所为失当，或明知做得不对，冲动时却管不住自己。这种情况就很难单纯归咎于“师德”，而只能说，这名幼教工作者根本不具备从事这一职业的素质。这也说明仅以“师德”为幼教行业的准入标尺，是无法甄别、剔除那些主观上并无虐童意图，但事实上却很可能做出虐童行为的不合格幼教工作者的。

尽管这只是幼儿教师队伍中的个案，但是无形之中破坏了幼儿教师在家长以及其他人员心目中的形象。诚然，幼儿教师的工作相比较其他教师的工作而言，可能更苦、更累，甚至待遇还有待提高；就幼儿园内部而言，民办幼儿园和公办幼儿园教师待遇仍有很大差距，但这都不足以成为幼儿教师不尊重孩子甚至虐待孩子的缘由。幼儿教师应该怀着一颗热爱孩子的心去进行一日活动的各个环节，如果真的能从内心把每一位孩子都当作天使来看待，那么幼儿教师才能顺理成章地有天天如在天堂中的职业幸福感。

当教师真正地以幼儿的视角，让幼儿参与、让幼儿自主探究时，这样才达到了真正意义上的尊重孩子。幼儿教师在与孩子接触的过程中，要善于倾听与观察孩子，认真分析与判断孩子的行为，并且对其行为进行支持与引导。总之，只有幼儿教师积极调整自己的角色定位，尊重孩子，才能营造轻松愉悦的心理互动氛围，幼儿在这样的环境下，才能获得最大程度的身心健康发展，这也是我们幼儿园教育最本真的目的所在。

二、严于律己，全面发展

这是从幼儿教师如何处理好人与自身的关系维度来呈现幼儿教师职业伦理的专业性特征。教师解决好与自身的关系规范是顺利执行专业相关活动的基础。这就要求要做一个学习型的、有智慧的、充满幸福感的、专业的幼儿教师。

人道主义在教师与自身的关系领域的要求是处理好“作为人的教师”和“作为教师的人”两者之间的关系。在中国的文化传统里，教师被奉为礼的化身、道的代表、德的典范，享有超出一般教育学意义的至高政治伦理地位，与“天、地、君、亲”并列。在现代的文化观念里，教师还是人们的学习榜样，是模范，是师表，是“路标”，是“航标灯”。尤其是再加上幼儿本身所具有的“向师性”，很多幼儿教师成了幼儿首选的模仿对象，模仿内容包括幼儿教师的穿着以及行为各个方面。然而现实生活中，教师集体是由单个个体组成的，有千差万别的个体自然就会有千差万别的教师形象，有优秀的幼儿教师，也一定会有合格的幼儿教师，甚至是不合格的幼儿教师；有勤奋上进的幼儿教师，也一定有安于现状的幼儿教师，甚至得过且过的幼儿教师。过于伦理化、理想化、一元化的教师形象弱化了教师作为道德主体以外的其他角色，只重社会责任、道德自律和理想人格，贬低了教师的自我价值、个性解放和生命自由。人道主义原则要求教师将作为“人”的一般性和作为“教师”的特殊性统一起来，成为更完善的个体。正如联合国教科文组织在《教育——财富蕴藏其中》中所述，假如把牺牲性的行为看成是只对别人有意义而对自己毫无意义的行为，这恰恰意味着自己只不过是一件工具而不是一个显示着人的价值的人，如果一个人自身是无价值的，那么他所做的牺牲也就成为无道德价值的贡献。这也就要求我们从另外一个新的角度去审视幼儿教师，去看待两者更好的结合。基于此，幼儿教师在严于律己的基础上，要成为一个有幸福感的幼儿教师，要成为一个工作着、学习着、享受着的幼儿教师。

另外，幼儿教师与中、小学教师相比，有其自身的专业特殊性，对其专业素质的要求更加全面。根据《幼儿园教育指导纲要（试行）》对幼儿教师专业素质的要求，考虑幼儿个体素质的多元化发展和自我完善，结合教师专业技能自身的性质特点，可以把学前教育专业学生教师专业技能划分为一般教育技能、基本教育技能和复合教育技能三个层面。主要表现为做一名“八会”“五能”的“六心级”幼儿教师。

首先，“八会”即会说、会写、会画、会唱、会弹、会舞、会做、会用。会说：主要指能正确使用普通话，并积极指导幼儿说普通话；能用准确、规范的语言组织教育教学活动，做到语言清楚、生动、流畅；普通话达到二级乙等水平以上，语言类教师普通话要求达到二级甲等以上。会写：主要指能写规范、端正的铅笔字、钢笔字和粉笔字，提倡学写毛笔字；会写教育计划、教育笔记、观察记录和教育总结、教育反思等；会创编简单的儿歌、故事等。会画：主要指掌握绘画技能，会教幼儿绘画并共同布置环境；会写美术字；会选择优秀的美术作品、适合幼儿欣赏的自然景物，陶冶幼儿的审美情操。会唱：主要指掌握基本的唱歌技能；会正确、有感情地教唱幼儿歌曲。会弹：主要指能认识简谱、五线谱；会用一种键盘乐器（钢琴、风琴、手风琴、电子琴），正确、熟练地演奏幼儿歌曲；能自弹自唱。会舞：会跳一定数量的幼儿舞蹈，会编排简单的幼儿舞蹈，能教授幼儿舞蹈的基本动作和节奏等。会做：能用各种材料（主要是废旧物品）制作教具和玩具。会用：能操作、使用现代化教育设备（投影仪、电脑、摄像设备等），会使用幼儿园的各种图书、资料及其他各种教育设施设备。

其次，做到“五能”。包括观察、记录、分析幼儿活动的能力，制定教育、教学计划的能力，组织教育活动的能力，做好幼儿家长工作的能力，以及进行教育科学研究的能力。

其中，观察、记录、分析幼儿活动的能力包括能经常地、有计划地对本班幼儿进行观察，了解幼儿的发展状况；能及时做观察记录，并进行合理的分析评估。

制定教育、教学计划的能力包括能根据幼儿园的总要求，结合本班特点和幼儿个性特点，制定班级教育计划（包括学期、周、日计划和教学计划等）；教育目标明确、具体，切合实际，有利于幼儿发展；能正确、恰当地选择教育内容，重点突出；能紧扣目标制订切实可行的教育措施，取得较好的教育效果。

组织教育活动的能力包括善于组织教学活动，能灵活运用各种教学手段，指导幼儿使用学具和操作材料，启发幼儿的创造性思维，培养幼儿的动手能力；有效地指导游戏活动，能充分利用一切条件合理安排游戏环境，保持幼儿愉快的情绪，促进幼儿身心健康发展；能合理安排幼儿一日生活，坚持保教结合，培养幼儿良好的生活习惯和自理能力。

做好家长工作的能力包括会主持家长会，会运用现代化的家园联系手段，比如微信、QQ 等和家长交流，能较全面、准确地向家长反映幼儿在园情况，听取家长意见；主动了解幼儿在家情况，宣传科学育儿知识，共商教育措施，做好教育工作。

进行教育科学研究的能力是指能根据工作需要自行确定和设计简单的教研课题，改进教育方法，能撰写教育论文和专题文章。

最后，“六心”包括爱心、耐心、热心、细心、童心和责任心。其中，爱心是幼儿教师职业道德的核心。耐心主要表现为当面对孩子们问“为什么”的时候，要不厌其烦、耐心地引导孩子自己去发现。热心不仅表现为教师在幼儿园一日活动中对幼儿的关注，而且在日常与家长的接触中，要热情地与家长交流孩子在幼儿园中的具体表现，使家长更进一步地了解孩子。细心主要是幼儿教师在琐碎的一日生活中对幼儿进行各种教育时所流露出来的积极心态。童心主要指幼儿教师能够以孩子的心态去发现美，更好地从另一种角度去了解孩子，更好地和孩子进行沟通，进而成为孩子们的好朋友。责任心主要指的是幼儿教师的职业操守，只有具有高度的责任心，才能使儿童免受身体和心理上的伤害，才能使儿童得到各个方面的发展。责任心是一个优秀的幼儿教师所不可或缺的重要品质。

三、团结同事，公平竞争

这是从幼儿教师如何处理好自己与同事关系的维度来呈现幼儿教师职业伦理的专业性特征。教师与同事的关系，主要包括教师与教师、教师与领导及教师与教辅人员之间的关系。

幼儿教师在处理与同事的关系时最重要的是要具有团队精神。团队精神突出地表现在教师处理与同事的关系时必须相互协作、共同发展，然而中国传统中一些根深蒂固的封闭思想却使得这种协作道德的培养并非易事。“文人相轻”“专业个人主义”等，可能使得教师之间的合作较一般社会成员更为不易，教师不愿意观察和干预别人的工作，也不愿意被观察和被干预。这种现象不利于整个教师队伍的建设。

在幼儿园的实际工作中，教师之间的分歧也是一种必然存在的现象。例如：有的教师把幼儿园工作看作是一个纯粹的谋生职业，而有的教师则认为幼儿教育的工作不仅是一份职业还是一个教书育人的崇高事业，可以从工作中得到快乐和幸福。由于看法的不同，大家在工作的时候，情绪上存在差异，对待孩子的态度也会存在差异，很容易产生分歧、矛盾等。此外，两个人在一个班级合作，如果任由自己的性格行事，不顾他人的感受，也会产生分歧和矛盾。如果在教育观念上存在差异，也很容易导致老师之间产生分歧与矛盾。例如，有的老师认为对待孩子应什么要求都提得清清楚楚，班级一定要形成良好的日常规范。但有的老师认为要给孩子自主与自由的空间。这样的话，一方觉得对方是没有爱心，另一方则觉得对方是放纵，双方之间容易出现分歧。有的教师教学能力较强，教学要求也相对较高，而有的教师教学水平相对较弱。当双方合作时，一方达不到另一方的要求，双方又缺乏有效的沟通，也很容易产生分歧和矛盾。此外，一起共事的教师很可能性格、气质不同，很容易产生教育教学方式上的差异。尤其是两个性格比较急躁的人，相比较而言似乎更容易产生分歧和矛盾。

面对这样或者那样的分歧，应该知道同事之间发生矛盾是一种中性的社会现象，它的结果很大程度上取决于我们如何看待和管理它。一个冲突问题如果管理得当，可以促进幼儿教师间的相互理解，使教师学会更好地相处与合作，增强教师间的凝聚力；如果处理不当，就会产生相反的结果。而团队精神要求幼儿教师之间能够团结互助、互相激励、携手并进。日常教学和工作中同事之间的分歧和矛盾并不可怕，重要的是如何积极采取措施化解矛盾。

第一，应该坚持原则，讲究技巧。在原则性问题上，正确立场就应该坚持，但必须讲究技巧。要避免和同事公开对立，激烈争辩更不可取。比如，在幼儿园中日常的交接工作、教学研讨和课余交谈等都需要注意口语表达技巧。

第二，注重沟通，相互理解。沟通是门艺术，但沟通首先要学会选择适当的时机，不要在事情正发生的时候与他人对峙，在双方都冷静下来后进行沟通，这样的效果会更佳。

第三，要学会尊重别人，以平等的姿态与他人沟通。在沟通的过程中要学会换位思考。

第四，豁达胸怀，忘记过去。同事之间出现的矛盾，往往都是一些鸡毛蒜皮的小事。所以，要学会忘记过去的不愉快，不要因为小事而耿耿于怀。这也是同事之间和谐相处的关键所在。

四、加强合作，实现双赢

这是从幼儿教师如何处理好自己与家长关系的维度来呈现幼儿教师职业伦理的专业性特征。在我国的教育中，教师与家长的关系很容易被人忽视，家长依赖教师的心态就是一种典型的表现。他们将孩子发展、培养的责任完全交付给教师，认为教师足以挑起这一重任。在这种依赖心态下，家长通常认为只要把孩子交给教师，就意味着把孩子的发展与进步的责任转交给了教师，从品德发展到能力培养，从学习到生活，一切都是教师的责任。那么，以此类推，教师以及幼儿园的任何失误都会使家长感到严重失望，不但影响到教育的效果，而且还影响着教师以及幼儿园的形象。

《幼儿园教育指导纲要（试行）》指出："家庭是幼儿园重要的合作伙伴。应本着尊重、平等、合作的原则，争取家长的理解、支持和主动参与，并积极支持、帮助家长提高教育能力。"这赋予了新时期家长工作的全新内涵——家园共育。与此同时，幼儿教师与幼儿家长和谐融洽的合作关系就成了一切工作开始的基础。

幼儿教师面对的不仅是千差万别的孩子，而且还有千差万别的幼儿家长。每个幼儿不仅有直接的家长——父母，还有与之关系密切的其他"家长"，像爷爷、奶奶、姥姥、姥爷等等，要与众多的幼儿家长和幼儿的众多家长相处好，确实是一件很重要也很艰难的事情。

教师在处理与幼儿家长的关系时，应主要做到以下几点。

第一，及时调整心理角色。在生活中确实有很多教师反映和幼儿相处比较自然，而与家长相处时则常常感到有些为难。因为家长是生理心理都比较成熟的成年人，而且具有丰富的人生经历和相当的社会经验。这就需要教师及时地调整好自己的心理角色，只有这样，才能更好地和家长一起对幼儿的教育问题进行沟通。

第二，掌握必要的家庭教育知识，不仅可以提高家长对教师的尊重与信任，而且还可以帮助教师加强与家长的合作。教师要放下架子，鼓励家长参与幼儿园教育；要多肯定家长好的教育方法，积极采纳家长的合理化建议。这样做不但可以帮助教师拓宽思路，而且能够调动家长的主动性、积极性，有利于形成教育合力，使得幼儿园教育达到事半功倍的效果，促进家长与教师之间的合作，密切家园关系。

第三，发挥主动作用，增强彼此的信任感。事实上，很多家长是带着"顾虑"送孩子去幼儿园的，对教师心存很多"顾虑"，还有不少家长怕得罪老师，有意见也不敢提——毕竟孩子还要老师继续教，如果老师要报复家长，给孩子"小鞋穿"怎么办？诸如此类的顾虑很多。对此，教师要主动了解家长的顾虑，抓住需要沟通的问题，选择恰当的时机、方式，开诚布公地与家长交流看法，并以实际行动及时消除顾虑，取得家长的信任。

第四，抵制不良风气，保持高尚人格。例如：有的家长出于对孩子教育的重视或者受社会不正之风的影响，给幼儿教师"送礼"，当然也确有家长是为教师对孩子真诚的爱所感动，主动给教师送礼物以表示感谢。那么应该如何处理这些礼物，确实是值得每一个教师认真思考的问题。可以肯定的是，幼儿教师不能利用职务之便向家长谋求私利，要避免通过幼儿指挥家长，应遵守人际交往的道德规范，否则不但会降低教师在幼儿和家长心目中的威信，还会影响对幼儿问题的处理。教师要清醒地保持自己人格的高尚，在与家长交往的过程中要端正动机，不搞"权钱"交易，保持教师与家长关系的纯洁性，这是教师与家长进行沟通和交流的基本原则。同时，幼儿教师更不能因家长地位的高低而对幼儿有亲疏之分，要尊重幼儿的家长，凡事平等协商解决。这也就要求幼儿教师在与不同类型的家长沟通、合作时必须讲究方法，这也是幼儿教师职业伦理中一个重要的方面。

1. 针对放任随意型家长，应细致执着

有一些家长认为幼儿教育是“小儿科”，不需要重视，也不愿意在孩子身上多花时间。他们认为把孩子送到幼儿园后就应该由教师全权负责了，因而对孩子的情况不闻不问。对于这样的家长，教师的工作更要做得细致，不能因为家长不重视就放弃。教师应锲而不舍地与家长交流孩子的问题，可利用家长开放日活动等让家长发现自己孩子和其他孩子的差距，从而引起家长对幼儿教育的关注。以下是一个比较成功的例子。

> 我发现维维近来频繁地上厕所，有一天还五次把小便解在裤子上。我和保育员仔细观察他小便的情况，发现他小便量少且频繁，便马上与家长联系。但是维维妈妈表现出一副无所谓的样子，说：“没关系，小孩子贪玩忘记小便是正常的。”我没有放弃，继续观察维维的小便情况和情绪反应，并记录下来交给家长。我提醒家长，孩子小便频繁可能是生理或心理上的疾病，并提出经常性的遗尿可能对孩子心理产生不良影响，建议家长带孩子去看医生。在我的执着劝说之下，维维妈妈终于带孩子去了医院，医生的诊断是神经性遗尿，需要吃药调理。家长这才醒悟，说：“多亏老师及时发现和提醒。”①

2. 针对高傲严苛型家长，应自信从容

有一些家长文化层次较高，比较重视对孩子的教育，在教育方面也有独到的见解。这类家长不仅对自己孩子的要求颇高，而且对教师的工作也比较严苛，经常来指手画脚一番，显示出自己很懂行。面对这样的家长，幼儿教师首先要有自信，要相信自己作为教师的专业能力与素养，不能因为家长学历高就盲目地服从他们的意见。其次，在交流前要做足准备，认真细致地观察孩子的表现，找寻相应的理论支持并思考指导策略，做到胸有成竹。对于家长提出的意见要有自己的判断，阐述观点时要有理有据，以自己的专业素养赢得家长的认同。以下同样是一个比较成功的例子。

> 淳淳入园已经有一个月了，一天，淳淳奶奶突然给我发来短信：“今天淳淳说他在幼儿园把饭全吃完了。你们作为幼儿教师，为什么忽视他的进步，不懂得对他进行及时的表扬？”淳淳奶奶采取诘问的态度，让人挺接受不了。但是我还是很诚恳地说：“淳淳奶奶，感谢您给予我们的建议。淳淳这两天吃饭确实有了很大的进步，我们不仅在集体面前表扬了他，还奖励他‘大拇指’贴纸，让他感受到老师对他进步的肯定。我们告诉他，如果明天能把每一样菜都吃完，我们会给他一个大大的拥抱。”短信内容既表达了对家长意见的尊重，又进一步表明了对孩子的期望和要求。在之后的交往中，我始终以自信从容的姿态与淳淳的家长沟通，赢得了他们的尊重。淳淳爸爸最近发短信说：“两位老师在促进孩子个性发展方面花费了很多心血，扎实的理论和有效的策略让我们很佩服。”②

3. 针对支持响应型家长，应赞赏鼓励

赞赏是推进事物向良好目标发展的动力。当看到平时不好好吃饭的孩子某天吃得很棒时，就

---

①② 刘剑莺：《五位剂方　对症下药——谈谈与不同类型家长沟通的技巧》，《幼儿教育·教育科学》，2012年第7期。

应在家长面前表扬他；当看到平时不合群的孩子某天能和伙伴玩在一起时，也应把他的进步向家长汇报……这些细微小事，一些积极响应教师的家长往往很重视，能够配合老师进一步激励孩子。积极的赞赏鼓励同时也是一种正面强化，能激发家长投入更多的热情参与孩子的教育。

大班有一次开展主题活动，要求利用周末的时间家长和孩子一起参与制作教具。周一时，好多孩子带来了和父母一起完成的沙包以及用纸叠的毛毛虫、百合花等等。我们利用活动的时间开展了给表现积极的父母和孩子颁发奖状的环节，并给予了孩子父母和孩子口头表扬，引起了极大的反响。通过这件事，以后班里组织其他活动，家长的积极性更高了①。

4. 针对依赖退避型家长，应主动引导

有的家长即使对幼儿园或教师有意见也会藏在心里，不敢与教师沟通，因为他们担心提了意见后教师会向孩子撒气。另一些家长认为孩子各方面的表现都没有太大问题因而很少与教师沟通。事实上，家长不主动找教师，并不代表家长不想了解孩子在园的情况，他们只是由于时间关系或不愿给教师添麻烦等原因而压抑着自己。对于这样的家长，幼儿教师要主动与家长交流，积极引导，及时将孩子在园的点点滴滴向家长汇报，让家长感受到教师了解孩子，关注孩子。如，每天离园时用一两句话向家长反映情况："今天××学会了自己系鞋带"，或"今天××吃了两碗饭"，等等。家长会报以会心的微笑，感受到孩子在教师心中占有很重要的位置，认为教师很细致，能发现孩子的点滴进步，从而信任教师，愿意与教师交流。以下也是幼儿园教育中的一个成功的例证。

我们发现可可不会咀嚼，任何食物都是硬吞下肚的，因此吃起饭来很痛苦。可可妈妈每天来接送都是匆匆地来又匆匆地走，我向她反映可可的情况，她总是露出一副不好意思的表情。原来，一直以来她由于担心孩子不会咀嚼，就总是给孩子吃软食或流质，造成孩子越来越不会咀嚼。她不好意思承认，只希望教师来帮助孩子纠正。我们的"主动出击"让可可妈妈变得积极起来。我们耐心地指导，家长全力地支持配合，经过一个学期，可可终于掌握了咀嚼的方法，其他各方面也有了显著的进步，家长对我们充满了感激②。

5. 针对冲动直率型家长，应微笑倾听

一些冲动直率的家长遇到问题往往难以抑制自己的情绪，当他们认为孩子在幼儿园受到委屈时，不会理智地进行分析，有时会冲动地来兴师问罪。碰到这类气势汹汹的家长，教师如果稍作辩解，反而会使情况更为恶化。遇到这种情况，首先要沉住气，面带微笑，诚恳地倾听。面对家长的指责，我们要克制自己，不要和家长争执，而是要用微笑倾听的态度对待家长，这样，家长就会认为自己受到了尊重，情绪也会有所缓和。等家长平静下来后我们再来解释说明，效果会更好。以下是我们经常会遇到的一件事。

开学第一天，为为妈妈用挑剔的眼光扫视了一眼活动室，便一脸不满地说："老师，你们怎么不让孩子的椅子面向窗户啊？那样才能对着亮光，多好啊！"我微笑地对她说："您的想法很有道理，那样摆放我们也考虑过，但是对着窗户，孩子的注意力很容易受干扰，这样对培养他们的注意力集中是不利的。"为为妈妈一听，难为情地笑了："哦，原来排个座位还有那么多学问啊！"③

---

①②③ 刘剑莺：《五位剂方　对症下药——谈谈与不同类型家长沟通的技巧》，《幼儿教育・教育科学》，2012 年第 7 期。

在与家长沟通时，教师还应注意以下几点。

首先，要把负面信息做成“夹心面包”。也就是说，一开始说一些正面、积极的信息，然后再说负面信息，最后以正面信息结尾，这样家长也更容易接受。

其次，要摆事实，不要空讲观点。和家长交流时，要拿出关于孩子的具体事例，而不要直接用一些形容词给孩子“贴标签”。任何时候都不要泛泛而谈，空下结论。最后，不要对家长发号施令。可为家长提供两三条他们可以在家实施的具体建议。注意不要让他们感到这是命令，而要让他们感到这是在其他孩子身上起过作用的经验。其实，赢得一个家长就等于赢得一百个家长，放弃一个家长就等于放弃一百个家长。把家长工作做得扎实、到位，才能抢占幼儿教育的制高点，从而获得社会对我们工作的肯定、认同。良好的家园沟通更能让教师和家长相互理解、相互信任、相互支持。

在幼儿的成长过程中，幼儿教师、家长需要共同努力来开拓一个良好的共育途径，需要搭建起一座畅通无阻的桥梁，这样才能更好地促使幼儿健康成长。

第三节　幼儿教师职业伦理的表现

一、教师要以幼儿的最大利益为优先考虑

1989 年 11 月 20 日第 44 届联合国大会一致通过了《儿童权利公约》，并向成员国开放签署，1990 年 9 月 2 日正式生效。1990 年 8 月 29 日，我国签署了该公约。《公约》第三条第一款规定：“关于儿童的一切行动，不论是由公私社会福利机构、法院、行政当局或立法机构执行，均应以儿童的最大利益为首要考虑。”联合国儿童权利委员会副主席汉姆伯格概括出《公约》的基本精神，其中一条原则就是儿童最佳利益原则。也就是说任何事情凡是涉及儿童，就必须以儿童利益为重。尤其是在目前幼儿教师的社会地位和职业声望偏低的情况下，一些社会人士和家长总是向教师提出这样或那样的要求，如此也就经常使教师置于伦理两难的困境。教师在面对诸多利益主体造成的伦理困境或压力时，极有可能把幼儿的利益置之度外。因此，我们提倡幼儿教师无论何时何地都要以幼儿的最大利益为优先考虑，不能迫于外在的压力，或因为要执行某项方便有效的决策或手段，又或者因为要采取某些不会受到惩罚的私人行动，就把幼儿的利益置之度外。

首先，以幼儿园游戏活动中的职业伦理为例：游戏作为儿童最喜爱的一种活动，对儿童的身心发展具有不可替代的重要价值。同样，作为幼儿最喜欢的活动，它不仅满足了学前儿童在身心发展过程中的各种需要，而且对学前儿童身体、智力、社会性和情绪情感等各方面的发展具有积极而全面的促进作用。游戏活动对于学前儿童发展的特殊价值，使其成了所有儿童不可被剥夺的正当权利。国内外对此也出台了一系列的相关文件和法规来加以保障：1989 年第 44 届联合国大会共同签署的《儿童权利公约》，1990 年联合国世界儿童首脑会议通过的《儿童生存、保护和发展世界宣言》《执行九十年代〈儿童生存、保护和发展世界宣言〉行动计划》以及我国政府先后颁布的《未成年人保护法》《九十年代中国儿童发展规划纲要》《幼儿园工作规程》《幼儿园管理

条例》等一系列文件和法规中都明确了幼儿游戏权利的问题。2001 年 9 月教育部颁布的《幼儿园教育指导纲要（试行）》第一部分总则中再次强调：“幼儿园……以游戏为基本活动”。因此，幼儿教师在指导幼儿游戏活动中的职业伦理尤其重要。

在游戏活动开始阶段，教师就要为游戏活动做好充足的准备，这是幼儿园中游戏活动顺利开展的前提。在游戏活动进行中，教师要更多地关注孩子的需求，在其困惑时适当地进行点拨，这样的效果要远远大于只注重维持纪律的结果。在游戏活动结束时，教师对游戏活动的重视也不单单表现在仅仅表扬哪个小朋友表现得好，批评哪个小朋友做得不好，而应在更高的层次上升华游戏活动。或许在真正的游戏活动过程中，不是每一个教师都能做到尽善尽美，但是能从行动上切实重视幼儿的游戏活动却是每个老师都能做到的。

只有教师能够在思想和行为上做到一致，充分重视幼儿园的游戏活动，不再因为教学活动或者应付上级检查随意缩减幼儿园游戏活动，这样才能为游戏活动的顺利开展奠定良好的精神和物质基础。

除此之外，幼儿教师掌握游戏活动的有效策略也是促使其顺利开展的关键因素。同时，幼儿教师在游戏活动中的职业伦理还要求具备反思精神，教师能自觉主动地经常反思，形成习惯，这对于游戏活动的顺利开展都是大有裨益的。

二、教师要充满善意地对待幼儿

在幼儿教师职业伦理的范畴内，教师的善意是非常重要的。高尔基曾经说过：“谁爱孩子，孩子就爱他，只有爱孩子的人，他才可以教育孩子，孩子才会热爱他教的课，思考他提出的问题，愿意听从他的教导、模仿他的榜样、达到他的期望值。”教师的善意乃是发自内心深处的情感，是基于教育、基于发展的目的。这也就要求幼儿教师要真正坚持“一切为了孩子，为了孩子的一切，为了一切孩子”的教育理念。

美幼教协会（NAEYC）于 2005 年 4 月修订颁布的《伦理操守准则与承诺宣言》里对幼儿伦理责任中的第一条就明确规定：无论如何，我们不能伤害幼儿。不能对幼儿做有精神损害、身体伤害、不尊重的、危险的、剥削的、胁迫的事情。此外还明确强调本条原则优先于《准则》里其他所有原则。这也就说明，不管是出于什么动机，幼儿教师都不能做出任何有损于幼儿身心发展的事情。在实践中，我们总是会听到一些幼儿园老师的抱怨，面对幼儿的反抗或者面对领导与家长的指责时觉得委屈，她们总是会说：“我们这么做都是为了孩子们好……”也许初衷是好的，也许理由看似合理，但是我们不应该以成人的认知观点来看待幼儿，而是应该深入到幼儿的生命世界中，去了解幼儿真正需要的是什么，也只有这样我们才能保护幼儿免于遭受身体和心理的伤害。

但在实践中，幼儿教师职业伦理失范现象仍时有发生，给我们的幼儿教育敲响了一记警钟，除了幼儿园须规范管理外，有关部门须加强对幼儿教育的监督，这样才能更好地保证幼儿教师乃至幼儿园教育质量的有效提升。

三、教师要公平对待每位幼儿

苏霍姆林斯基曾经说过：“所谓公正，就是尊重与严格要求相结合，在学校生活中，没有也不可能有什么抽象的公正。教育上的公正，意味着教师要有足够的精神力量去关心每一个儿童”①。这也就要求，幼儿教师无论在教育教学活动中还是游戏活动中都应该重视每一个鲜活的孩子。

（一）无条件地爱每个孩子

如果说了解幼儿是教育的前提，尊重幼儿是教育获得成功的基础，那么，公平地对待幼儿，才能真正建立良好的师幼关系，畅通教育的渠道。联合国儿童权利委员会副主席汉姆伯格先生曾提出，《儿童权利公约》的四项基本原则中，最重要的就是无歧视原则。不管儿童来自何种社会文化背景，不论出身、贫富、性别、正常儿童还是残障儿童，都应当得到平等的对待，而不应当受到任何歧视或忽视。我们也一直强调幼儿教师要具有爱心，而这种爱心不是针对某些特殊群体而言的，幼儿教师的爱心必须是无条件的。一个富有爱心的幼儿教师对于那些不出众的、调皮的幼儿也仍然会无条件地爱他们，而不只是爱那些可爱、懂事、乖巧的幼儿。教师所应具有的这种爱心可以看成是一种广博的“教育爱”。教师在从教生涯中表现出来的正大光明、质朴公道的品质以及对待幼儿的一视同仁、满腔热忱，都是教师公平公正对待幼儿的最好体现。

（二）公平解决幼儿之间的纠纷

在幼儿园中经常会出现幼儿之间的冲突无法解决而向教师求救或者告状的行为，他们希望借助老师解决冲突事件并且评判对错。这时候，教师如果能够公正地评判，不仅会影响幼儿形成良好的社会规范，而且对幼儿道德认识、道德行为、道德规范的形成都有一定的作用。所以，在幼儿园一日活动中，教师正确处理幼儿之间的纠纷是非常重要的。

在处理幼儿的纠纷事件时，对教师的公平公正提出了更高的要求：首先，充分了解幼儿是解决纠纷事件的最为重要的基础。幼儿教师只有平时非常了解幼儿的个性特点等因素，才能为有针对性地处理纠纷奠定良好的基础。其次，冷静对待、不武断下结论是教师解决幼儿纠纷事件的有效策略。这样做也是为了避免幼儿教师在没有充分了解事情原委的情况下就武断地做出某种结论。最后，引导幼儿自行评判才是解决幼儿纠纷事件的最佳办法。我们对幼儿进行教育的最终目的也在于此。在处理幼儿之间的纠纷时，也有教师会直接做裁判，判定谁对谁错，这样虽然能在短时间内息事宁人，但是对于幼儿解决矛盾问题的能力以及幼儿人际交往能力的提高是意义不大的。

四、教师要对每个幼儿负起责任

教师的责任感是教师职业的最基本要求，主要是指教师对社会及群体给予教师职业角色期望的认同与承担，表现为关注每一个幼儿的发展，努力开发幼儿潜能，尽力为幼儿做出榜样。

对于教师这个职业，在数不清的美誉的背后，恰恰是对教师责任感的要求。“责任感”与“爱”是分不开的，爱是责任的体现，而责任是爱的化身。所以，教师的特殊身份及其特有的职责使其对幼儿的影响尤为重要。教师作为幼儿成长道路上的重要他人，对幼儿的成长发展负有重要责任。教师对每个幼儿应负的责任包括以下三方面。

① 〔俄〕苏霍姆林斯基：《和青年校长的谈话》，赵玮等译，上海教育出版社，1983 年，第 117 页。

（一）教师角色的伦理责任

这就要求教师对每个幼儿应该一视同仁。幼儿教师对不同性别、不同家庭背景的幼儿要不偏不倚、平等相待，不以幼儿家长与自己的关系是否密切分亲疏，不以幼儿听话与否、漂亮与否等定好恶。有教无类是每个幼儿教师都应有的境界和情怀。

幼儿教师面对的是幼小的儿童，但是同样需要启迪孩子的智慧、不断满足他们提出的一些奇怪要求，这就要求幼儿教师必须具有丰富的知识、技能。所以，幼儿教师的学习不应该只局限于职前阶段，而应该将其延伸到教师专业成长的整个生涯，坚持终身学习，这也是对幼儿负责任的表现。

（二）朋友角色的伦理责任

幼儿教师要真正地成为孩子的知心朋友，这就需要他们在一日活动的各个环节中，不仅尊重幼儿的人格、个性和自尊心，不讽刺、挖苦幼儿，不体罚或变相体罚幼儿，而且还要促进幼儿身心得到更全面、健康的发展。只有让孩子从内心深处感觉到教师是可以信赖的大朋友，是他们中的一员，才会使孩子喜欢与教师沟通，能够更好地接受教育。

幼儿教师想要真正地对幼儿负起责任，必须要使自己成为孩子的朋友，时刻保持一颗童心。只有拥有一颗童心，才能更好地了解孩子，才能设身处地地体察孩子的内心奥秘，才能更好地和孩子沟通，最终成为孩子内心深处可信赖的朋友。因此，幼儿教师要时刻保持一颗童心，为孩子创设一个充满童趣的世界，使复杂的教育过程变得生动活泼。

（三）母亲角色的伦理责任

由于幼儿独特的身心发展规律，他们对教师有着较强的依恋性。对幼儿来说，教师首先是妈妈的角色，其次才是教师的角色。作为妈妈，幼儿教师最基本的就是爱孩子，久而久之，感受到教师的爱的孩子也会喜欢老师，喜欢老师的孩子才会喜欢上幼儿园，才能开心快乐地成长。

幼儿教师母亲角色的伦理责任还包括必须以身作则、为人师表，这就要求幼儿教师在各方面都要成为幼儿的榜样。“所谓重要他人，是指对个体的社会化过程具有重要影响的具体人物”①。基于此，北京师范大学庞丽娟教授 2001 年从教师与儿童发展的角度提出了幼儿教师作为儿童世界中“重要他人”的伦理责任。之所以强调这一伦理责任，首先是由幼儿的特点所决定，因为模仿是幼儿的天性，教师的一言一行无意识或有意识地会对幼儿产生一定的影响。此外，教师劳动的特点也决定了以身作则的重要性，因为教师劳动本身具有显著的示范性。因为幼儿具有“向师性”的特点，在日常生活中喜欢模仿教师的一言一行，特别是教师在幼儿园中的教学活动，当幼儿在家庭中学着老师的语调训斥其他小朋友们时，这不得不使广大的幼儿教师产生深深的反思。这也对我们的幼儿教师提出了进一步的要求：在对幼儿实施保教的过程中，应该警惕不良言行对幼儿产生的消极影响，应时刻以更严格的标准来要求自己。

---

① 吴康宁：《教育社会学》，人民教育出版社，1998 年，第 244 页。

第四节　幼儿教师职业伦理的构建

近年来，幼儿教师职业伦理对幼儿教师提出了更高的要求，这种要求不再仅仅是对道德层面的要求，而上升到了幼儿教师作为专业人员所应具备的伦理素养。反观现在网络媒体大量的报道，教师体罚、虐童现象仍时有发生，这不仅大大伤害了幼儿的身心健康，而且也严重伤害到了幼儿教师整个群体的职业声誉。因此，幼儿教师职业伦理的构建势在必行。

一、幼儿教师职业伦理构建原因

（一）社会转型期的伦理失落

我们从小耳熟能详的对于教师的评价基本上有如下几种："教师是人类灵魂的工程师""教师是辛勤的园丁""春蚕到死丝方尽，蜡炬成灰泪始干"等等，虽然以现在的观点来看，这些说法具有一定的片面性：教师针对的是活生生的学生，不是花草甚至机器，或者说教师教育学生不再一定要牺牲掉自己的生活乃至幸福才能成全学生。但是，从另一个角度来说，在过去很长一段时期，"无私奉献""蜡炬成灰"等成了所有教师信奉的职业信念，抛开我们现在所谓的"教师观"，这种顾大局舍小我的精神仍使人感动不已。

时代在发展，除去我们客观地去看待对教师的定位外，现在整个社会对教师的看法也有了较大的改变："教师是什么？在文人眼中，教师是培养祖国花朵的花匠。在不知情人的眼中，教师是一天到晚都在放假的闲人。在医生的眼中，教师是更容易患咽喉炎的人。在商家眼中，教师是一个吝啬鬼。在妈妈的眼中，女儿当教师，容易找一个好老公。在未婚男人眼中，娶回一个教师，相当于娶回一个保姆、一个家教和一个文秘……"在看待教师这个职业时，各人会以不同的角度给予不同的理解，教师不再是那么神圣而高不可攀的职业。而作为教师群体，尤其是幼儿教师群体，部分幼儿教师也对自己的职业产生了质疑，职业伦理的缺失导致部分幼儿教师对待孩子毫无耐心可言，甚至一部分年轻的幼儿教师无心工作，仅仅把幼儿园作为一个跳板，有更好的工作机会就会选择离开，这不可避免地也造成了幼儿教师的频繁流动。

在幼儿园中，教师职业伦理的缺失主要有以下几种表现。

1. 忽视幼儿的最大利益

不难看到，在一些高度发达的现代化国家，儿童的最大利益明显地得到了倾向尊重个性发展的政策的保护；而在我们的幼儿园里，幼儿的最大利益偶尔还会受到忽视。

据 2010 年 3 月 20 日《重庆晚报》的报道，称沱幼儿园是重庆市长寿区一家公办幼儿园，该园一些教师昧着良心对娃娃的伙食费进行截留，除以节日为名瓜分外，提饭、打饭等只要能想得出的理由都会拿钱。后经长寿区教委纪工委调查发现才得以纠正。

这当然是极个别的事例。我们暂且不说幼儿园的游戏乃至教学领域，某些幼儿教师连孩子的伙食费也要下黑手，而且还持续五年之久，这不得不使我们对师德进行重新的反思，而这一行为也让家长和公众倍感焦虑：如果伙食费也成了一些教师填补欲壑的囊中之物，那么伦理、师德到底还能价值几何？

2. 虐童事件时有发生

以 2012 年幼儿园部分虐童事件为例：

2 月 9 日：江苏南京，多名儿童在幼儿园被打、戳，被迫吃厕纸，园方称幼儿有妄想症。

2 月 19 日：北京海淀区，3 岁男童被教师扎生殖器形成刺伤，园长不承认也不否认。

2 月 20 日：陕西西安，4 岁男童被教师用锯条割手腕，形成 3 厘米伤口，当事老师被开除。

5 月 17 日：河南安阳，6 岁男童遭老师扯耳朵、扇耳光、拧脸蛋，打人者被刑拘，幼儿园被取缔。

9 月 28 日：广东广州，4 岁自闭症女孩被老师吊起、摔下、拉脚翻转，至当场昏迷，当事教师被依法追究刑事责任。

10 月 31 日：山东东营，5 岁男童被教师全身针刺，当事教师被刑拘。

……

在这些令人发指的虐童行为背后，我们不仅仅要求要有更完善的专门的法律法规对这些教师予以法律制裁、对被虐孩子进行心理保护，更重要的是要从自身进行道德乃至伦理上的反思。虽然虐童事件数量在 2012 年以后，有了大幅度的降低，但是想要完全杜绝此类事件，还有很长的路要走。现在，师范类专业毕业的学生仍然需要考教师资格证，无论是幼儿教师资格证还是小学教师资格证等，教育法律法规知识与教师职业道德都是重要的内容。

3. 不能公平对待每一个幼儿

《幼儿园教育指导纲要（试行）》中指出：教师要关注每一位幼儿的发展，公平公正地对待每一位幼儿。要“尊重幼儿在发展水平、已有经验、学习方法等方面的个体差异，用适当的方式给予帮助和指导，使每一位幼儿都能感受到安全、愉快和成功。”但在实际工作中，由于不同的幼儿具有不同的个性，生活习惯及家庭背景等也各不相同，教师对每位幼儿的认知和评价有所不同，导致幼儿教师不能公平对待每一位幼儿。以下就是一个人们常见的事例——

琪琪是一个令班内教师头痛的孩子，而宁宁是一个乖巧的孩子。这天，他俩都跑来告状，说有小朋友打他。教师冷冷地看了琪琪一眼，说：“老师知道了。”就让琪琪回去了。“宁宁到老师这来，怎么回事？”老师和颜悦色地询问事情的经过……教师自有解释：琪琪平常就爱没事找事，他不打人就不错了，还会被人打？宁宁一向老实、乖巧、不会惹事的，一定是被其他小朋友欺负了①。

由此可见，同样是被人打，教师根据旧有经验和印象把琪琪归为“爱没事找事”一类，而把宁宁归入“懂事、乖巧”一类。在这种“刻板”的印象下，面对幼儿相同的需求，教师做出了不同的判断和处理。事实上，教师应服务于幼儿全体，不能厚此薄彼，应努力做到一碗水端平，让所有幼儿同乘一辆前行的车；幼儿教师还应服务全面，对每一个幼儿的思想品质、学习习惯以及身体素质都要悉心关照，服务周到，促使其全面发展。

4. 对幼儿尊重与了解的缺失

马斯洛的需要层次论指出，人人都有被尊重的需要。幼儿也不例外，他们都渴望得到别人的尊重。尊重幼儿不仅包括尊重幼儿的人格、尊重幼儿的地位，还包括对幼儿能力、兴趣等的尊重，要想真正做到尊重幼儿就必须首先要真正了解幼儿，包括了解幼儿的需求、能力以及意愿等

① 王雅茹：《幼儿园教师专业伦理的缺失与生成》，浙江师范大学硕士学位论文，2011 年，第 31 页。

等。但是在幼儿园的实际工作中，教师对幼儿的尊重与了解的缺失现象还是存在的，主要表现在：幼儿的兴趣被抹杀，幼儿的情感被忽略，幼儿的人格被伤害，幼儿的见解被漠视，幼儿的权利被剥夺，幼儿的差异被掩盖，教师有时怕麻烦或为了追求效率，习惯性对能力较差的幼儿实行包办代替，等等。

不得不说，对于幼儿教师职业伦理进行重构是极为迫切的任务。

（二）幼儿教师的专业发展诉求

如今，在各种网络媒体上对幼儿教师职业伦理缺失的报道屡见不鲜，毋庸置疑，最主要的原因在于幼儿教师的专业化发展水平仍有待提高。而作为幼儿园管理者的某园长，其职业伦理的缺失着实令人发指——

河北平山县两河乡两河村的两所幼儿园因生源问题产生矛盾，一家幼儿园园长用注射器将毒鼠强注射到酸奶中，派人将其和拼音本等物装在一起，于 2013 年 4 月 24 日早晨放到了两女童所在幼儿园的上学路上，导致两女童误食死亡。目前两名嫌疑人已经归案。（2013 年 5 月 2 日《河北青年报》）

两个年幼的生命就这样凋零了，如此新闻残酷得让人不忍相信眼前的事实。虽然这只是个案，但是对幼儿教师整个群体的声誉带来了极其恶劣的影响。而我们反观幼儿教师队伍，部分幼儿教师较低的专业化现状更需要加强和重视园职业伦理的建构。因为职业伦理不仅是幼儿教师专业化发展必不可少的组成部分，而且也是其专业成熟的重要标志，更是推进幼儿教师走向专业化的一个重要维度。由此，在幼儿教师专业化的大背景下，更加需要与之相匹配的职业伦理，由传统师德向教师职业伦理过渡势在必行。

二、幼儿教师职业伦理的构建

（一）注重幼儿教师职业伦理教育

幼儿教师职业伦理教育最重要的是把幼儿教师职业伦理的基本准则和要求内化为教师的自身品质并外显到实际行动中。这一过程离不开幼儿教师职前教育、职后培训的推动，更离不开幼儿教师的教学反思。因此，应把伦理教育贯穿于幼儿教师专业成长的整个过程。

1. 加强幼儿教师职前阶段的职业伦理教育

幼儿教师职前教育主要包括培养学生的专业知识、专业能力、专业自主性、专业认同感、专业服务意识等，这些也是形成教师职业伦理的基础。而教师职业伦理的培养也应该成为职前教育的重要内容。因此，必须改革幼儿教师教育课程结构，确立以提高幼儿教师专业素养为中心的课程观。增设伦理修养课，使教师通过职业伦理课程的学习，理解职业伦理对其今后专业生活以及专业发展的意义和价值，掌握教师专业伦理的内涵、原则、规范及相应的理论基础，并在其他课程中融合职业伦理教育的思想。这些职前教育在很大程度上可以帮助幼儿教师在日后面对伦理两难问题时能做出自己的判断。从一般意义上来说，幼儿教师在面对一般的伦理责任问题时通常很明确，什么该做抑或什么不该做。只要是具有责任心的教师通常都会做出合理而正确的选择。但是伦理两难问题和一般的伦理问题不同，它是工作中遇到的两难抉择，无论做出哪一种选择可能都有其充分的伦理道德上的理由，它需要在两个或几个相互抵触的选项中选出其中一个，而且做出其中任何一种选择都可能要付出一定的代价。幼儿教师由于其角色和服务对象的多元化，在教育教学实践中不可避免地会遇到这样或那样的伦理两难问题，很多时候需要他们马上做出决断，没有时间去求助其他教师。此时，只有教师们熟悉职业伦理的内涵，才能在极短的时间内做出恰当的伦理决策。毋庸讳言，幼儿教师职业伦理能帮助幼儿教师弄清自己应承担的义务。澄清有冲突的价值观，或者可以帮助他们排列价值观的优先顺序，使他们最终做出最优化的选择。

2. 重视幼儿教师职后培训

新教师的入职教育对幼儿教师专业发展和职业伦理的养成至关重要。新教师应该在接受岗前培训后才能上岗，在培训的内容中加大力度对新教师进行职业伦理教育，进一步强调伦理的重要性，以全面掌握职业伦理的内涵，并能身体力行。

职后教育是伦理向高水平发展的阶段，幼儿园要经常开展职业伦理教育，提高幼儿教师伦理修养的自觉性。当他们处于伦理困境或受到其他职业诱惑时，职业伦理可以引导、支持其依照专业判断采取最有利于服务对象（幼儿）的行动方式。比如，到了户外活动的时间，可是外面下起了大雨，这时一个同事拿来了一张动画碟片，这部动画片足以使幼儿在教室里安静地待上一下午，这时作为幼儿教师的你会怎么办？是拒绝同事的好意按照备选活动方案组织幼儿进行室内游戏，还是为了省事直接接受同事的建议？面对诸如此类的情况，会发现做正确的事情并不是很容易，也不总是会受到别人的欢迎。所以，入职后幼儿教师职业伦理的价值之一就是：可以协助幼儿教师克服职业道德诱惑，凡事都把幼儿的利益放到第一位。

总之，幼儿教师在职后通过处理各种伦理冲突，最终能做到在教育教学的自我反思中超越自我，从而养成幼儿教师职业伦理自律。

（二）制定幼儿教师职业伦理规范

在生活中，几乎所有的职业都有其特定的伦理规范来指导专业成员的行为，如医生和律师等。而作为幼儿教师职业，却还没有完善的职业伦理规范。没有完善的幼儿教师职业伦理规范，幼儿教师的职业行为也就失去了相应的依据，更无法有效地规范和指导其行为，这也在很大程度上导致了幼儿教师职业伦理方面问题的频出。

如今，随着教师专业化的不断推进，世界各国纷纷制定了教师职业伦理规范，部分国家和地区也出台了幼儿教师职业伦理规范，如美国幼儿教育协会修订的《伦理规范和承诺声明》、澳大利亚幼儿教育会制定的《幼儿教育伦理规范》。以美国为例，幼儿教师职业伦理规范分为：对儿童的伦理、对儿童家长的伦理、对同事的道德责任（含对工作伙伴、对领导、对下属等）以及对社区和社会的责任等。

针对我国的实际情况，在制定幼儿教师职业伦理规范时应注意以下几点：首先，要体现民主性原则。正如我国台湾学者郭玉霞认为："专业伦理准则是专业人员透过专业组织所发展出来的。不是外行人或行外组织或机构强加其上的，但同时家长、相关单位都能有参与的管道。"①由此看来，在制定幼儿教师职业伦理规范时，民主性原则也是需要恪守的，只有这样，才能保证职业伦理规范更加客观和公正。其次，要凸显幼儿教师职业的"专业性"和"特殊性"，不能是一般职业伦理规范在幼儿教育领域的简单"复制"。再次，要凸显教育的"服务"理念。不仅要服务于广大的幼儿，还要服务于广大的家长。第四，现实性和前瞻性相结合，在制定幼儿教师职业伦理规范时，既要看到我们现在的职业伦理现实，又要体现其发展性。第五，强制性和主动性相结

① 郭玉霞：《教育专业伦理准则初探——美国的例子》，《国民教育研究集刊》（中国台湾）1998 年第 6 期。

合。职业伦理规范必然会对幼儿教师的职业行为进行强制性的规定，对其专业发展具有保障和约束的作用。另一方面，幼儿教师自身要有主动的职业伦理追求，这样无论是对职业伦理规范的制定以及执行都具有事半功倍的效果。

（三）建立幼儿教师职业伦理保障制度

幼儿教师职业伦理建设如果缺乏相应的保障制度，缺少对严守幼儿教师职业伦理规范者的激励机制和对不遵守伦理规范者的惩罚措施，幼儿教师职业伦理规范肯定达不到预期的效果。以教师专业化水平较高的美国来说，《教育专业伦理规范》的“导言”部分明确指出：教育工作者在教学过程中负有维护最高伦理职责的重大责任。美国国家教育协会及其分会规定：“对于违反守则任一条款的惩处为开除会籍，而这项由国家教育协会及其分会所制定的条款应于任何形式下强制执行。”这样严厉的惩罚措施目的是规范教师的行为。幼儿教师职业伦理建设的保障机制应是自律与他律相结合。要充分发挥职业伦理的激励作用，使幼儿教师具有加强自我修养的自觉性和良好的自律精神。幼儿园管理者要充分地信任每一位教师，挖掘他们自身独特的个人魅力与特长，并且在充分信任每一位教师的前提下，努力为他们提供各种交流与展示的平台，使其能够深刻体验到工作带来的幸福感与成就感，体会到自我价值的实现。在这一过程中，幼儿教师也能进一步深入理解和领会幼儿园教育伦理规范的要求与精神，形成自觉遵守规范的自律行为，主动参与和配合幼儿园管理活动，激发自身专业成长的内驱力与责任感，在充满人文关怀的管理环境中得到富有个性的成长。最后，应当发挥教师团体、教育行政督导机构的监督作用，加强对违规教师的惩罚力度，有效地防范违反专业伦理规范行为的发生。

附录：《幼儿园工作规程》

幼儿园工作规程

第一章　总　　则

第一条　为了加强幼儿园的科学管理，规范办园行为，提高保育和教育质量，促进幼儿身心健康，依据《中华人民共和国教育法》等法律法规，制定本规程。

第二条　幼儿园是对3周岁以上学龄前幼儿实施保育和教育的机构。幼儿园教育是基础教育的重要组成部分，是学校教育制度的基础阶段。

第三条　幼儿园的任务是：贯彻国家的教育方针，按照保育与教育相结合的原则，遵循幼儿身心发展特点和规律，实施德、智、体、美等方面全面发展的教育，促进幼儿身心和谐发展。

幼儿园同时面向幼儿家长提供科学育儿指导。

第四条　幼儿园适龄幼儿一般为3周岁至6周岁。

幼儿园一般为三年制。

第五条　幼儿园保育和教育的主要目标是：

（一）促进幼儿身体正常发育和机能的协调发展，增强体质，促进心理健康，培养良好的生活习惯、卫生习惯和参加体育活动的兴趣。

（二）发展幼儿智力，培养正确运用感官和运用语言交往的基本能力，增进对环境的认识，培养有益的兴趣和求知欲望，培养初步的动手探究能力。

（三）萌发幼儿爱祖国、爱家乡、爱集体、爱劳动、爱科学的情感，培养诚实、自信、友爱、勇敢、勤学、好问、爱护公物、克服困难、讲礼貌、守纪律等良好的品德行为和习惯，以及活泼开朗的性格。

（四）培养幼儿初步感受美和表现美的情趣和能力。

第六条　幼儿园教职工应当尊重、爱护幼儿，严禁虐待、歧视、体罚和变相体罚、侮辱幼儿人格等损害幼儿身心健康的行为。

第七条　幼儿园可分为全日制、半日制、定时制、季节制和寄宿制等。上述形式可分别设置，也可混合设置。

第二章　幼儿入园和编班

第八条　幼儿园每年秋季招生。平时如有缺额，可随时补招。

幼儿园对烈士子女、家中无人照顾的残疾人子女、孤儿、家庭经济困难幼儿、具有接受普通教育能力的残疾儿童等入园，按照国家和地方的有关规定予以照顾。

第九条　企业、事业单位和机关、团体、部队设置的幼儿园，除招收本单位工作人员的子女外，应当积极创造条件向社会开放，招收附近居民子女入园。

第十条　幼儿入园前，应当按照卫生部门制定的卫生保健制度进行健康检查，合格者方可入园。

幼儿入园除进行健康检查外，禁止任何形式的考试或测查。

第十一条　幼儿园规模应当有利于幼儿身心健康，便于管理，一般不超过360人。

幼儿园每班幼儿人数一般为：小班（3周岁至4周岁）25人，中班（4周岁至5周岁）30人，大班（5周岁至6周岁）35人，混合班30人。寄宿制幼儿园每班幼儿人数酌减。

幼儿园可以按年龄分别编班，也可以混合编班。

第三章　幼儿园的安全

第十二条　幼儿园应当严格执行国家和地方幼儿园安全管理的相关规定，建立健全门卫、房屋、设备、消防、交通、食品、药物、幼儿接送交接、活动组织和幼儿就寝值守等安全防护和检查制度，建立安全责任制和应急预案。

第十三条　幼儿园的园舍应当符合国家和地方的建设标准，以及相关安全、卫生等方面的规范，定期检查维护，保障安全。幼儿园不得设置在污染区和危险区，不得使用危房。

幼儿园的设备设施、装修装饰材料、用品用具和玩教具材料等，应当符合国家相关的安全质量标准和环保要求。

入园幼儿应当由监护人或者其委托的成年人接送。

第十四条　幼儿园应当严格执行国家有关食品药品安全的法律法规，保障饮食饮水卫生安全。

第十五条　幼儿园教职工必须具有安全意识，掌握基本急救常识和防范、避险、逃生、自救的基本方法，在紧急情况下应当优先保护幼儿的人身安全。

幼儿园应当把安全教育融入一日生活，并定期组织开展多种形式的安全教育和事故预防演练。

幼儿园应当结合幼儿年龄特点和接受能力开展反家庭暴力教育，发现幼儿遭受或者疑似遭受家庭暴力的，应当依法及时向公安机关报案。

第十六条　幼儿园应当投保校方责任险。

第四章　幼儿园的卫生保健

第十七条　幼儿园必须切实做好幼儿生理和心理卫生保健工作。

幼儿园应当严格执行《托儿所幼儿园卫生保健管理办法》以及其他有关卫生保健的法规、规章和制度。

第十八条　幼儿园应当制定合理的幼儿一日生活作息制度。正餐间隔时间为3.5—4小时。在正常情况下，幼儿户外活动时间（包括户外体育活动时间）每天不得少于2小时，寄宿制幼儿园不得少于3小时；高寒、高温地区可酌情增减。

第十九条　幼儿园应当建立幼儿健康检查制度和幼儿健康卡或档案。每年体检一次，每半年测身高、视力一次，每季度量体重一次；注意幼儿口腔卫生，保护幼儿视力。

幼儿园对幼儿健康发展状况定期进行分析、评价，及时向家长反馈结果。

幼儿园应当关注幼儿心理健康，注重满足幼儿的发展需要，保持幼儿积极的情绪状态，让幼儿感受到尊重和接纳。

第二十条　幼儿园应当建立卫生消毒、晨检、午检制度和病儿隔离制度，配合卫生部门做好计划免疫工作。

幼儿园应当建立传染病预防和管理制度，制定突发传染病应急预案，认真做好疾病防控工作。

幼儿园应当建立患病幼儿用药的委托交接制度，未经监护人委托或者同意，幼儿园不得给幼儿用药。幼儿园应当妥善管理药品，保证幼儿用药安全。

幼儿园内禁止吸烟、饮酒。

第二十一条　供给膳食的幼儿园应当为幼儿提供安全卫生的食品，编制营养平衡的幼儿食谱，定期计算和分析幼儿的进食量和营养素摄取量，保证幼儿合理膳食。

幼儿园应当每周向家长公示幼儿食谱，并按照相关规定进行食品留样。

第二十二条　幼儿园应当配备必要的设备设施，及时为幼儿提供安全卫生的饮用水。

幼儿园应当培养幼儿良好的大小便习惯，不得限制幼儿便溺的次数、时间等。

第二十三条　幼儿园应当积极开展适合幼儿的体育活动，充分利用日光、空气、水等自然因素以及本地自然环境，有计划地锻炼幼儿肌体，增强身体的适应和抵抗能力。正常情况下，每日户外体育活动不得少于1小时。

幼儿园在开展体育活动时，应当对体弱或有残疾的幼儿予以特殊照顾。

第二十四条　幼儿园夏季要做好防暑降温工作，冬季要做好防寒保暖工作，防止中暑和冻伤。

第五章　幼儿园的教育

第二十五条　幼儿园教育应当贯彻以下原则和要求：

（一）德、智、体、美等方面的教育应当互相渗透，有机结合。

（二）遵循幼儿身心发展规律，符合幼儿年龄特点，注重个体差异，因人施教，引导幼儿个性健康发展。

（三）面向全体幼儿，热爱幼儿，坚持积极鼓励、启发引导的正面教育。

（四）综合组织健康、语言、社会、科学、艺术各领域的教育内容，渗透于幼儿一日生活的各项活动中，充分发挥各种教育手段的交互作用。

（五）以游戏为基本活动，寓教育于各项活动之中。

（六）创设与教育相适应的良好环境，为幼儿提供活动和表现能力的机会与条件。

第二十六条　幼儿一日活动的组织应当动静交替，注重幼儿的直接感知、实际操作和亲身体验，保证幼儿愉快的、有益的自由活动。

第二十七条　幼儿园日常生活组织，应当从实际出发，建立必要、合理的常规，坚持一贯性和灵活性相结合，培养幼儿的良好习惯和初步的生活自理能力。

第二十八条　幼儿园应当为幼儿提供丰富多样的教育活动。

教育活动内容应当根据教育目标、幼儿的实际水平和兴趣确定，以循序渐进为原则，有计划地选择和组织。

教育活动的组织应当灵活地运用集体、小组和个别活动等形式，为每个幼儿提供充分参与的机会，满足幼儿多方面发展的需要，促进每个幼儿在不同水平上得到发展。

教育活动的过程应注重支持幼儿的主动探索、操作实践、合作交流和表达表现，不应片面追求活动结果。

第二十九条　幼儿园应当将游戏作为对幼儿进行全面发展教育的重要形式。

幼儿园应当因地制宜创设游戏条件，提供丰富、适宜的游戏材料，保证充足的游戏时间，开展多种游戏。

幼儿园应当根据幼儿的年龄特点指导游戏，鼓励和支持幼儿根据自身兴趣、需要和经验水平，自主选择游戏内容、游戏材料和伙伴，使幼儿在游戏过程中获得积极的情绪情感，促进幼儿能力和个性的全面发展。

第三十条　幼儿园应当将环境作为重要的教育资源，合理利用室内外环境，创设开放的、多样的区域活动空间，提供适合幼儿年龄特点的丰富的玩具、操作材料和幼儿读物，支持幼儿自主选择和主动学习，激发幼儿学习的兴趣与探究的愿望。

幼儿园应当营造尊重、接纳和关爱的氛围，建立良好的同伴和师生关系。

幼儿园应当充分利用家庭和社区的有利条件，丰富和拓展幼儿园的教育资源。

第三十一条　幼儿园的品德教育应当以情感教育和培养良好行为习惯为主，注重潜移默化的影响，并贯穿于幼儿生活以及各项活动之中。

第三十二条　幼儿园应当充分尊重幼儿的个体差异，根据幼儿不同的心理发展水平，研究有效的活动形式和方法，注重培养幼儿良好的个性心理品质。

幼儿园应当为在园残疾儿童提供更多的帮助和指导。

第三十三条　幼儿园和小学应当密切联系，互相配合，注意两个阶段教育的相互衔接。

幼儿园不得提前教授小学教育内容，不得开展任何违背幼儿身心发展规律的活动。

第六章　幼儿园的园舍、设备

第三十四条　幼儿园应当按照国家的相关规定设活动室、寝室、卫生间、保健室、综合活动室、厨房和办公用房等，并达到相应的建设标准。有条件的幼儿园应当优先扩大幼儿游戏和活动空间。

寄宿制幼儿园应当增设隔离室、浴室和教职工值班室等。

第三十五条　幼儿园应当有与其规模相适应的户外活动场地，配备必要的游戏和体育活动设施，创造条件开辟沙地、水池、种植园地等，并根据幼儿活动的需要绿化、美化园地。

第三十六条　幼儿园应当配备适合幼儿特点的桌椅、玩具架、盥洗卫生用具，以及必要的玩教具、图书和乐器等。

玩教具应当具有教育意义并符合安全、卫生要求。幼儿园应当因地制宜，就地取材，自制玩教具。

第三十七条　幼儿园的建筑规划面积、建筑设计和功能要求，以及设施设备、玩教具配备，按照国家和地方的相关规定执行。

第七章　幼儿园的教职工

第三十八条　幼儿园按照国家相关规定设园长、副园长、教师、保育员、卫生保健人员、炊事员和其他工作人员等岗位，配足配齐教职工。

第三十九条　幼儿园教职工应当贯彻国家教育方针，具有良好品德，热爱教育事业，尊重和爱护幼儿，具有专业知识和技能以及相应的文化和专业素养，为人师表，忠于职责，身心健康。

幼儿园教职工患传染病期间暂停在幼儿园的工作。有犯罪、吸毒记录和精神病史者不得在幼儿园工作。

第四十条　幼儿园园长应当符合本规程第三十九条规定，并应当具有《教师资格条例》规定的教师资格、具备大专以上学历、有三年以上幼儿园工作经历和一定的组织管理能力，并取得幼儿园园长岗位培训合格证书。

幼儿园园长由举办者任命或者聘任，并报当地主管的教育行政部门备案。

幼儿园园长负责幼儿园的全面工作，主要职责如下：

（一）贯彻执行国家的有关法律、法规、方针、政策和地方的相关规定，负责建立并组织执行幼儿园的各项规章制度；

（二）负责保育教育、卫生保健、安全保卫工作；

（三）负责按照有关规定聘任、调配教职工，指导、检查和评估教师以及其他工作人员的工作，并给予奖惩；

（四）负责教职工的思想工作，组织业务学习，并为他们的学习、进修、教育研究创造必要的条件；

（五）关心教职工的身心健康，维护他们的合法权益，改善他们的工作条件；

（六）组织管理园舍、设备和经费；

（七）组织和指导家长工作；

（八）负责与社区的联系和合作。

第四十一条　幼儿园教师必须具有《教师资格条例》规定的幼儿园教师资格，并符合本规程第三十九条规定。

幼儿园教师实行聘任制。

幼儿园教师对本班工作全面负责，其主要职责如下：

（一）观察了解幼儿，依据国家有关规定，结合本班幼儿的发展水平和兴趣需要，制订和执行教育工作计划，合理安排幼儿一日生活；

（二）创设良好的教育环境，合理组织教育内容，提供丰富的玩具和游戏材料，开展适宜的教育活动；

（三）严格执行幼儿园安全、卫生保健制度，指导并配合保育员管理本班幼儿生活，做好卫生保健工作；

（四）与家长保持经常联系，了解幼儿家庭的教育环境，商讨符合幼儿特点的教育措施，相互配合共同完成教育任务；

（五）参加业务学习和保育教育研究活动；

（六）定期总结评估保教工作实效，接受园长的指导和检查。

第四十二条　幼儿园保育员应当符合本规程第三十九条规定，并应当具备高中毕业以上学历，受过幼儿保育职业培训。

幼儿园保育员的主要职责如下：

（一）负责本班房舍、设备、环境的清洁卫生和消毒工作；

（二）在教师指导下，科学照料和管理幼儿生活，并配合本班教师组织教育活动；

（三）在卫生保健人员和本班教师指导下，严格执行幼儿园安全、卫生保健制度；

（四）妥善保管幼儿衣物和本班的设备、用具。

第四十三条　幼儿园卫生保健人员除符合本规程第三十九条规定外，医师应当取得卫生行政部门颁发的《医师执业证书》；护士应当取得《护士执业证书》；保健员应当具有高中毕业以上学历，并经过当地妇幼保健机构组织的卫生保健专业知识培训。

幼儿园卫生保健人员对全园幼儿身体健康负责，其主要职责如下：

（一）协助园长组织实施有关卫生保健方面的法规、规章和制度，并监督执行；

（二）负责指导调配幼儿膳食，检查食品、饮水和环境卫生；

（三）负责晨检、午检和健康观察，做好幼儿营养、生长发育的监测和评价；定期组织幼儿健康体检，做好幼儿健康档案管理；

（四）密切与当地卫生保健机构的联系，协助做好疾病防控和计划免疫工作；

（五）向幼儿园教职工和家长进行卫生保健宣传和指导。

（六）妥善管理医疗器械、消毒用具和药品。

第四十四条　幼儿园其他工作人员的资格和职责，按照国家和地方的有关规定执行。

第四十五条　对认真履行职责、成绩优良的幼儿园教职工，应当按照有关规定给予奖励。

对不履行职责的幼儿园教职工，应当视情节轻重，依法依规给予相应处分。

第八章　幼儿园的经费

第四十六条　幼儿园的经费由举办者依法筹措，保障有必备的办园资金和稳定的经费来源。

按照国家和地方相关规定接受财政扶持的提供普惠性服务的国有企事业单位办园、集体办园和民办园等幼儿园，应当接受财务、审计等有关部门的监督检查。

第四十七条　幼儿园收费按照国家和地方的有关规定执行。

幼儿园实行收费公示制度，收费项目和标准向家长公示，接受社会监督，不得以任何名义收取与新生入园相挂钩的赞助费。

幼儿园不得以培养幼儿某种专项技能、组织或参与竞赛等为由，另外收取费用；不得以营利为目的组织幼儿表演、竞赛等活动。

第四十八条　幼儿园的经费应当按照规定的使用范围合理开支，坚持专款专用，不得挪作他用。

第四十九条　幼儿园举办者筹措的经费，应当保证保育和教育的需要，有一定比例用于改善办园条件和开展教职工培训。

第五十条　幼儿膳食费应当实行民主管理制度，保证全部用于幼儿膳食，每月向家长公布账目。

第五十一条　幼儿园应当建立经费预算和决算审核制度，经费预算和决算应当提交园务委员会审议，并接受财务和审计部门的监督检查。

幼儿园应当依法建立资产配置、使用、处置、产权登记、信息管理等管理制度，严格执行有关财务制度。

第九章　幼儿园、家庭和社区

第五十二条　幼儿园应当主动与幼儿家庭沟通合作，为家长提供科学育儿宣传指导，帮助家长创设良好的家庭教育环境，共同担负教育幼儿的任务。

第五十三条　幼儿园应当建立幼儿园与家长联系的制度。幼儿园可采取多种形式，指导家长正确了解幼儿园保育和教育的内容、方法，定期召开家长会议，并接待家长的来访和咨询。

幼儿园应当认真分析、吸收家长对幼儿园教育与管理工作的意见与建议。

幼儿园应当建立家长开放日制度。

第五十四条　幼儿园应当成立家长委员会。

家长委员会的主要任务是：对幼儿园重要决策和事关幼儿切身利益的事项提出意见和建议；发挥家长的专业和资源优势，支持幼儿园保育教育工作；帮助家长了解幼儿园工作计划和要求，协助幼儿园开展家庭教育指导和交流。

家长委员会在幼儿园园长指导下工作。

第五十五条　幼儿园应当加强与社区的联系与合作，面向社区宣传科学育儿知识，开展灵活多样的公益性早期教育服务，争取社区对幼儿园的多方面支持。

第十章　幼儿园的管理

第五十六条　幼儿园实行园长负责制。

幼儿园应当建立园务委员会。园务委员会由园长、副园长、党组织负责人和保教、卫生保健、财会等方面工作人员的代表以及幼儿家长代表组成。园长任园务委员会主任。

园长定期召开园务委员会会议，遇重大问题可临时召集，对规章制度的建立、修改、废除，全园工作计划，工作总结，人员奖惩，财务预算和决算方案，以及其他涉及全园工作的重要问题进行审议。

第五十七条　幼儿园应当加强党组织建设，充分发挥党组织政治核心作用、战斗堡垒作用。幼儿园应当为工会、共青团等其他组织开展工作创造有利条件，充分发挥其在幼儿园工作中的作用。

第五十八条　幼儿园应当建立教职工大会制度或者教职工代表大会制度，依法加强民主管理和监督。

第五十九条　幼儿园应当建立教研制度，研究解决保教工作中的实际问题。

第六十条　幼儿园应当制订年度工作计划，定期部署、总结和报告工作。每学年年末应当向教育等行政主管部门报告工作，必要时随时报告。

第六十一条　幼儿园应当接受上级教育、卫生、公安、消防等部门的检查、监督和指导，如实报告工作和反映情况。

幼儿园应当依法接受教育督导部门的督导。

第六十二条　幼儿园应当建立业务档案、财务管理、园务会议、人员奖惩、安全管理以及与家庭、小学联系等制度。

幼儿园应当建立信息管理制度，按照规定采集、更新、报送幼儿园管理信息系统的相关信息，每年向主管教育行政部门报送统计信息。

第六十三条　幼儿园教师依法享受寒暑假期的带薪休假。幼儿园应当创造条件，在寒暑假期间，安排工作人员轮流休假。具体办法由举办者制定。

第十一章　附　则

第六十四条　本规程适用于城乡各类幼儿园。

第六十五条　省、自治区、直辖市教育行政部门可根据本规程，制订具体实施办法。

第六十六条　本规程自 2016 年 3 月 1 日起施行。1996 年 3 月 9 日由原国家教育委员会令第 25 号发布的《幼儿园工作规程》同时废止。

——见中华人民共和国教育部网站，http：//www.moe.gov.cn/srcsite/A02/s5911/moe_ 621/201602/t20160229_ 231184.html，2016 年 3 月 1 日。

第八章

幼儿教师职业素养

幼儿教师职业素养是指职业内在的规范和要求，并且在幼儿园工作过程中表现出来的综合品质，比如职业道德、身心素质、专业知识、专业能力等。

第一节　幼儿教师职业素养的意义

加强幼儿教师职业素养，有利于其专业发展，有利于克服职业倦怠，有利于道德品质的完善，有利于做好教学工作，有利于弘扬社会主义新风尚。

一、加强幼儿教师职业素养有利于其专业发展

教师专业发展理论认为，教师作为教学专业人员要经历一个由不成熟到相对成熟的发展过程。这是一个持续社会化和个性化的过程，具有多阶段性特征。幼儿教师的专业发展空间是无限的，成熟只是相对的，而发展是绝对的。我国学者叶澜等人从“自我更新”取向角度对教师专业发展阶段进行了深入研究，把它分为以下五个阶段①。

第一阶段为“非关注”阶段。在这一阶段，“专业发展”的主体是有从教意向者，但他们只是有从教的潜在可能，还根本谈不上什么专业发展，更谈不上专业发展的意识，因此把这一阶段称为“非关注”阶段。

第二阶段为“虚拟关注”阶段。该阶段专业发展主体的身份是学生，至多只是“准教师”，这使得他们所接触的教育教学实际和教师生活带有某种虚拟性，他们会在虚拟的教学环境中获得某些经验，对教育理论及教师技能进行学习和训练，有了对自我专业发展反思的萌芽，从而为进入正式任职阶段打下良好的基础。

第三阶段为“生存关注”阶段。新任教师处于这一阶段，其表现为：在现实的冲击下，教师产生了强烈的自我专业发展的忧患意识，特别关注专业活动中的“生存”技能，专业发展集中在专业态度和动机方面。这一时期是教师专业发展的一个关键期，它不仅面临着由学生向正式教师

① 叶澜等：《教师角色与教师发展新探》，教育科学出版社，2001 年，第 276—321 页。

角色的转换，而且也是所学理论知识和具体教学实践的“磨合期”。

第四阶段为“任务关注”阶段。在度过了初任期以后，决定留任的教师逐渐步入此阶段，这是教师专业结构诸方面稳定、持续发展的时期。这一阶段的教师已经具备了一定的教育教学经验，技能和知识的建构已经到达一定程度，能够比较好地完成教育教学任务，所以，关注自身实践能力的提高成为“任务关注”阶段教师的重要目标。但是，这一阶段的教师在自我反思和有效发挥主观能动性和自主性等方面还是很欠缺的。

第五阶段为“自我更新关注”阶段。处于该阶段的老师，其专业发展的动力转移到了专业发展本身，而不再受外部评价或职业升迁的牵制，直接以专业发展为指向。同时教师已经可以自觉依照教师发展的一般路线和自己目前的发展条件，有意识地自我规划，以谋求最大程度的自我发展。

教师职业素养的提高更有利于教师的专业发展，尤其是教师的个人反思，有人把其称为教师专业成长的“第三条路径”，即在没有外在行政命令和群体意识的前提下，来自教师个体的、内在的发展意识和动力，通过自我反思、自我设计，达到充实生活、丰富体验、拓宽加厚文化底蕴、实现自我专业发展和更新的目的①。幼儿教师在教育事件、教学过程以及教学风格等方面的反思均有利于其专业发展。

二、加强幼儿教师职业素养有利于其道德品质的完善

所谓道德品质是指体现一定社会或阶级的道德原则和规范，并具有稳定性和一贯倾向性的个人道德意识和道德行为总体的根本属性。也可以说是人们在处理个人与他人、个人同社会利益关系时所表现出来的行为习惯和行为特征。首先，道德品质是道德行为的实践基础，离开了道德行为就不可能有道德品质，但是，并不是一两次的道德行为就能形成某种品质。道德品质是个体道德行为的稳定特征，是个体长期道德行为的积累。其次，道德品质是道德行为的内在依据。任何一个道德行为，都是道德主体在一定道德意识支配下自觉选择的结果，这种选择反映了道德主体的人生观和道德观。因此，我们总是可以从道德主体的道德行为中去概括其道德品质，失去一定品质的指导，主体的道德行为就是盲目的，甚至道德行为根本就不会发生。最后，道德品质是行为整体的稳定特征。偶然的、个别的、短期的道德行为并不一定证明主体的品质特征，只有在长期的、不断的、一系列的道德行为中所表现出来的特征，才具有品质的意义。

教师道德品质是指以教师为职业的道德主体所特有的行为习惯和行为特征，是教师在处理个人与他人、个人与社会的利益关系时所表现出来的稳定倾向和一贯表现。教师道德品质是教师道德原则和规范在教师行为中的体现，它反映了一个教师的道德觉悟水平、道德认识能力和道德修养境界。教师道德品质不仅具有一般道德品质的特征，而且具有教师的职业特点。教师道德品质的构成主要有道德认识、道德情感、道德意志和道德行为四个方面。这几个方面不是彼此孤立的，它们之间有着内在的必然的联系。道德认识是整个道德品质发展的前提，道德情感、道德意志、道德行为都是在一定的道德认识的指导下形成的。没有正确的认识，道德情感就无从产生；没有强烈的道德情感，道德意志就不能持久；没有坚定的道德意志，就无法形成正确的道德行为。

---

① 郑友训：《第三条路径：教师专业成长的新视点》，《高等师范教育研究》，2003 年第 4 期。

一般来说，幼儿教师良好的道德品质包括热爱幼儿、公平正义、严于律己等。良好的道德品质是做好教师的第一要素。而在当今幼儿园的工作中，幼儿教师存在着许多不尽如人意之处。以摘自《一个实习生眼中的幼儿教师》的片段为例：

我被分配在大班，班上有30多个孩子，都在5~6岁之间，而且都很聪明（我个人认为），有两位教师一位保育员，当然也是我的指导老师。时间长了，在听课、上课和交往中我发现，幼儿教师这职业说起来容易，做起来却好难。之所以这样说是因为——我不知道该不该把所见所闻写在实习总结上，犹豫再三，还是写出来吧，这样我心里好受一点。事情是这样的，当我们进园的第一天，指导老师就指着一个爱流鼻涕的小男孩说："这孩子是我们班最脏、最恶心的，人看见了都会不舒服。"

她怎么能这样说？这男孩年龄虽小，但他也有自尊心，何况我们是初来乍到啊。随着时间的推移，我对幼儿园老师和幼儿的情况了解得更多了，其一是这位老师所面对的孩子不一定都一样轻松愉悦、幸福快乐；其二是我觉得老师说的和做的是两回事，虽然她们指导我们该怎样教学、怎样组织活动、怎样管理幼儿、怎样……但她们自己却没有做到，甚至缺乏起码的耐心和责任心，她们遇到一些事情首先是躲避或推卸责任，然后是责怪别人或幼儿。

……

有一天早餐后，那个爱流鼻涕的小男孩可能活动得太猛，将刚喝的牛奶吐了出来，指导老师看见了一直在责怪他："你看你恶心不恶心，看见你都倒胃口！"我见状赶紧来收拾并问那孩子有没有事，他没敢说一句话，只是流着鼻涕看着我，我告诉他："没关系，以后要注意，刚吃完饭是不能剧烈活动的，记住了吗？"他点了一下头转身去拿拖布。多么懂事的孩子呀！我继续清理地面，老师看着我继续说着："我真没有见过这么脏的小孩，他妈不知是咋生的。"我心想，难道这孩子就这么令人讨厌吗？以后，我越发关注起这孩子并尽可能多地给予他必要的呵护。然而，我却给他带来更多的麻烦——有时我会感到好伤心、好惭愧，总觉得是我害了他。

当然，老师也有她喜欢的孩子。有一次，一位漂亮的小姑娘给她们（两位教师）带了两个苹果，她们高兴得又是笑又是抚摸，不知有多喜欢，还不停地说："真懂事！"我看在眼里记在心里。平时她们对这小姑娘就关爱有加，而且她在各种活动中参与和表现的机会也最多，即使是做错了事老师也会原谅她。这是不是一种误导或误人的表现呢？难道说孩子这样做就是懂事吗？我不明白，也弄不懂。

……

有天中午午睡我值班，看看这些可爱的孩子，我真不想离开他们，可过几天实习就要结束了——我巡视到他（那个流鼻涕的小男孩）的床前，他还没有睡着，我问他："喜不喜欢老师？""喜欢。""老师走了以后想不想？""我会给你打电话的……你能给我电话号码吗？""能啊。"他笑了，笑得那么天真、可爱。我问他能不能亲他一下？他表现出不安和害怕，用疑惑的眼神盯着我，我在他脸颊上吻了一下，他还是那么紧张，我告诉他："每天记着带块手帕或纸巾，把鼻子擦干净，这样老师就会喜欢你的。""嗯。"他乖巧地点点头，"好！你能不能亲一下老师呢？"他的小嘴嘟囔着并赶紧捂住嘴。我知道，他不敢亲我，他害怕把鼻涕弄到我的脸上。我掏出纸巾并对他说："把鼻子擦干净。"他擦得干干净净，"那亲老师一下。"他又擦了擦嘴和鼻子，这才在我脸上小心翼翼地、轻轻地亲了一下，我站起身对他说：

“睡吧！”不一会儿他就进入了梦乡。愿他做个好梦。这一天他显得非常快乐，因为他找到了被重视的感觉，也有人喜欢他，他不再自卑，不再……

上面截取的是一个实习生在幼儿园里的片段，她看到个别幼儿教师完全在以自己的好恶去评价孩子，没有做到公正地对待孩子、爱孩子。在我国，绝大多数的幼儿教师是女性，是母亲或将要做母亲的人，有哪个母亲会嫌弃自己的孩子呢？或许教师需要做的，仅仅是站在母性的角度去看一看班上的孩子，看一看孩子们清纯的眼睛、稚气的脸庞，再看看孩子们嬉戏时的天真烂漫；想想他们每个人的可爱之处，再想想孩子遇到困难时那无助的、带有一丝慌乱的神情，还有什么不可谅解的呢！实习学生的做法或许能从另外的角度让部分幼儿教师产生深刻的反思。爱护每一个孩子，是每个幼儿教师的责任和义务，也是最基本的道德品质。幼儿教师职业素养的提高，必然也会促进其自身的道德品质的提升，完善其道德素养。

三、加强幼儿教师职业素养有利于做好教育教学工作

我们都知道，在幼儿园中，游戏活动占了很重要的位置，但教育教学工作也至关重要。幼儿教师职业素养的提高，必然会改进教育教学工作，能够更好地实现有效教学。

（一）教师是幼儿学习活动的支持者、合作者、引导者

在现在的幼儿园教育教学活动中，教师不再只是向幼儿传授知识，而是要换一种思维，成为幼儿学习的引导者和促进者。这三种角色有着共同的基础和前提，那就是尊重幼儿、了解幼儿，而且它们是在教师与幼儿的互动中综合地动态地实现的。在教育过程中，作为支持者的教师在为幼儿的学习提供脚手架，为他们的成长创设良好的环境，支持他们成长过程中的各种尝试的同时，也进行着合作，即：“教师和儿童一起工作——接住儿童的皮球，再抛给儿童这种过程。”合作在支持过程中出现，它既是支持的方式和手段，也是支持本身。而支持和合作都体现着教育的意图，实现着教育对幼儿的直接的或间接的引导。此外，教师的不同角色都为着实现同一个目标——提高与儿童互动的质量，让这些互动变得更加丰富、有趣、富有吸引力，从而有力地促进幼儿教育中的师生关系的发展。

教师要成为幼儿学习活动的支持者，要求教师对幼儿的学习活动要提供物质和心理两方面的支持。其中，物质上的支持包括尽力为幼儿营造丰富的物质环境，为幼儿与物质环境能够更好地互动奠定基础，等等。心理上的支持首先是指教师对幼儿的关怀、尊重和接纳的态度，对幼儿自发的探究活动、新异的想法的支持、肯定和鼓励；还有对幼儿的问题、困难和需要的敏锐把握、对幼儿想法和感受的倾听与接纳；等等。教师作为活动的支持者，通过为幼儿提供自由的时间、空间以及材料，间接地帮助幼儿进一步探索有兴趣的问题，使主题顺利发展，同时为幼儿创设丰富的物质环境和宽松的心理环境，也能够为幼儿的进一步学习、实践、探究打下扎实的基础。

教师要成为幼儿学习活动的合作者，要求教师要以“合作伙伴”的身份参与到幼儿的学习活动中去，共同促进学习活动的不断延伸。《幼儿园教育指导纲要（试行）》要求教师成为幼儿学习活动的合作者，即与幼儿一起运用过去已有的知识和经验，通过实际操作，获得新的经验。这有利于淡化甚至消除以往“教师在上、幼儿在下”的师幼关系，变“填鸭式”的活动为合作探究的学习氛围。“教师和儿童一起工作——接住儿童的皮球，再抛给儿童”，教师与幼儿之间平等的“抛接”要比教师居高临下的“抛给”更有利于促进幼儿的学习与发展。

引导者的角色与前两个角色相比，应该是幼儿教师最难扮演好的角色，因为教师的引导离不开对幼儿学习状况的了解和对幼儿面临问题或矛盾冲突的把握，教师需对这些状况进行价值判断，找出他们与教育目标之间的联系，从而指引幼儿向着积极目标方向发展，这也对教师的观察力提出了相当高的要求。但是教师的引导并不意味着对幼儿问题与困难的包办代替。以中班幼儿的一次教育活动为例。

中班的宝宝问："老师，树叶掉了，树妈妈会疼吗？树妈妈会死吗？"老师没有急于回答，而是叫来扎着马尾辫的贝贝，重新给她梳头发。梳完后让宝宝看梳子上梳落的几根长发对他说："你看，老师给贝贝梳头的时候，梳掉了几根，你问问她疼不疼。"贝贝说："不疼！"老师又说："其实，树上掉树叶就像每天我们都要掉头发一样，树妈妈一点儿也不疼，是很正常的，头发掉了还会长，树叶掉了也会长，所以树妈妈不会死的，而且每年掉落的树叶，在泥土里变成养分，会让树妈妈第二年的枝叶更加茂密。"①这位教师解决问题时，考虑到了幼儿的接受能力，没有说很多深奥的理论，而是用孩子们自己的感受和已有的经验巧妙回答了看似复杂的问题。

为了促进幼儿学习的不断深入，幼儿教师的作用不再仅仅只是解惑、点拨，幼儿教师作为幼儿学习与发展的"引导者"的角色是不可代替的，同时这一角色的成功扮演也是教师过硬的教育教学技能和优秀的专业能力与素养的充分体现。

（二）教师是课程资源的拓展者

所谓课程资源是指富有教育价值的，能够转化为学校课程或服务于学校课程的各种条件的总和。幼儿教师不仅仅是课程资源的开发者，而且还是课程资源的拓展者。这就要求幼儿教师在日常的教学环节中，不仅仅要抓住那些经过处理、至善至美的已经物化的课程资源，还要对教学过程中动态生成的易被人忽略的教学事件进行拓展。不可否认的是，这些动态生成的课程资源更加接近教师以及幼儿的认知水平，更容易为幼儿所接受。如下面的案例所示。

案例：

放飞想象②

"花为什么会开？"有一天，学前班的老师问她面前的孩子。

第一个孩子说："她睡醒了，她想看看太阳。"

第二个孩子说："她一伸懒腰，就把花骨朵顶开了！"

第三个孩子说："她想和小朋友比比，看谁穿得更漂亮。"

第四个孩子说："她想看看，小朋友会不会把她摘走？"

第五个孩子说："她也长耳朵，她想听听小朋友唱歌。"

突然，第六个孩子问了老师一句："老师，您说呢？"

老师想了想，又想了想说："花特别懂事，她知道小朋友们都特别喜欢她，就仰起她的小脸，笑了！"

---

① 马宏主编：《幼儿教师口语》，北京师范大学出版社，2014年版，第220页。

② 见阜阳师范学院官方网站。

老师的回答很高明，听到这儿，孩子们全看着老师笑了，那笑脸比花更好看。

真惊异这些孩子们的答案，他们的想象力真丰富，他们的回答真精彩！不是吗？这些充满了灵气的回答，每一个都是一朵亮丽的花！

老师原来准备的答案是："花开了，是因为春天来了。"可听到孩子们的回答后，她放弃了准备好的答案，急中生智地改了。

分析：

这是一堂精彩的教学课，也是一个真实的教学情景，它给人的启发是深刻的。都说童言无价，此言极是。童趣美丽，美丽在孩子们的眼里，有感情的世界才是真实的世界！这些极富想象力、极富感情色彩的句子，与那种沉闷单调的表述，一成不变的答案，形成了非常鲜明的对照。同时，我们也应该为那位老师拍案叫绝，她是如此地爱护孩子们的想象力，不惜放弃自己原来的"标准答案"，这种精神是多么难能可贵啊！她放弃的是束缚儿童情趣的绳索，而放飞的则是充满想象力的一群白鸽！

案例中，教师原来对标准答案是有一定的预设的，但是她并没有将自己之前设计好的标准答案强加给幼儿，对于幼儿各种各样富有想象力的回答教师给予了肯定与赞赏。教师瞬间也进行了换位思考，把自己变成了孩子，站在孩子的发展水平上去想象"花为什么会开"。每一个孩子就是一朵花，教师没有束缚住孩子的想象。教学过程中课堂资源无处不在，教师要善于抓住机会正确引导孩子发展，只要教师以孩子的成长为目标，就会自觉地尽可能地拓展课程资源，把静态的文本知识转化为动态的人类智慧。这也就要求教师要借助于审美想象和审美情感的力量创造出教师职业的美，教师的行为也要具有即兴发挥、兴之所至、斐然成章的特色。

作为课程资源的拓展者，尤其是农村幼儿教师，更应该重视农村幼儿园课程资源的开发。农村课程资源可从自然资源和社会资源两个方面进行拓展。自然资源包括动植物资源，如鸡、鸭、鹅、兔等农村常见的动物，还包括当地的风景名胜资源，教师在教学活动中引导幼儿游览、参观、了解这些风景名胜，不仅能增长孩子的见识，还可以培养孩子的审美能力，更能加深孩子对家乡的感情。社会资源包括民间文学、民间艺术、民间游戏等。如果幼儿教师能够因地制宜，对当地的课程资源加以拓展，幼儿的身心健康势必也能得到进一步的发展。

此外，幼儿教师职业素养的提高，也有助于对课程乃至有效教学的全新的认识。好的幼儿园教育教学活动，不仅仅是让孩子体验到游戏的愉悦，也不仅仅体现在课堂热闹的氛围，最重要的是幼儿在游戏的氛围中得到了某种收获，并且能够快乐地成长。当幼儿的主体感受与课堂、与情境同呼吸时，这样的课堂就不仅仅是教师驾驭之下的课堂，这样幼儿的主体性才会得以更好地体现。

四、加强幼儿教师职业素养有利于克服职业倦怠

随着时代的发展和生活节奏的加快，职业女性也面临着诸多压力，其压力来源主要有社会因素、历史因素、生理因素以及女性自身因素四个方面，幼儿教师也一样。社会的急剧变化、幼教改革的盛行、各种复杂的内外部事物的变迁，都可能会对幼儿教师的心理产生冲击——当孩子们一声声甜美的"老师好"无法打动你的心扉时，当孩子们一张张可爱的笑脸无法舒展你紧锁的双眉时，当孩子们纯真的童言趣语难以激起你心灵的共鸣时，当孩子们向小鸟一样拥入你怀抱而你的表情"很无奈"时，当孩子们不愿与你主动亲近时，当你组织活动既没有创新也没有激情时，

这只能说明“你要落伍了”，即使你很年轻，但你的心态已经老了，你心里已经涌入了一种对职业的倦怠感。

所谓职业倦怠是指从业者因不能有效缓解由各种因素所造成的工作压力，或深感付出与回报不对等而表现出的对所从事职业的消极态度和行为。国外的大量研究资料表明职业倦怠最容易发生在助人行业的从业者身上。教师职业尤其是幼儿教师作为一种典型的助人行业，自然也容易产生职业倦怠现象。在实际工作中会发现，部分教师在年复一年的工作中，对工作渐渐失去了热情、新鲜感和好胜心，一切只是在惯性的轨道上滑行。责任感（唯恐意外事故的发生）和工作的疲惫感把老师们搞得精疲力竭，这也是造成教师职业倦怠的主要原因之一。家长要求高、领导要求严、工作任务重、完成任务的时间紧、有的幼儿园班额又过大，工作量超出了教师的能力和精力范围，压力太大，时间一长自然而然会导致一些教师产生对工作的“倦怠”情绪，加之幼儿教师的工资待遇偏低，教师们总感觉自己的付出与回报不相符，这也会让教师们容易产生倦怠感。总的说来，教师“职业倦怠”现象已经越来越普遍。

从长远来看，幼儿教师要想走出“职业倦怠”的状态，最主要的是要加强自身的职业素养。具体来说，要从哪些方面加强自身的职业素养呢？首先，要发自真心地爱自己的工作，这是克服“职业倦怠”的根本，也是保持工作积极性的不竭动力。其次，要努力形成自己的职业特长。比如教学特长、艺术特长、教育研究特长等，教师在实践中有了自己的职业特长，在幼儿园就有了不可替代的位置，所以工作的自豪感也就随之产生了。工作中有了自豪感和成就感，工作中的“苦”才会真正变成乐，幼儿园的工作才会有源源不断的内在动力。再次，要把幼儿园的工作作为一项创造性的工作。这不仅可以提高工作质量，而且还可以转变幼儿教师工作时的被动状态。创造性地从事幼教工作，主要包括两方面的内容：一是要使“课”常上常新；二是要不断地研究教育教学中的问题。进行教育研究是创造性地工作中至关重要的一环，它使我们的教育工作日益具有挑战性和乐趣——只要你去进行研究，你就会发现幼儿教育工作的每天都有新的东西——幼儿是新的（幼儿的表情、幼儿的精神面貌、幼儿的求知欲望、幼儿的能力等），教学内容是新的，教学方法是新的，每天的收获也都是新的；不进行教育研究，我们的幼儿教育工作日复一日，很有可能会变成一种单调、乏味的体力劳动。最后，要学会宣泄自己的负面情绪。作为教师，及时适度地宣泄自己的负面情绪也会使心理更加健康。这就要求日常要建立良好的人际关系，可以多和自己的同事、领导进行交流；同时，多和“积极追求进步”的同事为伍，学习她们那种健康的、积极向上的、不断追求事业上成就的积极的应世态度，这也有利于教师们形成积极健康的职业心理。

总之，加强幼儿教师职业素养能够预防或者克服幼儿教师进入“职业倦怠”状态。

五、加强幼儿教师职业素养有利于弘扬社会主义风尚

近年来，在我们的生活中，某些教师出现了一些道德失范、诚信缺失现象，诸如此类的负面现象时有发生。而加强幼儿教师的职业素养，可以进一步传承优秀的人文精神，有利于弘扬良好的社会风尚。

提高幼儿教师的职业素养，有助于教师们从内心牢固树立“爱吾幼以及人之幼”的观念，能够弘扬中华民族的传统美德，这也能从根本上杜绝幼儿教师道德失范的现象发生。

提高幼儿教师职业素养，有助于教师抵制各种诱惑。在当今市场经济利益多元化的冲击下，

面对形形色色的诱惑，有相当一部分人曾一度迷惑，其中也包括我们的幼儿教师群体。面对着工作量巨大且薪酬待遇有待提高的现实，如果没有坚定的职业信念，势必会造成幼儿教师的大量流动。幼儿教师职业素养的提高，不仅有助于其抵制各种诱惑，还有助于幼儿教师队伍的稳定性。幼儿教师只有能够甘于本职工作，才能在教育的过程中更好地弘扬我们社会中的真善美。

提高幼儿教师职业素养，有助于社会主义风尚可持续的发展。从长远的观点看，教育是国家发展的百年大计，经济发展离不开教育，科学技术的发展也离不开教育。不容置疑的是，科技和经济发展所需要的人才，都是从一代代的教育对象中产生的。提高幼儿教师职业素养，加强对幼儿的教育，有助于社会主义风尚得以一代代地可持续发展。

第二节　幼儿教师职业素养的任务

一、提高幼儿教师的职业道德修养

微信扫码，观看授课视频《教师职业道德修养》

幼儿教师职业素养的核心是职业道德修养，所以，其最主要的任务首先是提高幼儿教师的职业道德修养。加强教师职业道德修养不仅是培养教师职业道德的首要环节，也是加强社会主义职业道德建设的迫切要求。首先，加强教师职业道德修养是提高教师职业道德水平和促进个人进步与发展的必由之路；其次，只有加强教师职业道德修养，才能发挥教师职业道德的社会作用。加强幼儿教师职业道德修养是将教师职业道德要求转化为自己的信念并付诸行动的活动，是一种自我锻炼、自我改造、自我陶冶、自我教育的过程。主要包括：提高幼儿教师的道德认识、陶冶幼儿教师的道德情感、磨炼幼儿教师的道德意志以及培养幼儿教师良好的道德行为四个方面。

（一）提高幼儿教师道德认识

认识是行动的先导，任何行为都是受一定思想支配的。因此，提高幼儿教师的道德认识是加强职业道德修养的前提。

提高幼儿教师的道德认识，最重要的是要培养教师的奉献精神。2008 年汶川地震中出现的“范跑跑”事件，引发了大家对教师奉献内涵的争论。不管大家如何评价这一事件，“教师在面对学生安全时，首先是一个教师，然后才是人”这样的说法获得大家的一致肯定。但总而言之，“范跑跑”的事件却让我们对教师的奉献精神有了一定的反思。而 2013 年初，教育部教师工作司决定与中国教育电视台等媒体联合举办“寻找身边的‘张丽莉’”活动，却让我们发现：就在我们身边，不乏甘于奉献的教师，这也使人倍感欣慰。而我们再来反思我们的学前教育，反观幼儿教师群体，由于部分幼儿教师的虐童事件，整个幼儿教师群体陷入了信任危机。2012 年，浙江温岭幼儿教师颜××虐童一事引发社会关注，同所有极端个案一样，这一次，颜××虐童事件把幼儿教师群体推到了舆论的风口浪尖，一时间，幼儿教育、幼儿教师的话题引发社会集体关注。很显然，发生在温岭的这一虐童事件，使幼儿教育面临着一场前所未有的群体性信任危机，对幼儿教师群体触动很大。这也使提高幼儿教师道德认识的工作迫在眉睫。

首先，对幼儿教师道德关系的认识，是构成其道德认识的基础。在幼儿教师道德关系中，幼儿教师与集体和社会的关系、幼儿教师之间的关系以及教师与幼儿的关系都是主要的道德关系。在幼儿教师与集体和社会的关系中，需要摆正个人与集体和社会的位置。这就不仅要求幼儿教师要增强自身的责任感和义务感，还要做到凡事以集体的利益为重。在教师与教师之间的关系中，应该正确地对待个人利益与他人利益。作为幼儿教师，要积极地参加幼儿园内、外的各种教学技能比赛以及培训等活动，在涉及涨工资、提职称等直接的利益冲突中，仍要以一颗平常心对待，保持和同事间的良好道德关系。在教师与幼儿的关系中，一方面应全身心地爱孩子，一方面也不能无原则地迁就孩子，尤其是在教育孩子时，坚决不能使用体罚或变相体罚手段。无论任何时候，赏识教育都应该成为教育孩子的主流，讲究一定教育方法的惩罚教育（不等同于体罚或变相体罚）只能是一种辅助手段。对幼儿教师道德关系的认识，是构成其道德认识的基础，也是认识幼儿教师道德原则和道德规范的前提。

其次，对幼儿教师道德原则和规范的认识，是幼儿教师道德行为的前提。客观上来讲，幼儿教师的职业道德原则和规范比其他行业有着更高、更严格的要求。例如，在部分行业中“穿衣戴帽，个人所好”，似乎不涉及道德问题。然而，在整个教师行业尤其是幼儿教师行业中，对着装却有着严格的规定。所以，无论是教师还是保育员，都应学会调整自己的外在形象，在幼儿面前保持清新、端庄、大方的模样，使之能对幼儿产生良好的影响。同时，在幼儿教师与社会的关系上，要求幼儿教师热爱学前教育这个职业，尊重家长等；在教师与幼儿的关系上，要求教师要热爱幼儿、尊重幼儿，关心爱护每一个幼儿，公平公正对待每一个幼儿；在幼儿教师与同事的关系上，要尊重同事、团结协作。也只有这样，才能创建一个优秀的集体。

最后，幼儿教师的道德认识还包括对幼儿园教育教学规律的认识。只有那些能够正确认识教育、教学的内在规律，并且能在具体的幼儿园工作实践中正确运用这些规律的老师，才有可能完成自己的职责，实现其道德目的。对幼儿教师而言，专业知识是其进行教育教学工作的内在基础和前提条件。因此，一个具有高尚职业道德的幼儿教师，不仅要掌握教育、教学的内在规律，而且还要精通相关的专业知识。虽然幼儿教师业务水平的高低不能等同于其品质的高下，但是能折射出幼儿教师不同的工作态度和敬业精神。

虽然说认识是行为的指导，但是一个幼儿教师具备了一定的道德认识，并不意味着他（她）就有了相应的道德品质。例如：个别幼儿教师明知“要给学生一碗水，自己要常有水”的道理，但还是不愿意下苦功夫去丰富自己的知识，仅仅满足于自己的“一碗水”甚至“半碗水”，这也说明在具备道德认识的前提下，道德情感也是至关重要的。

（二）陶冶幼儿教师道德情操

师德情感是指教师心理上对师德规范所产生的一种爱憎、好恶、荣辱、美丑等的情感体验。幼儿教师的道德情感主要包括正义感、自豪感、荣誉感和幸福感等。

近年来，整个社会对幼儿教师整体素质的要求越来越高，也使幼儿教师自身的压力越来越大。因此，作为幼儿教师不仅要加强自身的心理保健，努力避免走进职业倦怠的状态，更要做一个健康、快乐的教师，提升自身的幸福感。提升幸福感的途径主要有以下三种：第一，要从孩子身上找到幸福感。著名教育家苏霍姆林斯基曾经说过，幼儿内心生活时刻给我们带来满意和不满意、高兴和苦恼、忧愁和欢乐、疑惑和差异、宽慰和愤怒。在儿童世界给我们带来的极广阔的情感领域内有愉快的和不愉快的、高兴的和伤心的曲调。善于认识这种和谐的乐声，是教育工作者精神饱满、心情愉悦和取得成功的最重要条件。如果你把孩子看作是令自己心烦的人，那么你就会感到倦怠；如果你把孩子看作是可爱的天使，那么你就会体会到快乐。

第二，要平等地进行师幼交往。在与幼儿的交往中教师只有放下自己的角色面具，以真实的自我与幼儿交往，和孩子打成一片，才会发现幸福和快乐就在自己身边。师幼交往中，当教师给予孩子爱时，孩子也会以真诚的爱来回报老师。以哲学的思维来看，与成人之爱相比，孩子的爱更显得真挚和纯洁，更接近爱的本质。这也是孩子的爱能有那么大魅力的原因。

第三，幼儿教师还要创造性地开展工作。苏霍姆林斯基还曾说过："如果你想让你的教师的劳动能给教师带来一些乐趣，使天天上课不至于成为一种单调乏味的义务，那你就应该引导每一位老师走上从事教育研究这条幸福的道路上来"①。只要我们进行研究，就会发现每天的太阳是"新"的，幼儿的精神面貌是"新"的，孩子的反响是"新"的，每天的收获是"新"的。这样的工作当然是其乐无穷的。

当幼儿教师有了职业幸福感，进而有了荣誉感等情感体验，才会使幼儿教师的道德情感有了进一步的升华。

（三）磨炼幼儿教师道德意志

教师道德意志是教师履行教师道德原则和规范时所表现出来的自觉克服一切困难和障碍，做出抉择的力量和坚持的精神。

幼儿教师在教育教学工作中并不是一帆风顺的，往往会遭到来自外部和内部的困难和阻力。道德意志的作用主要表现为依据某种道德认识和道德情感，果断地进行道德行为的抉择，为实现道德目的排除一切来自内部或外部的干扰。

首先，幼儿教师的道德意志表现为其在道德实践中克服困难的勇气。一是面对幼儿教师同事之间的竞争以及社会对幼儿教师的不信任危机，如果没有坚强的道德意志和毅力，就可能在行为选择时放弃自己的初衷，在困难面前畏缩不前，半途而废。二是面对个人教育、教学能力的局限，身体状况的不佳等主观因素，道德意志也能帮助幼儿教师克服困难，促进其专业的良好发展。

其次，幼儿教师的道德意志还表现为其在道德实践中战胜诱惑的能力。教师在其道德生活中，不仅要面对各种各样的困难，而且还要面对来自各方面的诱惑。面对迅速发展的市场经济、面对"跳槽"的诱惑，幼儿教师更需要有坚强的意志来战胜诱惑，以坚定的职业理想做支撑，坚守这块暂时清贫却蕴含希望的阵地。

最后，幼儿教师道德意志表现为其在道德生活中战胜自己、超越自我。幼儿教师必须时刻注意保持良好的教师形象，生活中的方方面面都要为幼儿树立良好的榜样。这就需要战胜自身品质中的自私、懒惰的成分，战胜自己的不良习惯。在幼儿教师的道德实践中，只有那些具有顽强意

① 〔俄〕B.A.苏霍姆林斯基：《给教师的建议》（修订版），杜殿坤编译，教育科学出版社，1984 年，第 494 页。

志的教师，才能经得起挫折和磨难，才能有持之以恒的人生追求，才能使自己的道德品质趋于完美。

因此，幼儿教师坚强的职业道德意志，是达到较高的道德水平的重要条件。如果幼儿教师在职业生涯中遇到了困难乃至危险，仍能以全部的热情和力量勇往直前，那么，她就具备了坚强的道德意志。

（四）培养幼儿教师道德行为

道德行为是在道德动机的支配下产生的，它表现为道德行为方式和道德行为习惯。张丽莉老师面对危险勇救学生的行为将这一点诠释得淋漓尽致。2012 年 5 月 8 日晚，黑龙江省佳木斯市发生了一件感人的事：80 后青年女教师张丽莉，在失控的汽车冲向学生时，一把推开了两个学生，自己却被车轮碾轧，造成全身多处骨折，双腿高位截瘫。媒体报道此事之后，无论是在网络上还是在媒体的报道中，“最美女教师”都成了张丽莉的代名词，而张丽莉留下的人性光辉将长时间闪耀在人们心中，闪耀在每一位教师心中，继续温暖着她的孩子们。她不仅仅是教师道德模范的代表，更重要的是给我们带来了一次道德素质的升华。无论对于幼儿教师还是中小学教师，张丽莉老师都是教师们学习的楷模。这也使得广大的幼儿教师应该去反思一下自己的道德行为，切实提高道德认识进而提升道德行为。

综上所述，提高幼儿教师职业修养的过程是提高教师道德认识、陶冶道德情感、磨炼道德意志、养成良好道德行为习惯的四个环节有机统一的道德实践活动的过程。

提高幼儿教师的职业道德修养还要讲究原则和方法。幼儿教师职业道德修养的基本原则有知行统一原则、自律和他律相结合的原则、个人和社会相结合的原则等。提高幼儿教师职业道德修养的方法主要有以下几种。

第一，加强学习。加强学习，是幼儿教师职业道德修养的必要途径。首先，要学习马列主义、毛泽东思想、邓小平理论、“三个代表”重要思想、科学发展观和习近平新时代中国特色社会主义思想等，树立正确的世界观和人生观。其次，要学习师德修养的理论，深刻理解教师道德规范和要求，明辨道德是非，提高遵守师德规范和要求的自觉性。再次，要学习教育科学理论和科学文化知识，掌握教书育人的本领。这也是教师职业道德规范的一个基本要求。

第二，躬身实践。我们都知道，实践是认识的基础，也是道德修养的基础。提升幼儿教师的职业道德修养，关键在于实践，教师必须积极参加社会实践，不断学习，不断实践，才能达到幼儿教师所应具有的道德修养要求。一般来说，离开了教育教学实践，师德修养便失去了客观的评价标准。作为一线幼儿教师，要积极参与实践，在实践中提升幼儿教师职业道德修养。

第三，树立道德榜样。这是提升幼儿教师道德修养的重要方法。榜样的力量是无穷的，在幼儿园的管理中，需要引导和鼓励教师之间相互学习、探讨、交流和借鉴，大力宣传教师中的先进典型，用榜样人物的先进事迹、高尚情操、模范行为引领广大教师，把抽象的道德观念、行为规范等形象化、具体化，以先进模范的行为激励教师，增强师德修养的自觉性。

第四，学会反思。反思是提高师德修养的重要方法。师德修养是教师自身素养的重要组成部分，是教师自我锻炼、自我陶冶、自我教育、逐步完善的过程。一方面幼儿教师要反思自己的行为与职业道德理论要求的差距，反思自己与周围其他教师和先进模范人物的差距，努力完善自己，另一方面，还需要善于听取来自各方面的反馈信息，在别人对自己的评价中，更好地认识自己，改造自己。

第五，努力做到“慎独”。人的精神境界有不同层次，所以职业道德修养的要求也是有层次的。教师职业道德修养的最高层次就是“慎独”，“慎独”用我们现代语言来表述，就是指在没有外界监督、独自一人的情况下，也能自觉遵守道德规则，不做任何对国家、对社会、对他人不道德的事情。显然，这既是一种崇高的道德境界，又是一种重要的职业道德修养方法。

二、改进幼儿教师的教育教学工作

《幼儿园教育指导纲要（试行）》指出：“教师应成为幼儿学习的支持者、合作者、引导者”；同时，也是幼儿学习资源的提供者、学习活动的组织者，幼儿学习成长过程中最有力的帮助者。教师职业素养的提高必然会改进其教育教学工作，进而促进幼儿的全面发展。

在前文中已提及加强幼儿教师职业素养，有利于做好教育教学工作，而我们的任务，还要进一步改进幼儿教师的教育教学工作。

首先，要求幼儿教师要具有教育机智。教学活动是一个动态权变的过程，幼儿教师所面对的幼儿是具有主观能动性的个体，而教学情景又是错综复杂、瞬息万变的，其中常常有意想不到的事情发生。教师面对变化的幼儿和突发事件时，要能巧妙地因势利导，要善于随机应变，果断地采取措施，作出适当、稳妥的处理。

其次，建立积极有效的师幼互动。在师幼互动中，教师不只是管理者、指挥者，更不是机械的灌输者、传授者，而是良好师幼互动环境的创造者、交往机会的提供者、积极师幼互动的组织者和幼儿发展的支持者、帮助者、指导者和促进者。幼儿教师要深入、有效地参与和引导，保证师幼互动的积极有效。

再次，对幼儿要因材施教、循序渐进。每个孩子由于性格、生长环境等的不同都存在个体差异，因此在方法上要尊重幼儿的年龄特点因材施教，激励每个幼儿主动地参与活动。

第四，由于经济、地域所限，许多幼儿园的教育教学改革不可能得到众多专家的亲自指导，但幼儿园可结合本园实际采取多种形式去获取经验。如在管理中可采取“走出去，请进来”的办法。“走出去”，即到办园有方的幼儿园去参观取经；“请进来”，即有针对性地请幼教专家到本园来指导工作。开展好“传帮带”活动，尽快提高教师素质，以适应新形势下幼儿教育的要求。

第五，适当控制班级人数，因势利导，采取灵活多样的教学方法，提高教学质量。尤其是一些中、小型城市，一些幼儿园人数超编已成为普遍现象。有效控制收托人数，需要社会各界的理解，需要幼儿园的管理者从长远的角度痛下决心，需要家长们的配合。只有适宜的幼儿人数，才有助于组织灵活多样的教学形式，丰富幼儿的一日生活，提高教学水平。就幼儿园教育活动设计而言，教师要有针对性地根据儿童发展的需要去设计。教学的组织要分清层次，考虑幼儿的年龄特征、个体差异，从培养“完整儿童”的角度去审视。要寓教于乐，通过游戏等教育手段，由表及里、由浅入深、循序渐进，不断开启儿童智力，促进他们健康成长。

三、促进幼儿教师个性化的专业发展，实现终身教育

教师专业发展，又称教师专业成长，是指教师在整个专业生涯中，依托专业组织、专门的培养制度和管理制度，通过持续的专业教育，习得教育教学专业技能，形成专业理想、专业道德和专业能力，从而实现专业自主的过程。它包括教师群体的专业发展和教师个体的专业发展。

教师职业素养的任务不仅仅是帮助幼儿教师实现专业发展，最重要的目的是要对其进行终身教育。教师专业化水平的提高无时不需要获取新知识、更新知识和应用知识。根据维果茨基的“最近发展区”理论，我们提倡幼儿教师要找好幼儿的最近发展区，为幼儿学习提供有效的“支架”，引发幼儿主动探索、主动学习的热情。而作为幼儿教育的主要承担者，也需要寻找幼儿教师的“最近发展区”，促进其专业成长。

首先，需要树立终身教育的意识和理念，幼儿教师只有树立终身教育的意识和理念，才能把不断接受教育与主动学习作为自身专业发展的源泉与动力，与时代和教育的发展保持同步。要坚持终身学习与发展，既要通过多种途径不断提高自身的专业素质，还要秉承终身教育理念，将幼儿教育置于终身教育体系之中，培养儿童成为终身学习者。

其次，自我学习与自我反思是幼儿教师进行终身教育的重要保证。幼儿教师应在每天的工作中，有意识地关注幼儿在活动中的反应，敏感地察觉他们的需要，及时以适当的方式应答，及时反思自己的行为。作为一个新时代的幼儿教师，只有坚持自我学习和不断反思，把反思行为变为自主的、习惯性的行为，才能实现自身的可持续发展。

再次，还要将理论学习与教育实践相结合，进行探索和研究，通过实践—反思—再实践—再反思，提升专业能力，形成教育智慧。

最后，还要不断扩大自身的学习资源和学习空间。及时了解专业领域和其他领域的最新发展信息，突破教育时间和空间的局限。

第三节　幼儿教师职业素养的内容

通常意义上，幼儿教师职业素养主要包括两方面：人格素养和专业素养。其中，人格素养包括职业道德、健康的身心素质、对教师集体和家长的尊重、以身作则以及个人的仪表风度；专业素养包括专业知识、专业能力和专业情意。

一个具有较高职业素养的幼儿教师在处理幼儿之间的冲突时，与非专业的幼儿教师是有着截然不同的做法的。以下面一件事为例。

一位老师带着二十名四岁左右的孩子，到户外活动，因为全园只有两辆小三轮脚踏车，幼儿常为“该谁骑”争吵不休。这一天，一位叫宝宝的小男孩跑到老师面前抗议道：“小莉不让我骑三轮车。”这时老师应如何反应呢？

可以肯定的是，有较高职业素养的老师会先自问：“我可以利用这个机会教给孩子们什么？”可以有以下几种方式来尝试解决。第一种——轮流：教师可以协助幼儿学习“察言观色”，试着从别人的行为中看出一些端倪。例如：在什么时候提出“换我骑”的要求最有效，什么时候该放弃，什么时候可以再试试，以寻求最佳的应对方法。第二种——协调：幼儿期孩子已经具备协调的技巧。例如：猜测哪些事物能吸引别人，也能考虑每个人的喜好以达成协议，满足彼此的需求。在这个事件中，教师可以对宝宝说：“你可以去跟小莉说，如果你让我骑三轮车，你荡秋千时我就帮你推。”如此，教师便向宝宝示范了用口头的方式与别人协调的技巧。第三种——克服困难：教师需要协助幼儿克服所遭遇到的挫折。因为幼儿必须承认他不可能永远是赢家，必须学着接受失败和被拒绝。教师可以用就事论事的语气告诉宝宝：“没关系，也许小莉等一下就不玩三轮车了，园里还有很多别的事可以做啊！有……”然后建议宝宝去玩其他活动。也就是说，建议其他适合的活动，来协助宝宝培养接受失败的能力。第四种——语言技巧：教师可以教导幼儿用清晰、有效的语句表达自己的要求：“我已经等了好久了，我很想骑一下”，“宝宝现在真的很想骑这辆三轮车”……

由此可见，职业素养较高的教师运用的是可靠的专业知识及见解来作判断，其着眼于孩子长远的发展利益。因此，对幼儿教师职业素养的培养是十分重要的。

一、幼儿教师应具备的人格素养

（一）幼儿教师职业道德

幼儿教师所应具备的职业道德主要包括：热爱幼儿，热爱幼儿教育事业；健康的身心素质；对待教师集体和家长要尊重；有高尚的道德品质，以身作则。

幼儿教师的职业道德是指幼儿教师在从事教育劳动过程中，形成的比较稳定的道德观念和行为规范的总和。

幼儿教师职业道德的状况反映了其整个的道德面貌。它在不同程度上影响着教师的整个生活目标、道德理想、道德标准，也直接影响到他（她）的兴趣、情操，甚至个性品质。另一方面，以幼儿教师劳动的特点来看，也充分说明了道德在幼儿劳动中的重要性。因此，加强幼儿教师职业道德教育和职业修养，不仅有助于提高全民族的道德水平，建设社会主义精神文明和教育，而且对于培养年幼一代有着特别重要的意义。

1. 热爱幼儿，热爱幼儿教育事业

热爱幼儿是幼儿教师最基本的品质，对孩子没有真正的爱，就不会有真正的教育。现代心理学研究证明：学前儿童是在人与人的交往中成长，成人的爱抚对幼小儿童的身心健康发展是十分重要的。幼儿对教师有种特殊依恋，教师的爱是一种巨大的教育力量和极其重要的教育手段。幼儿教师热爱幼儿不是出于个人情感的偏爱，不是个人的好恶，不是自然的爱，而是理智的爱，尊重的爱，严格的爱。这也就要求幼儿教师在日常的活动中要对幼儿有爱心、耐心、热心、细心、童心和责任心。

（1）爱心

对于幼儿教师来说，无论何时何地，都要把爱心放在第一位。特别是对于小班初入园的孩子来说，面对陌生的环境，甚至于缺乏基本的生活自理能力，幼儿教师之于这些孩子来说首先充当的是妈妈的角色，而后才是教师的角色。这是由幼儿的年龄特点决定的，所以幼儿园的教育原则是保教结合，这是其他年龄段的教育所不具备的特点。陈鹤琴先生曾经说过：“我爱儿童，儿童爱我。”这也充分说明了：作为幼儿教师，只有真心地爱孩子，无论孩子聪明与否、漂亮与否、家庭条件怎样，都全身心地去爱孩子，才能体会到幼儿园工作的乐趣，幼儿也才会真心地喜欢老师。只有喜欢老师的孩子，才会真正地喜欢上幼儿园，才能在幼儿园里健康快乐地成长。

（2）耐心

由于幼儿身心阶段发展的特点，其求知欲和好奇心表现得尤为突出。当面对孩子们问“为什么”的时候，教师更重要的是要不厌其烦，耐心地引导孩子自己去发现。面对孩子这样或那样的

问题，甚至于孩子在发展的过程中身心存在的各种问题，都需要幼儿教师耐心地去对待。

（3）热心

幼儿教师在幼儿园一日活动中不仅要对幼儿热心，而且在日常与家长的接触中，也要与家长交流孩子在幼儿园中的具体表现，使家长更进一步地了解孩子，在家庭教育中对孩子存在的不足有针对性地进行教育。幼儿教师可充分利用幼儿入园和离园的时间询问家长孩子在家庭中的表现，以期对孩子有一个整体和全面的了解。另外，只有当幼儿教师与家长关系融洽时，如果双方在教育孩子的观念上发生分歧或者孩子在幼儿园不可避免地磕着碰着，家长才能更好地理解教师，理解幼儿园。所以，做好家园配合，形成教育合力，幼儿教师的热心至关重要。

（4）细心

在幼儿园中，孩子的事情非常琐碎，特别是保育员老师，面对着孩子的各种问题，包括吃饭、睡觉、如厕以及午睡后的梳头发、剪指甲等。每一件事情虽然都很细小，但是这些细小的事情更需要幼儿教师细心的教育。

（5）童心

拥有一颗童心，才能更好地从另一种角度了解孩子，更好地和孩子进行沟通，进而成为孩子的好朋友。一个真正充满童心的幼儿教师，不仅能够得到孩子的喜欢，而且自己的心态也会越来越年轻，幸福指数也会大幅度提升。

（6）责任心

一个好的幼儿教师，责任心非常重要。只有有了责任心，才能使儿童免受伤害。在幼儿入园的环节中，作为一个有责任心的老师，应该严格按照规定对每个孩子进行仔细的晨检，仔细观察孩子的精神状况，发现问题及时进行处理。应该询问每个孩子是否有带药的，并做好服药记录。在教育活动中，有的孩子喜欢把笔放到嘴里，有的孩子在写字画画的时候喜欢和旁边的小朋友说话或者是嬉闹……这些都需要幼儿教师多加注意。从自由活动或者户外活动来说，一个有责任心的教师应该在活动前就对孩子们提出一些具体的要求，并且在整个活动中认真看护每个孩子。从离园活动来说，一个有责任心的教师不会让幼儿坐在电视机前看动画片打发时间，而是可以和孩子们开展丰富多彩的活动。

2. 对待教师集体和家长要尊重

幼儿教师处理好个人与个人、个人与集体的关系是职业道德中的一项重要内容。幼儿教师与同事应互相尊重，看到别人的长处，虚心学习，互相协作，互相团结，这样才能形成良好的集体，才有利于教育目的的实现。

另一方面，家长的配合是了解幼儿、促进幼儿健康发展、提高教育效果的重要条件。幼儿教师应该尊重幼儿家长，理解他们对子女的关心和期望的心情，与家长针对孩子各方面的情况多交流，以使家长与幼儿园更好地配合，并参与教育工作。

3. 以身作则

教师是人类灵魂的工程师，是精神文明的播种者。孔子是中国第一个提出教师要做到身教重于言教的人，他认为教师应该用自己的人格去影响、教育学生，发挥教师的表率作用。因为幼儿模仿性强，教师的行为举止就是他们直观的活生生的学习榜样，年龄越小的幼儿越是这样。苏联教育家加里宁曾经说过，教师必须好好检视自己，他应该感到，他的一举一动都处在最严格的监督之下，世界上任何人都没有受着这样严格的监督。孩子们几十双眼睛盯着他，须知天地间再也没有什么东西，能比孩子的眼睛更加精细，更加敏捷，再也没有任何人像孩子的眼睛那样能琢磨一切最细微的事物。这也说明幼儿教师本身的表率作用是何等重要。因此，作为幼儿教师，他比任何职业的人更需要严格要求自己，做到思想进步，言行一致。

（二）良好的教育思想素养

良好的教育思想素养是幼儿教师职业素养的核心内容。就理论层面而言，良好的教育思想与理念是教育精神和价值取向的体现，反映了一名幼儿教师的文化底蕴和美好追求。从实践层面来讲，幼儿教师良好的教育思想具有激励人的功能，也具有教育人、规范人和指导人的作用。

幼儿教师良好的教育思想素养主要表现为正确的儿童观和教育观。儿童观主要是幼儿教师对儿童的总的看法和基本观点，是对幼儿进行良好教育的依据。幼儿教师的儿童观包括：首先，认识到幼儿是独立存在的人，具有与成人一样的基本权益，具有独立的人格。其次，儿童发展存在个体差异，不能以统一的标准要求所有的孩子。最后，每个幼儿都具有巨大的发展潜能，要充分利用幼儿身心发展的“关键期”进行教育。

教育观简单来说就是幼儿教师的教育观念。首先，教师一定要树立以幼儿的发展为本的观念，这不仅是教育的起点，也是归宿。其次，对幼儿的教育要渗透在一日活动的各个环节。最后，幼儿教师是幼儿学习活动的支持者、合作者、引导者；幼儿园教学过程是师幼互动、共同发展的过程。

（三）健康的身心素养

健康的身心素质是幼儿教师人文素养的基础。作为一名幼儿教师应当有宽阔慈爱的心胸、稳定的情绪、丰富的感情、活泼开朗的性格、良好的行为习惯。假如幼儿教师的情绪不稳定，整天愁眉苦脸或者一副怒气冲冲的样子，那么幼儿则会处于焦虑或者恐惧之中，不敢和教师亲近。假如幼儿教师和蔼可亲，有亲和力，情绪稳定，幼儿就会心情舒畅，发自内心地喜欢这样的老师，喜欢幼儿园。所以给孩子营造一个宽松和谐开心的环境，幼儿的思维才会变得积极活跃，幼儿的性格才会变得自信乐观。

（四）仪表风度

风度仪表是一个人性格气质、文化素养、审美观念的外部表现，是美好心灵的表露。幼儿教师的仪表风度是指他（她）的言谈举止、待人接物、步态手势、面部表情，以及衣着仪容等方面表现出来的行为方式和特征，是教师个人道德情操的反映，是内心美的外在表现，是文明行为的组成部分，直接对教育工作和幼儿的心灵产生影响。

幼儿教师的衣着打扮等更应符合幼儿教师的形象，做到端庄大方，从容有礼，适度得体，符合教师的职业道德和审美标准，既不能过分陈旧，显得落伍，也不能一味追求新奇、艳丽、花哨。幼儿教师的服装从颜色上看应以暖色调为主，服装的样式应在体现时代特点的基础上便于与幼儿一起进行各种活动、便于规范幼儿的生活。相反，过肥、过宽的衣服，迈不开步的裙子等，都是不符合幼儿教师的职业特点的。鉴于幼儿具有“向师性”的特点，特别喜欢模仿老师，受老师的影响很大，所以教师在仪表方面更应多加注意，突出整体效果，这样也有利于提高幼儿教师的社会威望。

二、幼儿教师应具备的专业素养

幼儿教师应具备的专业素养包括专业知识、专业能力和专业情意三个方面。

（一）幼儿教师的专业知识

由于幼儿教师服务对象比较特殊，主要是3—6岁的幼儿，因此很多人都认为幼儿教师不需要懂得太多的专业知识，只需要会一些技能，如唱歌、跳舞、画画，性格开朗活泼，会带着小孩子游戏就可以。这种认识不仅深刻地影响着家长与幼儿园管理者，而且不可避免地会对幼儿教师也产生一定的影响。幼儿教师的专业领域并不只是音乐、舞蹈、绘画这些专门的艺术领域，而且还包括幼儿园教育教学工作。孩子身体的发育、语言的发展、科学的启蒙与社会交往能力的形成对儿童今后的发展意义更为重大。因此，构成幼儿教师专业知识基础的就不仅仅是一些艺术技能，更多的应是有关艺术、语言、科学、社会发展、儿童身心发展方面的广泛知识与对艺术和文化的鉴赏能力，以及有关幼儿园教育教学的理论知识。

幼儿教师的专业知识可概括为三方面：条件性知识、本体性知识和实践性知识。

第一，条件性知识主要指从事教育教学工作必要的教育科学知识。它包括学前教育学的理论与方法、学前心理学的理论与方法，还有学科教学论知识，这是成为一名幼儿教师最基本的条件。

其中，学前教育学的理论与方法是关于教师如何“教”的知识，掌握学前教育学的理论知识是专业教师与非专业教师的区别。同时，掌握一定的学前心理学的知识与方法是教师专业发展的基础。而教学知识则是教师的一种隐性知识，需要在长期的教育实践活动中自己积累。

教师对幼儿一个小小的微笑足以燃烧起孩子的自信，照亮孩子的人生。教师不能忽视幼儿的情感，哪怕是一件在教师看来很小的事情，对于孩子来说都是至关重要的。陶行知曾经说过：你可不要轻视孩子的感情，他折了一只纸鹤飞不到天上去，是有如罗斯福讨不着机会去打德国一样的怄气；他写字想得双圈没有得着，仿佛是竞选总统落选了一样的失意。看似稚嫩的孩子也会有如此强烈的情绪体验，教师不能忽视这一点。

第二，本体性知识主要包括幼儿教师的学科专业知识以及和幼儿教师专业相关的其他学科的知识，包括：幼儿卫生学、幼儿心理学、幼儿教育学以及幼儿园各科教材教法，这些知识也是幼儿教师知识结构中很重要的方面。

第三，实践性知识主要与教育情境紧密相连，是内隐性的知识体系。艾尔贝兹最先提出了教师实践性知识的概念，并将其界定为：教师广泛拥有的一种不清晰的、不抽象的、在面临工作时能利用各种知识资源引导其工作的知识①。陈向民认为：“教师的实践性知识是教师真正信奉的并在其教育教学实践中实际使用和表现出来的对教育教学的认识。”②因此，幼儿教师的实践性知识具有情境性、内隐性的特点，很多时候是只可意会不可言传的。这也和幼儿教师个人的从教经历有着密切的关系。

① Freema Elbaz, “Teacher thinking: A study of practical knowledge”, New York: Nichols Publishing Company, 1983: 13.

② 陈向明:《实践性知识：教师专业发展的知识基础》,《北京大学教育评论》, 2003年第1期。

幼儿教师的条件性知识和本体性知识都属于理论性的知识，可以通过专业学习的途径来获得，但是幼儿教师的实践性知识必须植根于教师的教育教学实践当中，只有通过日常教育实践的积累和丰富，才能不断得到强化和改造。

总之，幼儿教师的知识结构应当有一定的综合性、渗透性，比从事其他职业的人更要不断地充实自己，不断开拓更新自己的知识，有更多其他方面的爱好和才能。

（二）幼儿教师的专业能力

幼儿教师的能力结构主要包括：观察了解儿童的能力，制定教育、教学计划的能力，组织管理能力，沟通能力和教学反思的能力。

1. 观察了解儿童的能力

了解幼儿是教师进行教育的前提条件。幼儿教师不仅要善于对孩子在一日活动中的外在行为进行观察，而且还要善于了解儿童的心理活动。如果教师能观察到儿童的异常行为，那么就可以有的放矢地对幼儿进行教育，收到较好的教育效果，从而巧妙地加以引导。

观察是一种有目的、有计划的较持久的知觉活动。因此，在观察幼儿一日活动的过程中，幼儿教师应该有明确的观察目的，并围绕这个观察目的有步骤地进行观察活动。以幼儿园中的游戏活动为例，教师首先应将观察的重点放在幼儿身上，要观察游戏中幼儿的各种行为表现或是在不同类型游戏中每个幼儿的实际发展水平，并做好相应的观察记录。其次，应观察幼儿游戏空间、时间以及游戏材料等游戏环境对游戏活动的影响，如游戏场地创设、游戏时间的长短、游戏材料的投放等对游戏活动的影响，以便准确掌握幼儿当前的需要和游戏活动状况，从而提供与幼儿发展水平相适应的条件，更好地为幼儿游戏活动的开展提供支持，以利于更好地了解幼儿。

对于幼儿教师来说，选择合适的观察方法是了解幼儿的关键。观察的方法主要有以下三种。一是扫描观察法，也就是教师在相等的时间段里对幼儿依次轮流进行观察。此法比较适合于教师粗线条地了解全班幼儿的一日活动情况。二是定点观察法，也就是教师固定在一日活动的某一区域对幼儿定点进行观察。此法适合于教师了解某个游戏活动或教学活动中幼儿的情况，能够避免教师介入指导的盲目性。定点观察法在游戏或教学的过程中使用较多。三是追踪观察法，也就是教师根据观察目的和需要确定1—2个幼儿进行重点细致观察，适合于教师观察了解个别幼儿在游戏、教学等活动中的发展水平。教师可以固定人而不固定地点地观察幼儿在活动中的各种情况。教师既可以自始至终地观察，也可以就某一个时段或某一个情节对个别幼儿进行观察。

2. 制订教育、教学计划的能力

教师教育教学工作计划是幼儿园教育工作的重要环节，是教师开展班级日常工作的依据和具体的行动规划，能有效促使教师将培养目标清晰、有目的地落实到幼儿身上，减少教师开展工作中的不确定性，找到一种方向感。教育、教学计划主要包括学期计划、月计划、周计划和日计划四种。

制定教育、教学计划时，应遵循以下几条原则：根据“以幼儿发展为本”的理念，计划要体现稳定性和灵活性相结合的原则；根据维果茨基“最近发展区”的理论，计划要体现适宜性和挑战性相结合的原则；根据“幼儿全面和谐发展”的要求，计划要体现整合性和平衡性相结合的原则；根据“因材施教”的教育原则，计划的制订要体现针对性和层次性相结合的原则——即为每

个幼儿的健康成长提供适宜其自身发展需要的条件，为每一个幼儿多元智能的发展创造机会。

在制订学期计划时，要结合幼儿教师自身对目标的理解、以往的工作经验、现有的参考教材进行选择确定，也可以进行调整和添加。月计划是学期计划的下位分解计划，主要是在总结上月执行情况的基础上提出实施学期目标计划的实际步骤，包括上月情况分析、本月各领域重点目标、主要活动措施及活动内容等要素。周计划的重点是将月计划分解到各周逐次完成，进一步明确工作要求、内容、措施，以便将一般常规工作和重点工作有机结合起来，但要分清轻重缓急及主次，要保证每周有一两项重点工作。日计划是一日生活中全部活动的设计规划，是周计划每天、每项内容的详细实施方案。一般由教师独立完成，包含目标、环境材料、过程与指导重点、效果分析四个要素。

3. 组织管理能力

在幼儿园的一日活动中，如何合理规划、科学安排儿童的活动，启发儿童的主动性、创造性，最大程度地促进儿童发展，这就对幼儿教师的组织能力提出了很高的要求。一般来说，幼儿教师的组织管理能力包括：制订班级教育工作计划的能力；创设与本班幼儿发展相适宜的环境的能力；按照幼儿的发展水平进行分组，及灵活地指导各小组同时进行活动的能力；组织幼儿开展各类教育活动并进行评价的能力；等等。而在幼儿园一日活动中的户外活动环节，以及活动结束与上课之前的过渡环节，同样需要幼儿教师较高的组织管理能力。

幼儿教师的组织能力是搞好教育教学的保证，教育组织能力是在学习和工作中有意识地锻炼而逐步提高的。在一日活动的过程中，幼儿教师可预先制定活动规则，提高幼儿的自律能力。同时加强师幼互动，加强对整个教育过程的监控，教师的管理效果就会显著增强。

总之，教师在组织各个活动时，如果能够事先对活动的步骤有详细的计划，考虑好活动的每一步骤，实施时认真细致，并且在每一次行动结束都认真地进行总结反思，那么，幼儿教师的组织管理能力就会在不断的锻炼中得到提高。

4. 沟通能力

在日常的教育教学工作中，言语是传递知识、影响幼儿的重要手段。幼儿教师的沟通能力主要包括与幼儿的沟通和与幼儿家长的沟通。幼儿教师的言语应该是确切明了、简单通俗、生动形象、富有感染力和说服力，不仅要求语法正确，还要讲究语音语调以及语言的生动性，并伴有适当的面部表情和手势。一般来说，教师与幼儿、教师与家长之间的沟通包括“言语沟通”和“非言语沟通”。

幼儿教师在与幼儿的交流中，根据幼儿的身心发展状况，特别是小班幼儿，应该更多地使用肯定句式，少用否定句式。教师应讲究语言艺术，由于幼儿的思维具有直觉行动性和具体形象性，因此教师的口语应该生动形象、引人入胜，并伴有体态语言。在教师与幼儿进行沟通的过程中，“非言语沟通”有时候比“言语沟通”更为重要。“非言语沟通”主要指教师运用手势、表情、目光、面部表情等体态动作，向幼儿传达意愿，表达态度，教师一个肯定的目光、一个微笑或抚摸，有时候比语言更能激励孩子，增强其自信心。

幼儿教师与家长沟通则需要有了解家长的能力和与家长沟通的技能技巧。主要包括：与家长面对面交谈时聆听的技巧，适宜于不同家长个性的谈话技巧，向不同个性的家长汇报孩子不同发展情况的技巧，等等。除此以外，教师还要利用多种手段与家长沟通。可以通过家长会的形式，较全面、准确地向家长反映幼儿在园情况，听取家长意见，同时还可以主动了解幼儿在家情况，宣传科学育儿知识，共同制定教育措施，做好教育工作。教师也可利用家长接送孩子的时间，短暂交谈，或采取家访、家园联系册等方式与家长沟通。教师与家长的沟通，甚至家长的一些做法，能够引起教师的反思，同时也会反过来促进教师与幼儿的有效沟通。

案例：

有这样一位妈妈

有这样一位妈妈，第一次参加家长会，幼儿园的老师说："你的儿子有多动症，在板凳上连三分钟都坐不了，你最好带他去医院看一看。"

回家的路上，儿子问她老师都说了些什么，她鼻子一酸，差点流下泪来。因为全班30位小朋友，唯有他表现最差；唯有对他，老师表现出不屑。

然而，她还是告诉她的儿子："老师表扬你了，说宝宝原来在板凳上坐不了一分钟，现在能坐三分钟。其他妈妈都非常羡慕妈妈，因为全班只有宝宝进步了。"那天晚上，她儿子破天荒吃了两碗米饭，并且没让她喂。

儿子上小学了。家长会上，老师说："这次数学考试，全班50名同学，你儿子排第40名，我们怀疑他智力上有些障碍，您最好能带他去医院查一查。"

回去的路上，她流下了泪。然而，当她回到家里，却对坐在桌前的儿子说："老师对你充满信心。他说了，你并不是个笨孩子，只要能细心些，会超过你的同桌，这次你的同桌排在第21名。"

说这话时，她发现儿子黯淡的眼神一下子充满了光，沮丧的脸也一下子舒展开来。她甚至发现，儿子温顺得让她吃惊，好像长大了许多。第二天上学，去得比平时都要早。

孩子上了初中，又一次家长会。她坐在儿子的座位上，等着老师点她儿子的名字，因为每次家长会，她儿子的名字在差生的行列中总是被点到。然而，这次却出乎她的预料——直到结束，都没有听到。

她有些不习惯，临别去问老师，老师告诉她："按你儿子现在的成绩，考重点高中有点危险。"

她怀着惊喜的心情走出校门，此时她发现儿子在等她。路上她扶着儿子的肩膀，心里有一种说不出的甜蜜，她告诉儿子："班主任对你非常满意，他说了，只要你努力，很有希望考上重点高中。"

高中毕业了。第一批大学录取通知书下达时，学校打电话让她儿子到学校去一趟。她有一种预感，她儿子被清华录取了，因为在报考时，她给儿子说过，她相信他能考取这所大学。

她儿子从学校回来，把一封印有清华大学招生办公室的特快专递交到她的手里，突然转身跑到自己的房间里大哭起来，边哭边说："妈妈，我知道我不是个聪明的孩子，可是，这个世界上只有你能欣赏我……"

这时，她悲喜交加，再也按捺不住十几年来凝聚在心中的泪水，任它打在手中的信封上……

——来源于马宏主编：《幼儿教师口语》，北京师范大学出版社，2014年版，第248页

5. 教学反思的能力

任何教师的专业化成长都离不开反思。美国学者波斯纳提出教师成长的公式：教师成长 = 经验 + 反思。如果一名教师仅仅满足于经验的获得，而不对经验进行深入思考，就只能在低水平上进行简单的重复。教学反思的能力也就是对自己的教育教学状况进行正确评价的能力。无论是对幼儿教师来说，还是对其他教师来讲，都是很重要的一种能力。如果一个教师善于反思，无论是对她的专业发展还是整体综合素质的提高，都能起到事半功倍的效果。

幼儿教师可以尝试着从以下方面进行反思：对教学目标达成情况进行反思；对活动实施情况进行反思；对师幼互动效果进行反思；对突发事件进行反思；对幼儿行为进行反思。通过反思找出存在的问题，不断调整自己的知识结构和实践方式，以达到专业成长的质的飞跃。美国一个流传很广的故事或许就能给幼儿教师的教育教学带来一定的反思——1968 年，美国内华达州一位叫伊迪丝的三岁小女孩告诉妈妈，她认识礼品盒上“OPEN”的第一个字母“O”，这位妈妈非常吃惊，问她怎么认识的？伊迪丝说：“是薇拉小姐教的。”这位母亲表扬了女儿之后，一纸诉状把薇拉小姐所在的劳拉三世幼儿园告上了法庭，理由是该幼儿园剥夺了伊迪丝的想象力，因为她的女儿在认识“O”之前，能把“O”说成苹果、太阳、足球、鸟蛋之类的圆形东西，然而自从劳拉三世幼儿园教她识读了 26 个字母，伊迪丝便失去了这种能力。她要求该幼儿园对这种后果负责，赔偿伊迪丝精神伤残费 1 000 万美元。诉状递上之后，在内华达州立刻引起轩然大波。劳拉三世幼儿园认为这位母亲疯了，一些家长认为她有点小题大做，她的律师也不赞同她的做法，认为这场官司是浪费精力。然而，这位母亲却坚持要把这场官司打下去，哪怕倾家荡产。3 个月后，此案在内华达州立法院开庭。最后的结果出人意料，劳拉三世幼儿园败诉，因为陪审团的 23 名成员被这位母亲在辩护时讲的一个故事感动了。

> 我曾到东方某个国家旅行，在一家公园里见过两只天鹅，一只被剪去了左边的翅膀，一只完好无损。剪去翅膀的被放养在较大的一片水塘里，完好的一只被放养在一片较小的水塘里。当时我非常不解，就请教那里的管理人员。他们说，这样能防止它们逃跑。我问为什么，他们解释，剪去一边翅膀的无法保持身体平衡，飞起后就会掉下来；在小水塘里，虽然没被剪去翅膀，但起飞时会因没有必要的滑翔路程，而老实地待在水里。当时我非常震惊，震惊于东方人的聪明。可是我也感到非常悲哀，为两只天鹅感到悲哀。今天，我为我女儿的事来打这场官司，是因为我感到伊迪丝变成了劳拉三世幼儿园的一只天鹅。他们剪掉了伊迪丝的一只翅膀，一只幻想的翅膀，人们早早地就把她投进了那片小水塘，那片只有 ABC 的小水塘。

这个故事里所宣扬的教育理念，确实值得非常多的教师乃至家长去反思。在生活中，仍存在一些小学化倾向特别明显的幼儿园，仍旧把知识的学习放到至关重要的位置，这是十分不可取的。另外，部分家长更加关注孩子一天学会了多少生字多少首诗，并以此作为衡量幼儿园好坏的标准，这无疑也削弱了幼儿教师反思的积极性。

6. 进行教育教学研究的能力

教育科学研究的能力，也就是教师对幼儿、对教育教学实践和理论进行探索，发现问题，并试图解决问题的能力。

幼儿教师要在教学实践的基础上，逐渐发展自己的教育教学研究的能力。幼儿教师的教育科研活动与专业理论研究不同，他们进行科研的目标、内容和行为方式也有自己独特的特点，做好幼儿园教育科研必须结合自身的特点，从自身出发，实事求是。对广大幼儿教师来说，教育研究的问题应该来源于自己或幼儿园的教育教学工作之中，一般是比较具体的应用性问题。幼儿教师具有进行教育教学研究的能力，这也是新时期对幼儿教师提出的更高的要求。

（三）幼儿教师的专业情意

幼儿教师的专业情意是教师对教育、教学的一种深厚的情感，教师专业化的最高境界意味着专业情意的健全。幼儿教师的专业情意包括专业理想、专业情操、专业性向和专业自我四个方面。

1. 专业理想

专业理想是幼儿教师对成为一个成熟的教育教学专业工作者的向往和追求，它为教师提供奋斗目标，是推动教师专业发展，并使其献身于教育工作的根本动力。专业理想的树立意味着教师对教育事业的责任感以及积极性的强化。

幼儿教师的专业理想是教师专业发展的内在驱动力，起着导航的作用。一个有着专业理想的幼儿教师，其自身的成长会更快。

2. 专业情操

专业情操是幼儿教师对教育教学工作带有理智性的价值评价的情感体验，它是构成教师价值观的基础，是构成优秀教师个性的重要因素，也是教师专业情意发展成熟的标志。它包括理智的情操、道德的情操和美的情操三个方面。

首先，理智的情操是幼儿教师认识教育和改造教育的一种内在的动力，主要表现为教师在教学和科研上所获得的成就感，以及对幼儿教育事业充分认识而产生的自豪感。所以，在培养幼儿教师理智的情操时，要积极地引导教师研究教育、教学，对教学中出现的具体问题进行研究。

其次，道德的情操是专业情操中最为重要的一个方面。幼儿教师的道德情操是发自内心深处的情感，基于教育，基于发展的目的。

在具体的幼儿园工作中，首先，幼儿教师要做到“一进步”“二全心”“三和蔼”。“一进步”是学习先进教师的敬业爱业精神，不断自我进步。“二全心”是全心全意为幼儿的进步努力、全心全意为家长服务。“三和蔼”是幼儿教师要对幼儿和蔼可亲，对每位家长和气有礼，并且与同事们和睦互助。其次，幼儿教师还要做到“三个贴近教育”，即在幼儿活动时，教师要以朋友的身份参与活动，去贴近幼儿的内心；在幼儿做错事情时，教师一定要做到以理服人，和孩子像母子一样地微笑沟通，去贴近幼儿情感；在幼儿有强烈的要求时，要用一颗童心去理解孩子们的要求，去贴近幼儿生活。再次，幼儿教师也一定要得到“三个信任”，即得到幼儿们、家长们、社会上的信任。只有做到了这些，幼儿教师的道德情操才会得到更好的发展。

美的情操是幼儿教师按照社会和教育发展的规律，根据自身的审美标准，对教师的专业活动进行评价时产生的情感体验，它是教师专业发展中顶级的情感。幼儿教师的审美修养影响着教学以及游戏活动等过程中美的创造，同时教师也要善于引导幼儿学生的审美情趣。

3. 专业性向

教师的专业性向是幼儿教师成功从事教学工作所具备的人格特征，是优秀教师的专业趋同性。

一般来说，优秀的、创造力强的幼儿教师的专业性向为：富有耐心，能够发现每一个幼儿的潜质和才能并给予指导；有敏锐的观察力和综合分析力，能合理想象和正确判断幼儿的未来；自主独立，富有创造性；拥有良好的人际关系，为人耿直、坦率、不拘小节，具有幽默感，具有良好的口语表达能力，善于组织幼儿园教育教学活动等等。

4. 专业自我

教师专业自我是幼儿教师个体在职业生活中对自我从事教育教学工作的感受、接纳和肯定的心理倾向。具有良好专业自我的幼儿教师，能够在职业生活中形成完备的知识、观念、价值体系，创造并体现符合自己志趣、能力与个性的独特教学风格。

专业自我主要包括：对自我形象的正确认知，积极的自我体验，正确的职业动机，对职业状况的满意度，对理想的职业生涯的清晰认识，对未来工作情境有较高的期望等。教师专业自我在一定程度上表现为教师的主观幸福感。幼儿教师的主观幸福感源于对教育的执着热爱，也源于对自我的肯定和欣赏。同一水平的教师，由于自我悦纳的程度不同，主观幸福感也会不同。

幼儿教师专业自我的形成过程是教师在与外界环境的相互作用中教育教学素质不断提高的过程，是教师职业生活个性化的过程，也是良好教师形象形成的过程。

微信扫一扫，观看本章思考题

微信扫码看拓展材料：教育部：《违反幼儿园教师职业行为十项准则典型案例》

参考文献

教育部基础教育司：《〈幼儿园教育指导纲要（试行）〉解读》，江苏教育出版社，2002 年。

刘济良：《教师职业道德》，华文出版社，2008 年。

杨芷英：《教师职业道德（新编版）》，高等教育出版社，2007 年。

傅维利：《教师职业道德教育指南》，高等教育出版社，2002 年。

王兰英、黄蓉生：《教师职业道德》，高等教育出版社，2000 年。

黄正平、刘守旗：《教师职业道德新编》，南京大学出版社，2010 年。

朱法贞：《教师伦理学》，浙江大学出版社，2008 年。

张燕：《幼儿教师专业发展》，北京师范大学出版社，2006 年。

戚荣金、唐燕、崔聚兴：《学前教育学》，陕西师范大学出版总社，2013 年。

高美霞：《爬上豆蔓看自己——辛黛瑞拉的教育日记》，北京师范大学出版社，2008 年。

吴颖新：《幼儿教师的专业素养》，中国轻工业出版社，2012 年。

丁海东：《幼儿园游戏与指导》，高等教育出版社，2013 年。

丁海东：《学前游戏论》，山东人民出版社，2001 年。

刘焱：《幼儿园游戏教学论》，中国社会出版社，2000 年。

刘焱：《儿童游戏通论》，北京师范大学出版社，2004 年。

钱焕琦：《教师职业道德》，华东师范大学出版社，2008 年。

吴康宁：《教育社会学》，人民教育出版社，1998 年。

檀传宝：《教师伦理学专题——教育伦理范畴研究》，北京师范大学出版社，2010 年。

〔加拿大〕伊丽莎白·坎普贝尔著，王凯、杜芳芳译：《伦理型教师》，华东师范大学出版社，2011 年。

叶澜等：《教师角色与教师发展新探》，教育科学出版社，2001 年。

万迪人：《现代幼儿教师素养新论》，南京师范大学出版社，2002 年。

洪早清、吴伦敦：《教师职业素养导论——师范生读本》，华中师范大学出版社，2011 年。

赵希斌：《优秀教师的四项核心素质》，华东师范大学出版社，2011 年。

崔仲平译注：《老子道德经译注》，黑龙江人民出版社，2003 年。

张国光：《〈学记〉新讲——汇注、辨证并译解》，武汉出版社，1992 年。

《十三经注疏》整理委员会整理，李学勤主编：《十三经注疏·论语注疏》，北京大学出版社，1999 年。

〔德〕康德：《实践理性批判》，韩水法译，商务印书馆，1999 年。

〔俄〕B.A.苏霍姆林斯基：《给教师的建议》（修订版），杜殿坤编译，教育科学出版社，1984 年。

〔俄〕B.A.苏霍姆林斯基：《给教师的一百条建议》，周蕖、王义高等译，天津人民出版社，1981 年。

〔俄〕瓦·阿·苏霍姆林斯基：《和青年校长的谈话》，赵玮等译，上海教育出版社，1983 年。

〔美〕维娜·艾莉：《知识的进化》，刘民慧等译，珠海出版社，1998 年。

《韩昌黎全集》，中国书店出版社，1991 年。

Freema Elbaz, *Teacher thinking*: *A study of practical knowledge*, New York: Nichols Publishing Company, 1983.

王雅茹：《幼儿园教师专业伦理的缺失与生成》，浙江师范大学硕士学位论文，2011 年。

冯颜利：《公正与正义》，《道德与文明》，2002 年第 6 期。

姚亚东：《教师职业道德教育的新视角》，《绵阳师范学院学报》，2006 年第 6 期。

彭亚青、周振军：《新时期教师职业道德的内涵分析》，《社会科学论坛》，2006 年第 1 期。

刘彦华：《中国幼儿教师职业道德发展的回顾与前瞻》，《学前教育研究》，2000 年第 2 期。

陈大庆：《叶圣陶论教师的职责》，《师范教育》，1987 年第 11 期。

陈桂生：《“教师集体”辨析》，《思想·理论·教育》，2002 年第 4 期。

丁海东：《儿童游戏权的价值及其在我国的现实困境》，《东北师大学报》（哲学社会科学版），2010 年第 5 期。

丁海东：《小游戏，大智慧》，《幼儿教育·教育教学》，2008 年第 4 期。

郭玉霞：《教育专业伦理准则初探——美国的例子》，《国民教育研究集刊》（中国台湾），1998 年第 6 期。

郑友训：《第三条路径：教师专业成长的新视点》，《高等师范教育研究》，2003 年第 4 期。

常瑞芳：《职业认同：幼儿教师专业成长的起点》，《教育导刊》（下半月），2008 年第 7 期。

丁海东：《论我国幼儿教师专业标准的功能定位与内容构架》，《中国教师》，2011 年第 11 期。

丁海东：《论儿童的游戏精神》，《山东师范大学学报》（人文社会科学版），2006 年第 1 期。

高洁：《论教师的游戏精神》，《全球教育展望》，2008 年第 10 期。

黄进：《游戏精神的缺失：幼儿园教育中的反游戏精神批判》，《南京师大学报》（社会科学版），2003 年第 6 期。

李季湄、夏如波：《“幼儿园教师专业标准”的基本理念》，《学前教育研究》，2012 年第 8 期。

邵小佩：《美国幼儿教师专业准备标准述评》，《学前教育研究》，2012 年第 1 期。

邵小佩、杨晓萍：《生命哲学视域下的幼儿园教学审思》，《幼儿教育·教育科学》，2009 年第 9 期。

王茝：《幼儿教师职业道德规范初探》，《河南职业技术师范学院学报》（职业教育版），2009 年第 6 期。

王成刚、袁爱玲：《论幼儿园教师专业道德发展的向度与路径》，《幼儿教育·教育科学》，

2009 年第 9 期。

易凌云：《美国优秀幼儿教师专业标准及其启示》，《学前教育研究》，2008 年第 10 期。

易凌云：《幼儿园教师专业理念与师德的定义、内容与生成》，《学前教育研究》，2012 年第 9 期。

岳玉阁、卢清：《关注幼儿的生命——幼儿教育的本真追求》，《上海师范大学学报》（基础教育版），2008 年第 4 期。

张志欣：《幼儿教师需要什么样的职业道德》，《教育导刊》（下半月），2010 年第 7 期。

赵南：《学前教育“保教并重”基本原则的反思与重构》，《教育研究》，2012 年第 7 期。

檀传宝：《论教师的义务》，《教育发展研究》，2000 年第 11 期。

徐廷福：《教师专业伦理建设探微》，《教育评论》，2005 年第 4 期。

欧阳建新：《教师职业素养新论》，《职业时空》，2012 年第 5 期。

吴春平：《浅谈对教师职业素养的认识》，《学周刊》（下旬），2010 年第 1 期。

梁慧娟、冯晓霞：《北京市幼儿教师职业倦怠的状况及成因研究》，《学前教育研究》，2004 年第 5 期。

陈向明：《实践性知识：教师专业发展的知识基础》，《北京大学教育评论》，2003 年第 1 期。

毛曙阳：《关于游戏的哲学思考及其教育启示》，《学前教育研究》，2010 年第 1 期。

冯婷：《涂尔干论职业伦理和公民道德》，《中共浙江省委党校学报》，2003 年第 4 期。

刘剑莺：《五位剂方　对症下药——谈谈与不同类型家长沟通的技巧》，《幼儿教育・教育科学》，2012 年第 7 期。

后 记

近年来，随着现代教育的不断深入发展，人们越来越重视幼儿教育的发展质量，幼儿教师的职业道德与操守备受社会关注。2018 年 11 月以来教育部先后颁布的《新时代幼儿园教师职业行为十项准则》和《幼儿园教师违反职业道德行为处理办法 》，更是对幼儿教师职业行为的进一步规范。本书按照当前国家相关政策以及幼儿教师职业道德规范的要求，贯彻教育部师范类专业认证的理念，整合现代学前教育发展的理念与实践，从道德与教师职业道德、幼儿教师职业道德范畴、幼儿园教育活动中的教师职业道德、家园合作中的幼儿教师职业道德、幼儿教师职业伦理和职业素养等几个方面展开论述，为幼儿教师职业道德建设指明了发展方向。

本书第一版、第二版的出版发行受到了广泛的好评，也得到了诸多读者有价值的反馈意见。在本次修订的过程中，我们根据最新发布的《中华人民共和国学前教育法》《幼儿园教师专业标准（试行）》《幼儿园工作规程》等相关文件要求，融入了最新的学前教育理论与观点，更新了大量数据与研究成果，添加了更多生动有趣的实例，使本书更具时代性、学术性与趣味性。

本书由河南大学刘济良、岳亚平教授担任主编。

在本书的撰写过程中，我们紧扣前沿话题，吸收了近几年有关幼儿教师职业道德的相关研究成果，借鉴了相关专家、学者的论文和著作，在此，我们一并感谢。同时，还要感谢为本书提出宝贵建议的审稿老师。

由于理论水平有限，错误和纰漏在所难免，诚恳希望广大读者批评指正。

图书在版编目(CIP)数据

幼儿教师职业道德/刘济良,岳亚平主编. --3 版. 上海:复旦大学出版社,2025. 8. --(学前教材思政/刘济良,岳亚平主编). --ISBN 978-7-309-17885-2

Ⅰ. G615

中国国家版本馆 CIP 数据核字第 2025J59S01 号

幼儿教师职业道德(第三版)

刘济良　岳亚平　主编

责任编辑/邵　丹

复旦大学出版社有限公司出版发行

上海市国权路 579 号　邮编:200433

网址:fupnet@fudanpress. com　http://www. fudanpress. com

门市零售:86-21-65102580　团体订购:86-21-65104505

出版部电话:86-21-65642845

上海四维数字图文有限公司

开本 890 毫米×1240 毫米　1/16　印张 10. 5　字数 268 千字

2025 年 8 月第 3 版第 1 次印刷

ISBN 978-7-309-17885-2/G · 2664

定价:45. 00 元
